21世纪经济管理类精品教材

第2版

ERP沙盘模拟演练教程

主　编\孙金凤
副主编\王文铭
参　编\安贵鑫　姜少慧　郝增亮　苏　辉
　　　　王信敏　李胜东　杜欣晟　杨荣勤
　　　　关　凯　喇蕊芳　沙木哈尔·阿赛尔
　　　　张志越

清华大学出版社
北　京

内容简介

　　本书本着企业经营管理与 ERP 思想和方法相融合的原则，以仿真的企业经营管理环境和运营操作流程为主线，通过 ERP 沙盘模拟演练，使学生置身于一个仿真模拟的企业经营环境中，通过经营和管理一个模拟企业，让学生做出有关战略管理、市场营销、生产管理、供应链管理、投资管理、财务会计与财务管理等方面的经营管理决策，并利用有价值的信息及时调整相应的决策和方案，最终获取竞争优势。另外，作者结合十多年的 ERP 沙盘模拟演练指导经验，重点剖析 ERP 沙盘模拟演练的主要关键点内容，给出教师的主要指导要点，总结提炼了学生在演练过程中易犯的错误并给出相应的解决办法，藉以提升 ERP 沙盘模拟演练的教学或培训效果。因此，本书内容不仅能够较好地解决经济管理类专业学生实习实践的难题，还能够达到改善企业实际经营管理人员理念的目的。

　　本书主要针对非经济学专业的财经类学生使用，也可作为相关专业学生的参考用书。

图书在版编目（CIP）数据

ERP 沙盘模拟演练教程/孙金凤主编. —2 版. —北京：清华大学出版社，2014（2019.2 重印）
21 世纪经济管理类精品教材
ISBN 978-7-302-35392-8

I. ①E…　II. ①孙…　III. ①企业管理-计算机管理系统-高等学校-教材　IV. ①F270.7

中国版本图书馆 CIP 数据核字（2014）第 022941 号

责任编辑：王文珠
封面设计：康飞龙
版式设计：文森时代
责任校对：赵丽杰
责任印制：李红英

出版发行：清华大学出版社
　　　　　网　　址：http://www.tup.com.cn，http://www.wqbook.com
　　　　　地　　址：北京清华大学学研大厦 A 座　　　　邮　　编：100084
　　　　　社 总 机：010-62770175　　　　　　　　　　邮　　购：010-62786544
　　　　　投稿与读者服务：010-62776969，c-service@tup.tsinghua.edu.cn
　　　　　质 量 反 馈：010-62772015，zhiliang@tup.tsinghua.edu.cn
　　　　　课 件 下 载：http://www.tup.com.cn，010-62788951-223
印 装 者：北京国马印刷厂
经　　销：全国新华书店
开　　本：185mm×230mm　　　印　　张：17.75　　　字　　数：351 千字
版　　次：2010 年 11 月第 1 版　2014 年 5 月第 2 版　　印　　次：2019 年 2 月第 7 次印刷
定　　价：49.80 元

产品编号：054781-02

ERP 沙盘模拟演练是通过仿真模拟手段，把企业经营所处的内外部环境抽象为一系列的规则，由学生组成六个互相竞争的模拟企业，通过模拟企业六年的经营，使学生在分析市场、制定战略、营销策划、组织生产、财务管理等一系列活动中感受真实的市场环境，激发学生的创新思维，把学生所学的理论专业知识与企业实际存在的问题紧密联系起来，同时使学生意识到所学的管理知识具有解决实际问题的价值，从而激发其学习兴趣，加深对专业知识内容的理解。

本书的编写主要体现以下四个特点。

一是突破了传统的仅以传授企业经营管理知识的"孤岛式"教学模式。在 ERP 沙盘模拟对抗演练课程中，仿真的企业经营管理环境可使学生自觉地调整自身状态，促使学生主动学习、思考以及团队协作等，以新思想、新观念、新技术扩充并完善管理类各专业的知识体系，形成一套融情景式教学、互动教学、自主学习、角色实训为一体的，较为完善的教学体系。

二是把多年的 ERP 沙盘模拟指导经验融入其中。作者根据十多年的 ERP 沙盘模拟指导经验，重点剖析了 ERP 沙盘模拟演练的诸多关键点内容，给出实训过程中指导教师应该注意的指导要点，总结提炼了演练过程中学生易犯的错误并给出相应的解决措施和办法。希望给没有经验的指导教师提供有价值的借鉴参考，提升其 ERP 沙盘模拟的教学效果，同时给参加沙盘模拟的各位同学有用的意见，提升模拟企业的经营效果和业绩。

三是体验经营管理工具和方法的应用。每个学生都在模拟的市场竞争环境中体验市场变化，直接参与模拟企业的经营管理，体会自己所处的位置和应负责的工作，在看似游戏般的操作中真正感受企业经营者所面对的市场竞争的精彩与残酷，深刻体验复杂、抽象的管理理论和方法的应用，从而领悟科学的管理规律，掌握管理知识、决策技巧，提高管理素质。

四是在演练中运用 ERP 管理思想和理念，学会利用信息进行决策。通过 ERP 沙盘模拟演练，学生可将信息技术与经营管理技术相结合，以企业业务流程为主线，对人、财、物等资源进行全面整合，实现物流、信息流和资金流的有机统一，利用内外部有价值的信息及时调整决策，从而实现企业资源的最优化配置。ERP 沙盘模拟也正是基于 ERP 思想下的企业经营过程的可视化模型展示。

实践证明，该课程凭借其极强的体验性、互动性、实战性、竞争性、综合性、有效性的特点，正被各类院校的相关专业所认可和接受。这种综合性经营管理模拟实验不仅能够较好地解决经济管理类专业学生实习实践的难题，而且有助于培养学生的创业能力和综合能力，是一种能够满足社会需求、全面培养学生综合素质和实践能力的实用型人才培养的教学模式。

本书和第 1 版相比，内容增加和调整比例在 30%以上，主编孙金凤撰写字数为 29 万字。本书主要增加两章内容：第 6 章和第 7 章。

第 6 章为 ERP 沙盘模拟企业的综合能力测评及感言分享，本章主要表明，各模拟企业经过六年的经营，都开拓了相应的市场、研发了不同的产品以及拥有了不同的生产线，根据各模拟企业的资产状况、产品研发水平、市场开发以及认证资格等对企业综合发展潜力进行相应评估。除此之外，为增强 ERP 沙盘模拟实验教学的针对性，在此基础之上，还可在做完 ERP 沙盘模拟实验后，每一个小组的每一位同学对自己所扮演的角色进行总结发言，说明自己的经验和教训，并对失败的地方进行详细分析并提出改进措施，并共同完成一份企业的 ERP 沙盘模拟演练经营分析报告。

第 7 章为 ERP 沙盘模拟演练要点分析，撰写本章的原因是许多指导教师和学生都是第一次接触 ERP 沙盘模拟课程。但是，由于 ERP 沙盘模拟课程的综合性以及特殊性，使得在沙盘模拟演练过程中往往有许多疑问，且部分指导做得不够完善。作者结合多年的 ERP 沙盘模拟演练指导经验，对在沙盘模拟演练中应该做到的一些关键点进行分析和介绍，同时对于在沙盘模拟演练中指导教师的注意事项以及学生容易犯的错误进行剖析，并给出相应的建议或办法，从而提升 ERP 沙盘模拟实训课程的教学或培训效果。

编　者
2014 年 1 月

目录

CONTENTS

第1章 企业经营管理基础

【学习目标】

✧ 提升学生企业经营管理技能
✧ 识别企业在竞争环境中的竞争优势
✧ 运用有效的企业经营管理工具制胜
✧ 掌握 ERP 系统在企业经营管理中的应用
✧ 掌握 ERP 系统各计划层次的作用
✧ 理解企业如何借助于 ERP 制胜

1.1 企业经营管理方法应用

ERP 沙盘模拟演练这种体验式的互动学习方式，通过对企业运营过程适当的概括和简化，运用独特、直观的教具展现企业经营流程，结合职位扮演、运营模拟、教师点评，将企业发展战略、生产设备投资、生产能力规划、物料需求计划、融资与投资、市场与销售、财务经济指标分析、团队建设等经营管理知识加以综合运用。然而，在以往 ERP 沙盘模拟演练的授课中发现，因为每名学生的教育程度、专业背景、学习程度等不相同，很多学生在进行 ERP 沙盘模拟演练中通常不能综合运用相关的经营管理知识来指导模拟企业的经营。因此，为了便于学生做好 ERP 沙盘模拟演练，本章将主要介绍企业经营管理所涉及的内容、方法以及工具等，使得参加 ERP 沙盘模拟演练的学生做好充分的知识准备。

1.1.1 利用 BSC/MAP 制定有效发展战略

1. 平衡计分卡 BSC

1990 年，美国的诺兰顿学院设立了一个为期一年的项目，专门研究一个新的绩效测评模式，诺兰·诺顿的执行总裁戴维·诺顿（David P. Norton）担任项目组组长，哈佛商学院教授罗伯特·卡普兰（Robert S. Kaplan）担任资深顾问。1992 年，卡普兰和诺顿在《哈佛商业评论》上发表了他们的第一篇平衡计分卡（The Balanced Score Card，BSC）的论文：平衡计分卡——绩效驱动指标。

1996 年，卡普兰和诺顿的第一本专著《平衡计分卡——化战略为行动》出版，标志着 BSC 理论的建立。随着企业对 BSC 运用的不断丰富和完善，这个框架又进一步升华。

2001 年，卡普兰和诺顿出版了第二本书《战略中心型组织》，对四个流程（见图 1-1）里第二、三、四个流程做了进一步拓展。同时，在这本书里，关于战略的远景以及战略的描述，提出了战略地图的概念，但只作为一个步骤提出，并没有给予完整的阐述。

2004 年，平衡计分卡体系的第三本书《战略地图——化无形资产为有形成果》出版，详细论述了四个流程（见图 1-1）里的第一个流程。由此，如何描述清楚企业的远景和战略的问题得到了很好的解决，最终形成了一个完整的战略执行理论体系。

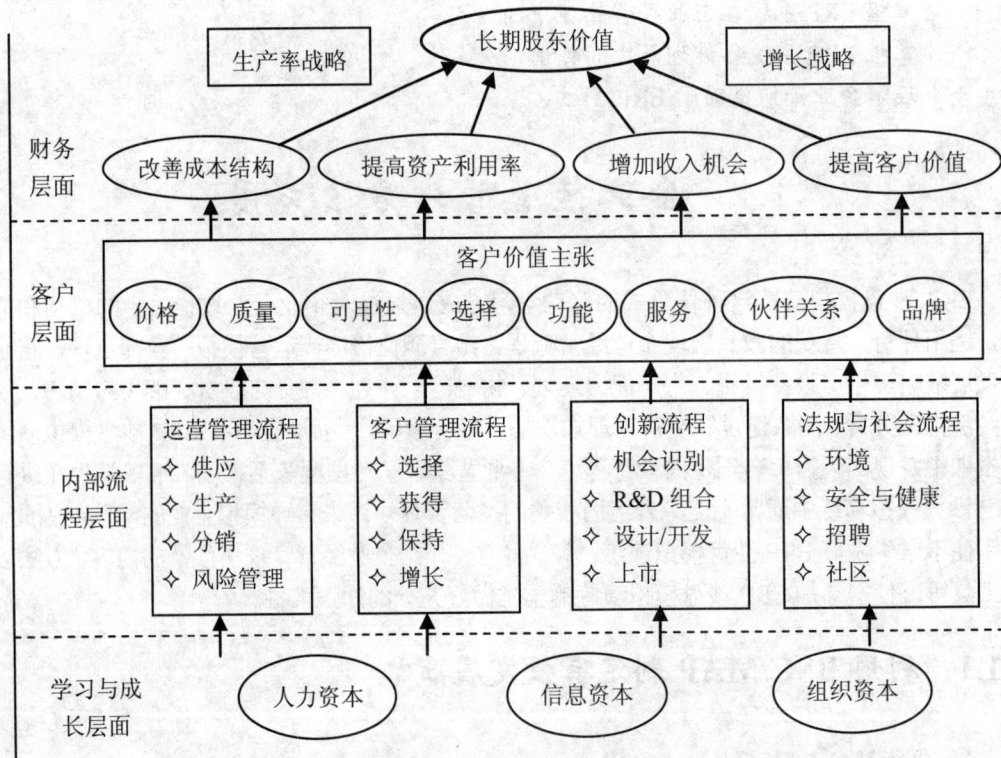

图 1-1　战略地图标准模板

今天的 BSC，与我们所理解的 1992 年的 BSC 有着很大的发展变化。企业要想获得突破性的成果，或者要想使自己的战略得到有效执行，下面这个等式给出了完整的指导：

突破性成果=战略地图+平衡计分卡+战略中心型组织

2. 战略地图 MAP

战略地图（Strategy Map）的核心是如何"描述"战略，平衡计分卡强调如何"衡量"战略，战略中心型组织的重点则在"管理"战略。

等式右边三个关键要素之间的关系是："如果你不能衡量，那么你就不能管理；如果你不能描述，那么你就不能衡量。"这是平衡计分卡理论最核心、最精髓所在。战略地图通过结构化的方式描述了战略，或者说为企业提供一个检查战略的标准化清单。对于企业已经制定的战略，则可以对照战略地图来检查有无缺失的要素。

图 1-1 是战略地图标准模板，它保留了 BSC 的基本框架，同样是"财务、客户、内部流程、学习与成长"四个基本层面，但又有新的发展，表现为每一个层面更加细致。卡普兰和诺顿认为，战略地图与 BSC 相比，增加了两个层次的东西：一是颗粒层，从图 1-1 可以看到每一个层面下都可以分解为很多要素；二是动态的层面，也就是说，战略地图是动态的，可以结合战略规划过程来绘制。

（1）财务层面

实现财务目标的长短期战略平衡，这是战略地图在财务层面首先要达到的目标。卡普兰和诺顿认为，衡量一个战略是否得到有效执行，要通过长期股东价值来判断，这与传统判断战略执行的标准一致。但是，在战略地图中，强调股东价值的长期性，因此又将股东的价值分解为生产率战略和增长战略。生产率战略考虑的是企业短期财务成果的实现；增长战略则强调企业长期财务成果的实现。我们对财务指标批评最多的是"事后、短期、急功近利、使经理人更加短视"等，而卡普兰和诺顿通过战略地图克服了传统财务评价指标的不足。在财务层面，战略地图追求财务目标的长短期战略平衡，同时也为战略地图的整体框架奠定了基础。

从生产率战略的角度看，要使企业短期财务成果得到改善，有以下两个具体方法：

☆　改善成本结构，例如在供应环节和供应商进行沟通，通过谈判将供应成本降低。

☆　提高资产利用率，要不提高现有资产利用效率，要不通过增加新的资产来改善现有生产能力的瓶颈。

通过这两个方法，可以促进企业生产率战略的执行，短期获得股东的满意。

从增长战略的角度看，也有以下两种途径：

☆　增加收入机会，可以理解为开发新产品、开发新客户和开发新市场等。

☆　提升客户价值，例如今年跟客户做 200 万元的生意，明年能不能做 300 万元的生意，这就是提升客户的价值。

（2）客户层面——客户价值主张"有所为，有所不为"

在客户层面，卡普兰和诺顿引进了一个新的概念——客户价值主张。BSC 强调，要想使股东满意，必须使客户满意，要想使客户满意，必须了解客户的需求。企业满足了客户的需求，就意味着为客户创造了价值。企业以什么样的方式来为客户创造价值或者传递价值，这种传递价值的方式就是客户价值主张。

客户价值主张可以分解为以下三个方面：

☆ 企业提供的产品、服务特征。

☆ 企业和客户的关系。

☆ 企业以怎样的品牌、形象出现在客户的面前。

不同的企业有不同的客户价值主张。战略地图提供了一个模型，不管企业选择怎样的战略，采取什么样的客户价值主张，都能通过这三个方面加以描述，而且这三个方面还可加以进一步细分。例如，产品特征包括"产品价格、质量、可用性、可选择性功能"等，这些都是描述产品特征的具体要素；企业和客户之间的关系，可以通过由你提供的服务，和客户建立的关系，得到具体的描述。

在明确客户价值主张之后，企业就知道用什么样的方式向什么样的客户提供什么样的产品，也就是说，要"有所为，有所不为"。不是说所有的客户都要成为企业的目标客户，有的人可能不是企业的目标客户，企业的产品也不是为 100%的客户服务，可能为 10%的客户服务，也可能为 80%的客户服务。

（3）内部流程层面

不同的企业有其不同的流程，但战略地图强调说，在选择这些流程时，一定要考虑哪些流程是短期内能为股东和客户创造价值的，哪些流程是长期为股东和客户创造价值的。这就是内部流程的战略选择，也是这个层面最核心的思想。至于说企业最终选定五个或者十个流程，或者下面再细分出更多的流程，则属于企业个性化的东西。

（4）学习与成长层面——无形资产的战略准备度

《战略地图》的副标题是"化无形资产为有形成果"，这是卡普兰和诺顿在战略地图中的最大创新。为了使企业的流程得到改善，或者说为了使企业流程卓越，在学习与成长层面企业又应该取得怎样的改善？战略地图将学习与成长这个层面从无形资产的角度划分为三大类——人力资本、信息资本和组织资本。卡普兰和诺顿强调，无形资产本身并不能创造价值，无形资产要想为企业创造价值，必须和企业选定的关键战略流程进行配合。也就是说，为企业创造价值的是平衡计分卡里的第三个层面"企业内部流程"无形资产与内部流程相配合的程度，卡普兰和诺顿称之为无形资产战略准备度，具体又可细分为人力资本准备度、信息资本准备度和组织资本准备度。"准备度"概念是战略地图的又一大创新。人力资本、ERP 系统、信息化软件等能不能与内部流程相配合，是无形资产价值能否实现的关键。

3．利用 BSC/MAP 制定有效的企业发展战略

（1）绘制战略地图

卡普兰和诺顿总结出六个步骤，从动态的角度绘制战略地图。

第一步，确定股东价值差距。例如，股东期望五年之后销售收入能够达到 5 亿元，但是现在只达到 1 亿元，距离股东的价值预期还差 4 亿元。股东价值的差距，也就是我们企业战略的目标。

第二步，调整客户价值主张。要弥补股东价值差距，要实现 4 亿元销售额的增长，对现有的客户进行分析，他们是不是高质量的客户，通过和他们做生意，能不能给企业带来 4 亿元销售收入的增长。如果不行，就要寻找新的目标客户，研究新客户有什么样的需求，怎样去满足，即调整你的客户价值主张。

第三步，确定价值提升时间表。针对五年实现 4 亿元股东价值差距的目标，要确定时间表，第一年提升多少，第二年、第三年提升多少，将提升的时间表确定下来。

第四步，确定战略主题。战略主题就是战略地图里的第三个层面，要找关键的流程，短期、中期、长期分别做什么事。

第五步，提升战略资产准备度。分析企业现有无形资产的战略准备度，具备或者不具备支撑关键流程的能力，如果不具备，找出办法来予以提升。

第六步，确定战略行动方案及资金保障计划。根据前面确定的战略地图以及相对应的不同目标、指标和目标值，再来制订一系列新的行动方案，重新配备资源，形成预算。

（2）化战略为行动的 BSC

BSC 在企业的实践应用中发展成为战略管理工具，它通过找出实现战略要素的衡量指标，为衡量指标设定目标值，为实现战略要素制订行动方案，从而把公司的战略演化成具体的经营行为，以保证公司战略的实现。

BSC 的目标和指标来源于企业的愿景和战略，这些目标和指标从四个层面来考察企业的业绩，即财务、客户、内部业务流程、学习与成长。这四个层面组成了 BSC 的框架，如图 1-2 所示。

化战略为行动是一个从宏观到微观、从抽象到具体的过程，"目标、指标、目标值、行动方案"是 BSC 最基本的概念，成为"财务、客户、内部业务流程、学习与成长"四个层面的具体构成要素，是落实战略必不可少的四个关键词。

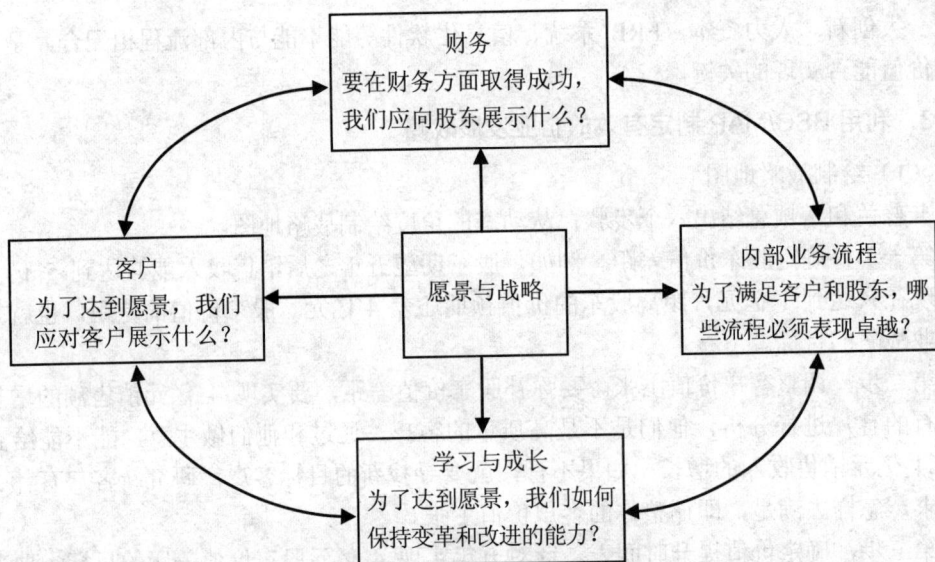

图 1-2   化战略为行动的平衡计分卡框架

☆   "目标"：在每一个层面里，你的目标是什么。
☆   "指标"：即衡量这个目标的指标是什么，目标一定要可衡量。例如，在财务层
        面要实现的一个目标是"增加销售收入"，那么"销售收入增长率"就是一个可
        选的指标。
☆   "目标值"：即这项指标所应该达到的一个度，如"每年的销售收入增长率是
        10%"，这是目标值。目标值有长期的、中期的、短期的，甚至有更短的季度和
        月份目标值。
☆   "行动方案"：即为了完成某一项指标的特定目标值，应该采取的行动。例如，
        为了使销售收入增长率达到每年 10%的增长速度，在营销方面、内部研发方面
        应该采取什么样的行动。

卡普兰和诺顿通过这四个关键词，将战略转化为行动。经典的BSC里通常设置有25～
30 个指标，来实现一系列的战略平衡。例如，长期和短期、财务与非财务、无形和有形、
内部与外部、领先与滞后、动因与结果。
（3）BSC 在战略管理中的应用
创新的企业把BSC视为一个战略管理系统，用来规划企业的长期战略，它们利用BSC
来完成重要的管理流程。BSC 与战略管理的结合，可以通过以下四个流程来实现，如
图 1-3 所示。

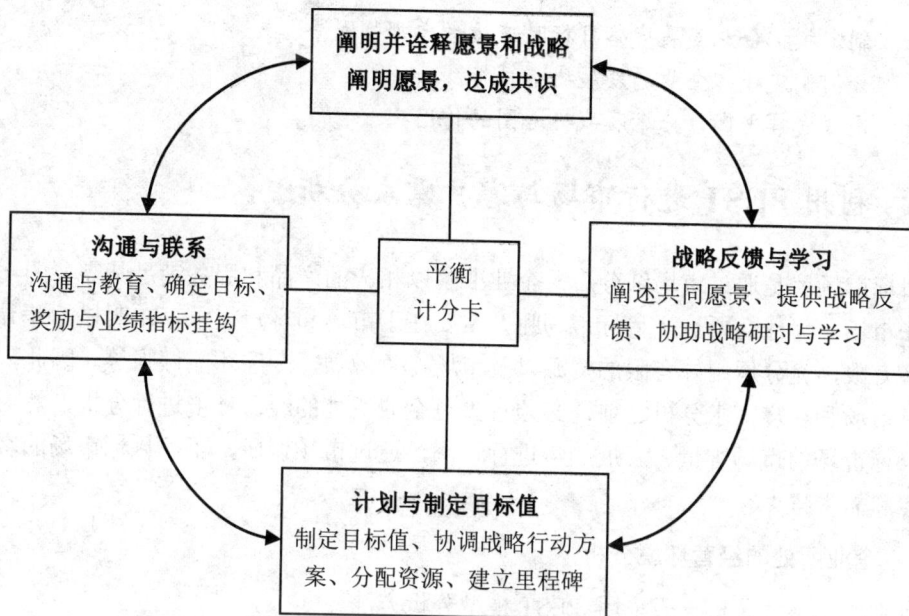

图 1-3　平衡计分卡的战略管理应用流程

第一步，阐明并诠释企业的愿景和战略。平衡计分卡帮助企业管理层对战略达成共识，建立共同的沟通语言。在同一个企业内部，不能说财务部门说财务的语言，技术部门说技术的语言，人力资源部门说人力资源的语言，必须要有共同的战略管理沟通语言。

第二步，沟通并连接战略目标和指标。高层达成共识后，要对企业的平衡计分卡指标认可，这样才能进行沟通和联系，以保证战略管理的协调一致。即在中层、基层纵向保持战略目标的一致，同时横向之间，不同职能部门、业务部门之间要保持协调。通过这一步，企业的战略目标分解到不同部门和个人，最终跟每一个人的激励挂钩，以确保平衡计分卡所强调的协调一致。

第三步，计划、制定目标并协调战略行动方案。要为每一个指标制定目标值，这里卡普兰和诺顿强调的是挑战性的目标值，通俗地讲，挑战性就是"跳起来摘果子"。根据前面不同的指标，制定相应的目标值，再来决定在哪些方面投资，决定行动方案，以及为不同的行动方案配置人、财、物这样的资源，在财务上形成预算。

第四步，加强战略反馈与学习。战略得到执行之后，要进行反馈与学习，对战略进行回顾、修正。

各模拟企业练习：制定企业三年战略目标

☆　明确战略、策略以及目标的区别和联系。

☆ 制定模拟企业发展战略目标时应该考虑哪些因素。

☆ 如何制定模拟企业的发展战略目标。

☆ 充分发挥平衡计分卡及战略地图的作用。

1.1.2 利用 PEST 进行市场与客户需求分析

目标市场就是通过市场细分后，企业准备以相应的产品和服务满足其需要的一个或几个子市场。为什么要选择目标市场呢？主要在于市场和客户需求存在明显的差异、企业资源有限，充分运用好有限的资源以及市场竞争激烈，专注才能做强等。因此，在进行目标市场和客户需求分析之前，必须首先对企业所处的经营环境进行分析，然后对备选的目标市场的市场容量、发展趋势进行预测，通过市场调研，了解目标市场的客户类型特点和需求特点。

1. 企业所处的经营环境分析

外部经营环境分析一般采用 PEST 模型分析方法。

PEST 分析法是战略外部环境分析的基本工具，它通过政治的（Politics）、经济的（Economic）、社会的（Society）和技术的（Technology）角度或四个方面的因素分析，从总体上把握宏观环境，并评价这些因素对企业战略目标和战略制定的影响，如表 1-1 所示。

表 1-1 企业经营环境分析——PEST 分析法

要　　素	内 容 举 例
政治法律环境： 对组织经营活动具有实际与潜在影响的政治力量和有关的法律、法规等因素	● 政府的经济政策，如重点扶持的产业、计划淘汰的产业等 ● 国家政策和法律对企业经营行为具有约束力的法律和法规，如反不正当竞争法、税法、知识产权保护法、劳动法、环境保护法和贸易法规和协定（如 WTO）等
经济环境： 国家的经济制度、经济结构、产业布局、资源状况、经济发展水平以及未来的经济走势等因素	● 银行利率和汇率水平 ● 通货膨胀率 ● 人均就业率 ● 人均收入水平 ● 能源供给成本 ● 市场化程度 ● 市场需求状况

续表

要　素	内　容　举　例
社会文化环境： 组织所在社会中成员的民族特征、文化传统、价值观念、宗教信仰、教育水平、自然环境及风俗习惯等因素	● 民族分布和主要的民族特征和民族间的文化差异 ● 宗教信仰、政治观点、道德价值取向 ● 国民受教育的结构和水平 ● 人口规模和分布结构（地域分布、年龄分布等） ● 国民收入水平和分布结构 ● 国民对于外国产品和服务的态度 ● 语言障碍是否会影响产品的市场推广 ● 自然环境，如地理、气候、资源、生态等环境 ● 生活习惯，如有多少空闲时间？男性和女性的角色分别是什么？生活方式如何？不同的自然环境可能会有不同的生活方式
技术环境： 与企业产品相关的技术、工艺、材料的现状和发展以及应用前景，尤其关注可能引起产业革命性变化的新技术和新发明	● 国家对哪些新技术进行重点投资和政策支持 ● 新科技是否提高了企业的营运效率 ● 新技术是否提高了产品和服务的质量（或降低了成本） ● 新科技是否为消费者和企业提供了更多的创新产品、服务和消费体验 ● 新科技（如信息技术）是否会导致全新的商业模式出现

例如，某家电企业的 PEST 分析如表 1-2 所示。

表 1-2　某家电企业的 PEST 分析

要　素	内　容
P（政治）	● 世界政治格局多元化，区域不稳定因素成为各大政治集团角力的缓冲区长久存在 ● 各国谋求经济发展不遗余力，新兴经济体将出现新一轮以财政政策和国家利益为基点的政治变革 ● 中国是负责任大国，政治上继续发挥巨大影响力，将有力推动中国经济和企业的深度国际化 ● 国家宏观调控机制趋向成熟，出口退税、加息、人民币升值等相关政策调整推动高能耗、资源消耗型产业结构调整 ● 入世过渡期结束，中国经济融入世界经济进程加速，国内竞争国际化日益明显
E（经济）	● 中国进入工业化中期阶段，消费需求与工业投资建设高涨，深加工行业获得战略发展机会 ● 成本领先优势受到贸易保护和新兴经济体挑战，产业结构调整与升级势在必行 ● 在经济全球化和区域经济一体化迅速发展的形式下，全球资源整合与国际规则接轨将深入影响行业变革 ● 区域性自由贸易协定成为全球贸易自由化过程中的必然选择，并且呈现加速发展趋势 ● 能源消费压力传导到加工行业，将持续推动节约、环保型生产与消费模式的逐步建立 ● 全球金融危机，严重影响家电制造企业的生存与发展，国际市场严重萎缩，外贸订单锐减 ● 国家进行宏观调控，推出家电下乡、以旧换新、节税惠民等系列利好政策

续表

要　素	内　容
S（社会）	● 经济发展与二元社会变迁：将进一步提升社会总体消费能力及耐用消费品的消费比重 ● 公众关注生活品质的同时，对环保、节能与社会责任意识不断提升：禁氟、回收、节能、物质无害化等加速推进 ● 社会信用日益受关注，行业及国家监管成为企业规范、诚信经营的主要约束力 ● 一、二级市场消费升级，三、四级市场消费兴起，以及出口新兴市场成为未来家电竞争的新焦点 ● 价值观念日益多样化和个性化，注重消费的物质主义偏好明显，产品功能、质量及外在感受至关重要
T（技术）	● 节能、环保、智能、健康、时尚、功能融合成为家电产品未来技术发展的主要趋势 ● 国内家电企业研发投入不足，占销售收入的平均比例为 1% 以下 ● 商品环保、健康的要求促进新技术、新材料、新工艺广泛应用 ● 传统能源替代型技术与产品兴起，多元化能源应用与解决方案受到关注 ● IT 应用于传统家电在 3C 融合趋势下方兴未艾，并直接推动部分传统企业向 3C 转型

2．选择目标行业和目标市场的标准

（1）行业生命周期是朝阳行业还是夕阳行业？

（2）是否有足够大的市场规模和增长率？

（3）与企业战略目标是否一致？

（4）是否与企业拥有的资源相匹配？

（5）是否具有市场竞争优势？

评估业务优先级矩阵图（见图1-4）可以帮助我们优先选择哪些行业和目标市场，以及采取有效的战略。

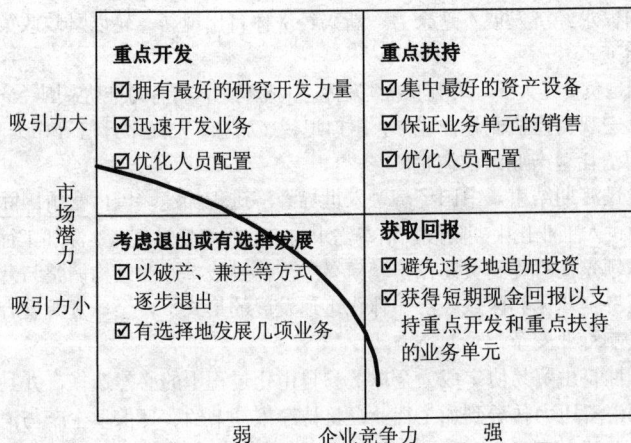

图1-4　评估业务优先级的矩阵图

3. 目标市场和产品组合的策略选择

图 1-5 给出了目标市场和产品组合的策略选择。

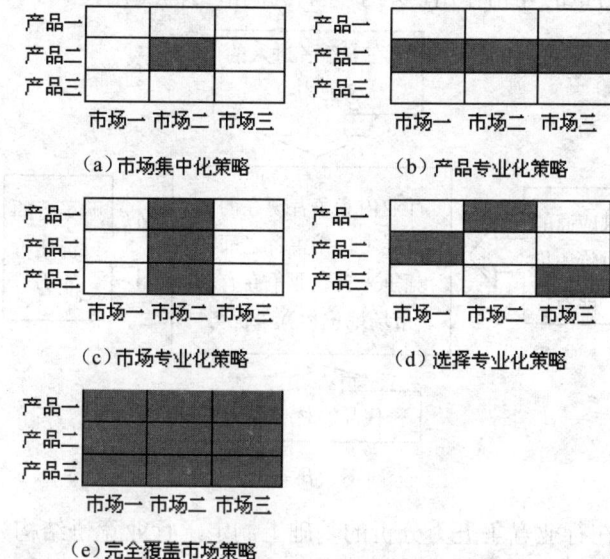

图 1-5　目标市场和产品组合的策略选择

4. 客户需求分析

通过市场调研和统计分析找出重点客户群，并分析目标客户的现在需求及未来趋势，对客户进行分类划分。客户需求可以通过客户需求问卷、客户访谈、客户座谈会、客户投诉统计分析和委托专业机构调查等多种形式的调研和统计方法获得。

各模拟企业练习：

☆　利用 PEST 对模拟企业经营环境进行分析。

☆　利用业务优先级矩阵图识别模拟企业的目标市场和客户需求。

1.1.3　利用五力模型/SWOT 进行竞争环境分析

根据迈克尔·波特的竞争理论：五力模型和三种竞争战略，对企业竞争环境进行分析。

1. 竞争环境分析

迈克尔·波特（Michael Porter）于 20 世纪 80 年代初提出五力分析模型，如图 1-6

所示，可以有效地分析企业的竞争环境。这五种力量分别是供应商的讨价还价能力、购买者的讨价还价能力、潜在竞争者进入的能力、替代品的替代能力、行业内竞争者现在的竞争能力。五种力量的互相作用影响了行业利润潜力的变化。

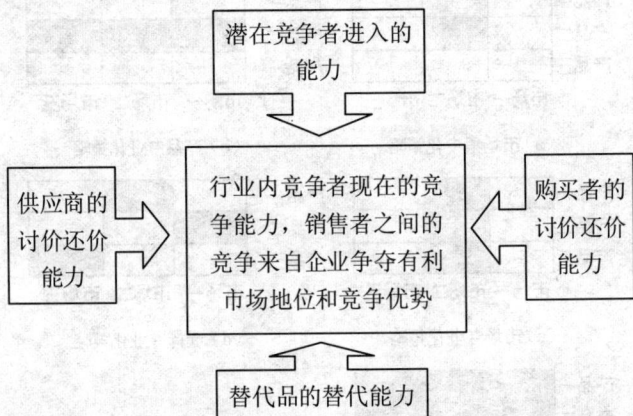

图1-6　五力模型

迈克尔·波特在行业竞争五力分析的基础上制定了行业竞争结构分析模型，从而可以使管理者从定性和定量两个方面分析行业竞争结构和竞争状况，以达到以下两个目的：

（1）分析确定五力中影响企业成败的关键因素。

（2）企业高层管理者从相关的各个因素中找出需要立即处理的威胁，以便及时采取行动。

在实践运用中必须意识到，五力模型是建立在以下三个假定基础之上的：

（1）制定战略者可以了解整个行业的信息，事实上往往不易做到。

（2）同行业之间只有竞争关系，没有合作关系，而现实中许多企业已充分认识到合作双赢的重要性，企业间存在多种形式的合作关系。

（3）行业的规模是固定的，因此，只有通过夺取对手的份额来占有更大的资源和市场。但现实中企业之间往往不是通过吃掉对手，而是与对手共同做大行业的蛋糕来获取更大的资源和市场。同时，市场可以通过不断地开发和创新来增大容量。

2. 竞争对手的分析

在上述竞争环境分析的前提下，分析企业竞争对手需要考虑的问题：

（1）谁是企业的竞争对手（企业在不同的目标市场可能有不同的竞争对手）？

（2）在目标市场上，企业竞争对手的优势及劣势。

（3）竞争对手的战略考虑及其可能的行动。

（4）企业在竞争中获胜的可能性。

在波特的《竞争战略》一书中提出了竞争对手分析的模型，从企业的现行战略、未来目标、竞争实力和自我假设四个方面分析竞争对手的行为和反应模式，如图 1-7 所示。

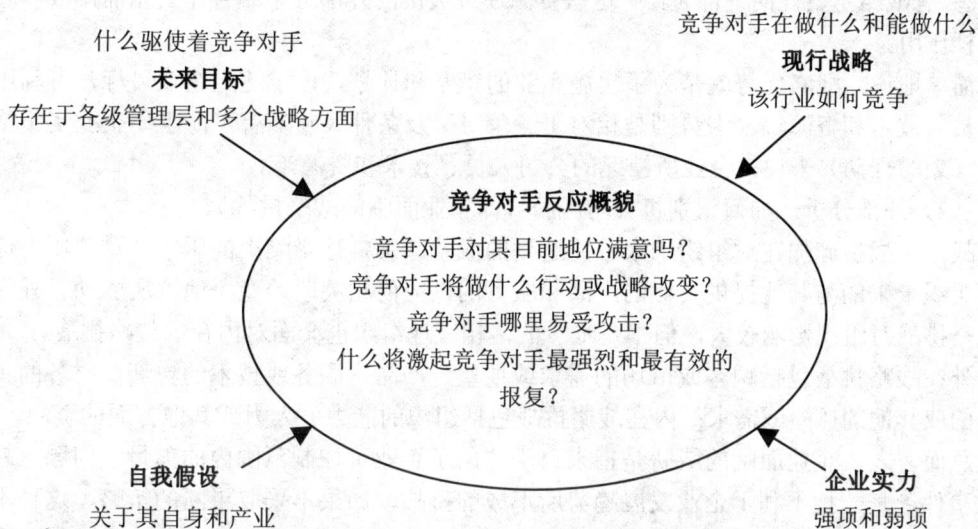

什么驱使着竞争对手
未来目标
存在于各级管理层和多个战略方面

竞争对手在做什么和能做什么
现行战略
该行业如何竞争

竞争对手反应概貌

竞争对手对其目前地位满意吗？
竞争对手将做什么行动或战略改变？
竞争对手哪里易受攻击？
什么将激起竞争对手最强烈和最有效的
报复？

自我假设
关于其自身和产业

企业实力
强项和弱项

图 1-7　竞争对手分析模型

竞争对手现行战略的分析，表明竞争对手目前正在做什么和将来能做什么。列出竞争对手所采取的战略，对其进行分析，以便本企业作出有效及时的回应。

分析竞争对手的未来目标，有利于预测竞争对手对目前的市场地位以及财务状况的满意程度，从而推算其改变现行战略的可能性及对其他企业战略行为的敏感性。

竞争实力的分析，可以找出本企业与竞争对手的差距，找出企业在市场竞争中的优势和劣势，以便更有针对性地制定我们的竞争策略。

分析竞争对手对自身和产业的假设，可以很清楚地看到竞争对手对自身的战略定位，以及它对行业未来发展前景的预测。竞争对手对自身和对产业的假设有的是正确的，有的是不正确的，通过掌握这些假设，可以从中找到发展的契机，从而使本企业在竞争中处于有利的地位。

正如前所述，战略规划分析首先要分析的就是企业有哪些战略优势和将会面临哪些战略挑战。

（1）内部分析：如何识别战略优势和劣势。

战略优势指那些对组织未来可能达到的成就起决定性影响的市场利益。这些优势通常是组织优胜于当前和未来的同类产品和服务供应商的源泉。总体来说，战略优势有以下两个来源：

① 通过核心竞争力建立和扩展组织内在能力。

② 有战略重要性的外部资源，这些资源通过关键的外部关系和合作关系而形成和起到杠杆作用。

简单地说，战略优势就是为了实施企业的策略和计划，以求达到企业目标，可利用的人员、技术和资源等。劣势则是相对于竞争对手及条件（它们有可能阻碍企业实施策略和计划的行动）来说，企业所缺乏的公司人员、技术和资源等。

（2）外部分析：如何识别机会与威胁（即企业面临的战略挑战）。

战略挑战指施加在对组织未来可能达到的成就起决定性影响上的压力。这些压力通常由组织未来的与其他提供类似的产品和服务的供应商相关联的竞争地位所驱动。外在的战略挑战对组织影响较大，但不是唯一的，相应地组织也会面对内在的战略挑战。

外在战略挑战包括顾客或市场的需求或期望，产品、服务或技术的更新，财务的、社会的或其他的风险或需求；内在战略挑战包括组织的能力、人力或其他方面的资源。

总而言之，企业面临的威胁是指来自于超出了企业可控制范围内的力量、问题、趋势、事件，是一种不利于企业发展趋势所形成的挑战，如果不采取果断的策略，这种不利趋势将导致企业的竞争地位受到削弱，战略机会就是对企业发展富有吸引力的领域，进入这一领域中的企业将有可能获得新的发展机会。

危机和机会往往互相转化，也就是我们常说的当危机突然降临时，必须有化危机为机会的心态和策略。危机和机会也是相对的，因为竞争对手何尝不是如此期盼？有一个在企业界流传很广的寓言：

有一个十岁的小男孩，在一次车祸中失去了左臂，但是他很想学柔道。

于是小男孩拜一位日本柔道大师做了师傅，开始学习柔道。他学得不错，可是练了三个月，师傅只教了他一招，小男孩有点弄不懂了。他终于忍不住问师傅："我是不是应该再学学其他招数？"师傅回答说："不错，你的确只会一招，但你只需要会这一招就够了。"

小男孩并不是很明白，但他很相信师傅，于是就继续照着练了下去。

几个月后，师傅第一次带小男孩去参加比赛。小男孩自己都没有想到居然轻轻松松地赢得了冠军。

回家的路上，小男孩和师傅一起回顾每场比赛中的每一个细节，小男孩鼓起勇气道出了心里的疑问："师傅，我怎么凭一招就赢得了冠军？"

师傅答道："有两个原因：第一，你几乎完全掌握了柔道中最难的一招；第二，就我所知，对付这一招唯一的办法是对手抓住你的左臂。"

所以，小男孩最大的劣势变成了他最大的优势。

当企业面临来自市场的严峻挑战时，竞争对手往往也会面临一样的局面，尤其当企业身处一个竞争激烈的市场时，谁比对手做出更有效的竞争策略，谁将赢得胜利。2003年联想身处计算机行业同质化的激烈竞争中，在业绩发布会上有一位基金经理对联想的前景表示担忧，杨元庆用一个寓言回答：

两个人在森林里遇到了一只大老虎。一个人赶紧从背后取下一双更轻便的运动鞋换上。另一个人说："你干嘛呢？再换鞋也跑不过老虎啊！"这个人说："我只要跑得比你快就行了。"

竞争分析常用的工具是SWOT（优势、劣势、机会和威胁）分析，如图1-8所示。

优势 （Strength）	劣势 （Weakness）
机会 （Opportunities）	威胁 （Threats）

图1-8　SWOT 分析 1

进行SWOT分析后，应运用分析的结果提出企业的应对策略。

如图1-9所示，将已找出的优势根据它们是否与潜在的机会或将来的威胁有关而分成两组，用同样的方法将劣势也分成两组，对照外部的机会和威胁平衡内部的优势和劣势。

	优势	劣势	
	利用这些： 优势与机会的组合	改进这些： 劣势与机会的组合	机会
	监视这些： 优势与威胁的组合	消除这些： 劣势和威胁的组合	威胁

图1-9　SWOT 分析 2

可以将上述两个图合并成一个图，如图1-10所示。

	优势	劣势
机会	SO	WO
威胁	ST	WT

图1-10　SWOT 分析 3

其中：

（1）SO（优势－机会）战略：这个战略的目标就是通过发挥企业内部优势而充分利

用外部机会的战略。这是一种最理想的战略状况，实行这种战略的关键是把企业的劣势变为优势，努力回避外部的威胁以充分利用各种有利的机会。

（2）WO（劣势－机会）战略：这个战略的目标就是通过利用外部机会来弥补内部的劣势。适用这种战略的条件是存在有利的市场机会，但企业的劣势却妨碍着这种机会的利用。因此，关键在于如何消除这种劣势来利用这种有利的机会。

（3）ST（优势－威胁）战略：这是一种利用本企业的优势回避或减轻外部威胁影响的战略。

（4）WT（劣势－威胁）战略：这是一种旨在减少内部劣势同时回避外部环境威胁的防御性战略。

各模拟企业练习：企业的 SWOT 分析和决策

☆　在企业的目标市场上，现在和将来谁是企业的竞争对手？

☆　竞争对手分析模型：竞争对手的战略是什么？

☆　企业与竞争对手比较——SWOT 分析及对策。

☆　企业在哪些方面与对手竞争？

☆　企业的机会在哪里？

1.1.4　利用 QFD/RP/BCG 制定解决方案和策略

进行 SWOT 分析后，企业就应该考虑客户的期望是什么？如何制定满足或超越客户期望的理想产品或理想解决方案？所利用的分析工具有战略路线图、QFD、波士顿矩阵图、产品技术路线图。

1．理想产品方案

所谓理想产品方案就是能否完全满足我们目标客户的需求，而且具有竞争优势的产品，规划理想产品方案必须考虑到如下因素：

（1）目标市场的客户需求。

（2）竞争对手分析。

（3）长远的产品规划。

我们可以通过集中研讨，如头脑风暴等方法来规划理想产品方案，其中一个强有力的工具是质量功能展开（QFD）。

质量功能展开（Quality Function Deployment，QFD）的概念是 1929 年在三菱的 Kobe 船坞提出，并在日本和美国得到了广泛的应用。质量功能展开将顾客对产品的需求进行多层次的演绎分析，转化为产品的量化的设计特性，为客户提供满足其需求甚至超越其期望的、优于竞争对手的产品或服务。

在进行理想产品方案规划时，不是仅仅规划一款产品或一组产品，而是规划一个长期的产品研发路线图（或称产品技术路线图）。

2. 关键性成功因素（Key Success Factors，KSF）分析

关键性成功因素就是达成战略目标的必要条件，如人力资源、技术能力、创新能力、设备、财务等。可以用雷达图（Radar Plot，RP）形象地表示关键性成功因素及其现有水平，如图 1-11 所示。

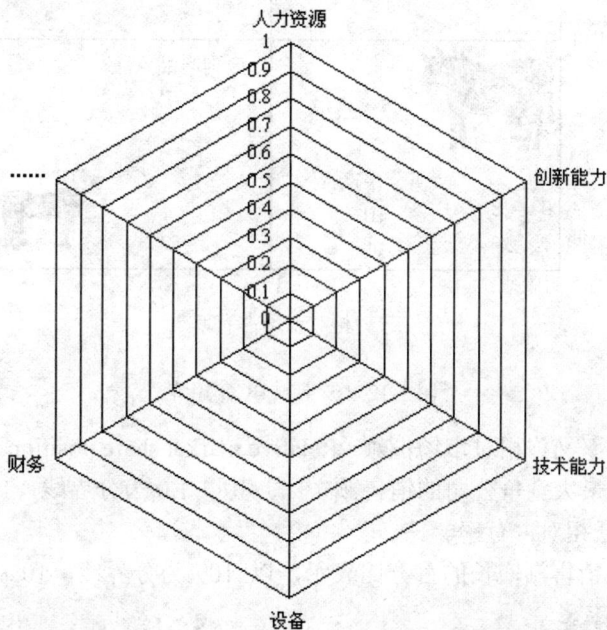

图 1-11　雷达图

3. 主要障碍性因素（Critical Business Issues，CBI）分析

主要障碍性因素可理解为达成战略目标的保障条件，具备了这些条件就能更好地达成战略目标，这些因素的欠缺会直接导致战略目标达成的程度。例如产品研发周期、市场营销能力、营运效率等。

木桶原理：木桶能盛多少水取决于木桶的短板。

这个最短的桶板就是你的 CBI。

主要障碍性因素分析方法可参考上述"关键性成功因素分析"中所用的雷达图。

4. 波士顿咨询集团矩阵（BCG 矩阵）

该矩阵用相对市场占有率和市场增长率两个指标来分析企业各个分部的差别，如图 1-12 所示。

图 1-12　波士顿 BCG 矩阵

相对市场占有率又称相对市场份额（Relative market share position），为企业某个产品的销售额与该产业最大竞争公司的销售额之比。其以 1.0 为分界线：1.0 以上为高相对占有率，1.0 以下为低相对占有率。

市场增长率以销售额增长的百分比表示，以 10%为分界线，10%以上为高增长率，10%以下为低增长率。

BCG 矩阵战略选择：

（1）问题产品：高的市场增长率和低的相对市场占有率。对于这种产品应采取加强型战略，如市场渗透、市场开发或产品开发，或考虑将其售出。

（2）明星产品：高的市场增长率和高的相对市场占有率。对于这种产品应通过大量投资以保持和加强其主导地位。

（3）现金牛产品：低的市场增长率和高的相对市场占有率。对于这种产品应尽可能长期地保持其优势地位。

（4）瘦狗产品：低的市场增长率和低的相对市场占有率。对于这种产品应采取收缩战略。例如结业清算、剥离、削减等。

各模拟企业练习：

☆ 开发理想产品或理想解决方案。

☆ 制定战略策略。

☆ 利用雷达图表示模拟企业关键性成功因素。

1.1.5 商业竞争策略

就军事术语而言，策略是指军事将领运用拥有的军事资源进行最有利的安排以赢得战争的指挥艺术和科学，战术则是短兵相接时安排及调度资源的艺术和科学。

商业竞争中，策略就是为达到战略目标而采取的措施和行动计划。相对于军事上战略与战术的关系，策略与运营的关系是：

策略关注"什么（What）"，即要做什么？要成为什么样的公司？

运营则关注"如何（How）"，即要如何做？如何达到目标？

迈克尔·波特认为商业竞争策略有以下三种方式：

1. 成本领先战略

企业通过有效途径降低成本，使企业的全部成本低于竞争对手的成本，甚至是同行业中最低的成本，从而获取竞争优势的一种战略。根据企业获取成本优势的方法不同，我们把成本领先战略概括为如下几种主要类型：

（1）改进设计，如简化产品功能，选用性价比更高的材料，提高易制造性以降低制造成本，标准化设计等。

（2）降低采购成本。

（3）降低营运成本。

（4）制造工艺创新及提高制造设备自动化水平以降低制造成本。

（5）以大规模采购、制造和营销获得成本优势。

（6）采用总体成本策略以获得营销优势。

适合采用成本领先战略的企业如下：

（1）当企业进入一个新行业时，以成本领先战略获得市场份额和知名度。

（2）同质化程度高的行业，竞争者均主要以成本争夺市场。

（3）本企业与竞争对手比较，甚至与整个行业比较具有成本优势。

采用成本领先战略的企业可能导致不利的因素如下：

（1）产品降价过度引起利润率降低，无力投入新技术、新产品的研发，影响企业的持续发展。

（2）无法确定自己的成本低于竞争对手，或者全行业最低时，竞争对手或行业新进者同样运用成本竞争策略还击，将导致整个行业恶性价格竞争，始作俑者也不能幸免。

2. 差异化战略

为使企业产品与竞争对手产品有明显的区别，形成与众不同的特点而采取的一种战略。这种战略的核心是取得某种对顾客有价值的独特性。企业要突出自己产品与竞争对手产品之间的差异性，主要的途径有产品差异化战略、服务差异化战略和品牌差异化战略。

理论上说，成本领先战略也是一种差异化，即在成本上与竞争对手拉开差距。

采用差异化战略的企业可能导致的不利因素如下：

（1）失去对产品差异特性不感兴趣的部分客户。

（2）失去对价格敏感的客户。

（3）如果差异化的技术门槛过低，当产品步入成熟期后，拥有技术实力的竞争者很容易模仿这种差异。

要想保持与竞争者的差异化，必须持续不断地投入技术，不断推出创新产品，或不断提高差异化的技术门槛。

蓝海战略是目前最广泛运用的战略差异化的理论。

蓝海战略是由 W. 钱·金（W. Chan Kim）和勒妮·莫博涅（Renée Mauborgne）提出的。蓝海战略认为，商业竞争应该将焦点超越竞争对手移向买方需求，跨越现有竞争边界，将不同市场的买方价值元素筛选并重新排序，从给定结构下的定位选择向改变市场结构本身转变（见表 1-3）。

表 1-3 红海和蓝海战略比较

红 海 战 略	蓝 海 战 略
在已经存在的市场内竞争	拓展非竞争性市场空间
参与竞争	规避竞争
争夺现有需求	创造并攫取新需求
遵循价值与成本互替定律	打破价值与成本互替定律

构思蓝海战略布局需要回答以下四个问题：

（1）哪些被产业认定为理所当然的元素需要剔除？这个问题促使企业剔除产业中企业竞争攀比的元素，这些元素经常被认为理所当然，虽然他们不再具有价值。

（2）哪些元素的含量应该被减少到产业标准之下？这个问题促使企业做出决定，看看现有产品或服务是否在功能上设计过头，只为竞比和打败竞争对手，企业所给超过顾客所需并徒然增加成本。

（3）哪些元素的含量应该被增加到产业标准之上？这个问题促使企业去发掘产业中消费者不得不做出的妥协。

（4）哪些产业从未有过的元素需要创造？这个问题帮助企业发现买方价值的全新源泉，以创造新需求改变产业战略定价标准。

3. 聚焦战略

企业的经营活动集中于某一特定的购买者群体、产品线的某一部分或某一地域市场上的一种战略。这种战略的核心是瞄准某个特定的用户群体，某种细分的产品线或某个细分市场。具体来说，聚焦战略可以分为产品线聚焦战略、顾客聚焦战略、地区聚焦战略、低占有率聚焦战略。

（1）聚焦战略的适用条件

① 具有完全不同的用户群，这些用户或在不同的地域中，或有不同的需求，或产品的应用环境或应用方法不同。

② 企业的资源不允许其追求广泛的细分市场，只能在一个或几个细分市场中竞争。

③ 各细分市场的规模、成长率、获利能力方面存在很大差异，相对规模不大，行业竞争不激烈，但利润率往往使一些中小企业更具吸引力，例如一些"隐形冠军"企业。

德国著名的管理学思想家赫尔曼•西蒙（Hermann Simon）历经十多年的积累和探讨，提出"隐形冠军"这一概念，相对于可口可乐、微软、宝洁、GE 等知名大企业，更多的成功企业是默默无闻的行业冠军企业。这些企业往往在某一个细分的市场中专心致志地耕耘，在全球范围或某一区域市场占领了其所属市场 50%以上的市场份额。

（2）聚焦战略的收益

聚焦战略有利于企业锁定特定的目标市场，专注调查研究目标客户的需求和产品技术以及竞争对手等各方面的情况，精益求精，集中资源推出专业化的产品和服务，获得特定的目标客户群的满意度和忠诚度。

（3）聚焦战略的主要风险

当顾客需求发生变化，或出现技术创新，又或有新的替代品时，有优势的新进行业竞争者出现，将导致这个特定的市场竞争的白热化或市场需求的急剧下降，如企业所有资源都投入了一个特定的市场时，企业的生存基础将受到重大威胁。

战略选择一般涉及两个维度：竞争优势和竞争范围。竞争优势包括成本领先优势和差异化优势；竞争范围取决于我们是在一个宽广的市场，还是在一个狭窄的（或特定的）市场。

尽管一些公司短期内可以达到低成本或高差异化，但是这种状况只是暂时的，为了获得长期的超额利润，一个公司必须将资源集中在一个特定的竞争战略上。

夹在中间——最糟糕的战略选择：

迈克尔·波特认为一个企业如果不能选择这三种基本战略方向中的任何一种，即既无成本领先优势，也无差异化优势，更不能集中在一个特定的区域中具有竞争优势，称做夹在中间，夹在中间的企业常常会处于非常不利的战略地位而被市场淘汰。

4．价值链分析和决策

如何将我们的全局战略决策细化为企业的内部营运各个环节的决策呢？价值链分析为我们提供了一个有力的工具，如图 1-13 所示。

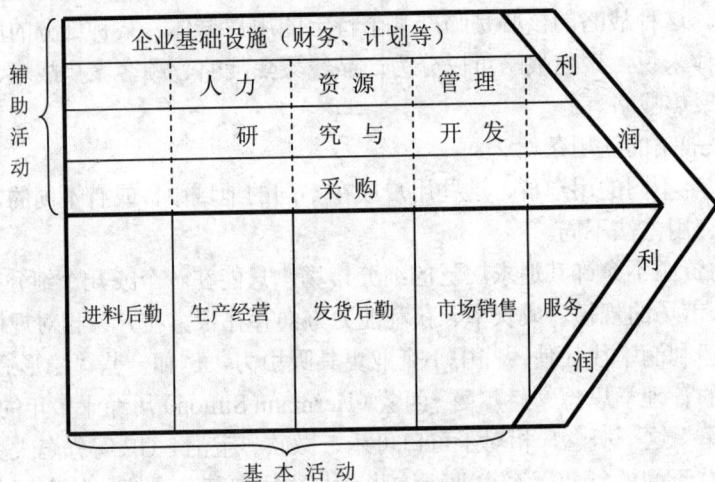

图 1-13　价值链

企业的完整价值链是一个包含企业的供应链从顾客至供应商各环节所有相关作业的一系列组合，需要充分考虑价值链上顾客和供应商之间相互依赖的关系，使价值链上所有环节具有共同的目标。运用价值链分析、重新组合、改进或创新，可以更有效地提高营运效率，建立持续的竞争优势。

对于企业而言，要想在激烈的竞争环境中求得生存和发展的空间，快速应对变化的市场需求，就要求企业必须建立快速响应的业务计划实施策略。这种快速响应不单单是各个业务环节本身的快速响应，还需要价值链整体甚至整个供应链的快速响应。因此，为了支撑这种快速响应的业务策略，各个业务环节（包括研发、采购、生产、配送等）需要实现信息的实时共享，并且加强计划的协调性（当然，也还需要其他的能力），而这两点恰恰是 ERP 系统的核心思想内容之一。

各模拟企业练习：制定战略策略实施计划

☆　分析目标客户群的需求特点和他们的期望。

☆ 紧紧围绕企业的战略目标，从理想产品方案、KSF、CBI（可从 SWOT 结果中引出）中找到实现目标的策略。

☆ 了解你的竞争对手，发挥你的核心优势，避开你的劣势。

☆ 统筹考虑主要利益相关者（股东、员工、供应商和社区）的需求和期望。

☆ 运用 ERP 思想及方法合理安排和使用模拟企业的内外资源。

1.1.6 潜在问题和风险分析与对策

德鲁克认为，试图消除风险是无用的，试图使风险最小化是值得怀疑的，但是，所承担的风险是应该承担的风险，这一点却是极为重要的。任何成功的战略规划其结果必须是提高企业对风险的承担能力，因为这是提高企业绩效的主要途径。但是，为了提高这项能力，企业必须了解企业所承担的风险。企业必须能够在各种承担风险的行动路线中合理地加以选择，而不是以预感、传闻或经验为依据而投入不确定性之中。

借助的战略风险分析工具：潜在问题和风险分析表。

识别风险的方法：

（1）将所有潜在的问题一一列出。

（2）评估每个问题对战略影响的危险性程度。

（3）评估每个问题发生的可能性（概率）。

（4）按照每个问题的重要性排序，优先解决重要性高的问题。

（5）制订每个问题的应急计划。

（6）指定处理这些问题的责任人。

潜在问题和风险分析表有助于我们识别战略执行中的潜在问题和风险，如表 1-4 所示。

表 1-4 潜在问题和风险分析表

序　号	问　题	危险性 （A=1～10）	可能发生性 （B=0.1～1.0）	重要性 （C=A*B）	解 决 方 案	责 任 人
1	市场萎缩	8	0.6	4.8	寻找新市场	张经理
2	流动资金 不足	5	0.4	2	减少非生产性 开支 5%	李经理
3						
4						
5						
6						

各模拟企业练习：识别潜在风险分析及提出相应对策

☆ 有哪些不确定因素会影响我们达成目标？

☆ 哪些不确定因素出现的可能性比较大？

☆ 我们应对风险的策略是什么？

1.2 ERP 与企业管理

企业资源计划（Enterprise Resource Planning，ERP）是指利用信息科学的最新成果，根据市场需求对企业内部和其供需链上各环节的资源进行全面规划、统筹安排和严格控制，以保证人、财、物、信息等各类资源得到充分、合理的应用，实现信息流、物流、资金流、增值流和业务流的有机集成，从而达到提高生产效率、降低成本、满足顾客需求、增强企业竞争力的目的。计划与控制是 ERP 系统的核心，ERP 中的经营计划是依据企业战略规划得到的。换言之，企业战略规划在 ERP 中主要是依据 ERP 中的经营计划体现出来。因此，我们可以借助于 ERP 系统的计划体系来实现企业战略执行体系。

1.2.1 认识 ERP

其实对于 ERP，我们并不陌生，它就在我们身边。下面以一个家庭请客吃饭的例子来说明 ERP 的功能作用及其工作流程。

1．丈夫请客吃饭（签订合同订单）

一天中午，丈夫在外给家里打电话："亲爱的老婆，晚上我想带几个同事回家吃饭可以吗？"（订货意向）

妻子："当然可以，来几个人，几点来，想吃什么菜？"（了解客户需求）

丈夫："6 个人，我们七点左右回来，备些啤酒、烤鸭、番茄炒蛋、凉菜、蛋花汤，可以吗？"（商务沟通，发出订单）

妻子："没问题，我会准备好的。"（订单确认）

2．安排晚饭计划（ERP 中的计划层次）

（1）确定菜谱（ERP 中的 MPS 主生产计划）

妻子记录下需要做的菜（MPS 主生产计划），具体要准备的菜：鸭、啤酒、番茄、鸡蛋、麻油（BOM 物料清单如图 1-14 所示）。

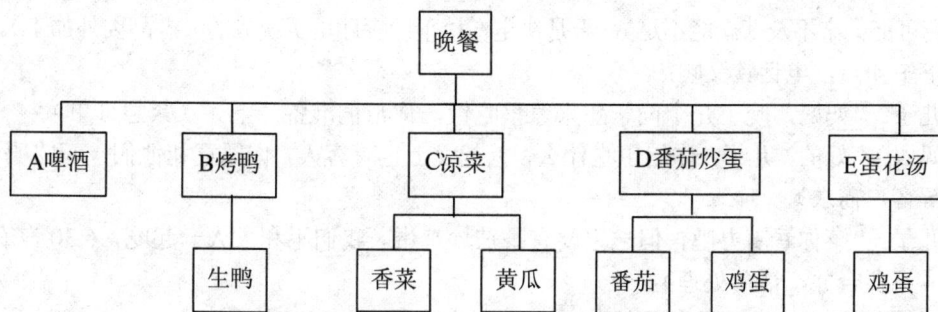

图 1-14　ERP 中的 BOM 物料清单（Bill of Material）结构

（2）买什么菜，买多少（ERP 中的 MRP 物料需求计划）

发现晚餐需要：1 只鸭，5 瓶酒，4 个番茄（BOM 展开），炒蛋需要 6 个鸡蛋，蛋花汤需要 4 个鸡蛋（共用物料），打开冰箱一看（库房存货检验），只剩下 2 个鸡蛋和凉菜所需的黄瓜（缺料）。由此得出所需要购买菜的净需求量或制订出如图 1-15 所示的采购计划。

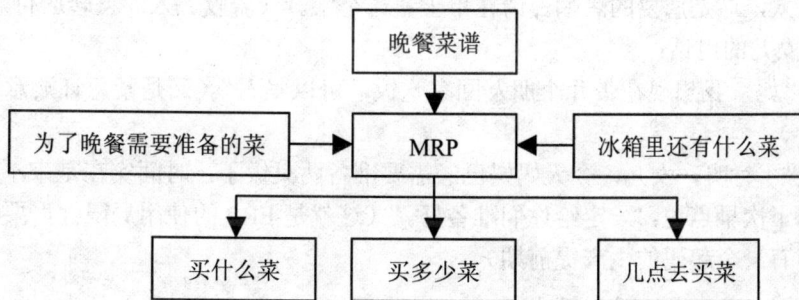

图 1-15　ERP 中的 MRP 物料需求计划

3. 买菜（ERP 中的采购与库存管理）

妻子来到自由市场买菜。

妻子："请问鸡蛋怎么卖？"（ERP 中的采购询价）

小贩："1 个 1 元，半打 5 元，1 打 9.5 元。"（报价）

妻子："我只需要 10 个，但这次买 1 打。"（按经济批量采购）

妻子："这有一个坏的，换一个。"（验收、退料、换料）

4. 做饭（ERP 中的生产管理）

回到家中，准备洗菜、切菜、炒菜（安排工艺路线），厨房中有燃气灶、微波炉、电饭煲（工作中心），妻子发现拔鸭毛最费时间（确定瓶颈工序，关键工艺路线），用微波炉自己做烤鸭可能会来不及（产能不足），于是决定在楼下的餐厅里买现成的（产品委外加工）。

下午4点，电话铃又响：

儿子："妈妈，晚上几个同学想来家里吃饭，你帮忙准备一下。"（紧急订单）

妈妈："好的，儿子，你们想吃什么，爸爸晚上也有客人，你愿意和他们一起吃吗？"（了解客户需求）

儿子："菜你看着办吧，但一定要有番茄炒鸡蛋。我们不和大人一起吃，6:30左右回来。"（不要合并，请单处理）

妈妈："好的，肯定让你们满意。"（订单确认）

鸡蛋又不够了，打电话叫小贩送来。（紧急采购）

6:30，一切准备就绪，可烤鸭还没送来，急忙打电话询问："怎么订的烤鸭还没送来？"（采购委外单跟催）

"不好意思，送货的人已经走了，可能是堵车吧，马上就会到的。"

门铃响了。

"李太太，这是您要的烤鸭。请在单上签一个字。"（验收、入库、转应付账款）

6:45，女儿的电话：

女儿："妈，我想现在带几个朋友回家吃饭，可以吗？"（又是紧急订购意向，要求现货）

妈妈："不行呀，女儿，今天妈妈已经需要准备两桌饭了，时间实在是来不及，真的非常抱歉，下次早点说，一定给你们准备好。"（这就是ERP的使用局限性，要有稳定的外部环境，有一个起码的生产提前期）

5. 算账（ERP中的财务系统）

送走了所有客人，疲惫的妻子坐在沙发上对丈夫说："亲爱的，现在咱们家请客的频率非常高，应该要买些厨房用品了（设备采购，增加产能），最好能再雇个小保姆（连人力资源系统也有接口了）。"

丈夫："家里你做主，需要什么你就去办吧。"（通过审核）

妻子："还有，最近家里花销太大，用你的私房钱来补贴下，好吗？"（资金预算，最后就是应收货款的催要）

送走了所有客人，妻子拿着计算器，准确地算出了今天的各项成本（成本核算）和节余原材料（车间退料），并记入了日记账（总账），把结果念给丈夫听（给领导报表）。

丈夫说道："值得，花了145.49元，请了好几个朋友，感情储蓄账户增加了若干（经济效益分析）。今后这样的感情投资晚宴还会经常举办……可以考虑，你就全权处理吧！"（预测公司未来发展）

现在还有人不理解 ERP 吗？记住，每一个合格的家庭主妇都是生产厂长的有力竞争者！

1.2.2　ERP 系统的计划体系

1. 传统计划管理不能满足现代化生产的要求

计划与控制是企业的首要职能，它统一指导企业的各项经营生产活动。

计划的实质是使企业如何通过制造和销售产品获取利润，它的作用有三点：一是使企业的产出（包括产品和服务）满足市场的需要；二是有效地利用企业的各种资源，生产出合理组成的产品；三是使投入能以最经济的方式转化为产出。

控制的作用是使计划执行的结果不超出允许的偏差。这个允许偏差是指在数量和时间上，让客户或市场能够接受的偏离。

随着市场竞争加剧和企业的快速发展，传统的计划管理越来越不适应这一需要，企业的计划往往得不到有效控制和执行。为此引入 ERP 系统来解决企业计划与控制问题，是适应现代化发展需要的一个重要手段。

2. ERP 中计划的层次

计划与控制是 ERP 的核心。ERP 中有五个层次的计划，如图 1-16 所示，即企业战略规划、生产计划大纲、主生产计划、物料需求计划、车间作业及采购计划。其中，第 1～3 层为决策层的计划（规划），第 4 层为管理层计划，第 5 层为操作层计划。

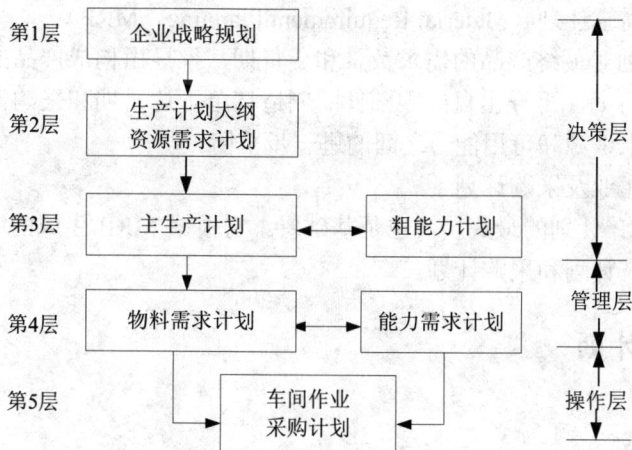

图 1-16　ERP 中的计划层次

第1层（最高层）：企业战略规划（又称企业经营规划）

企业经营规划是企业的战略规划，由企业的高层决策者会同销售、市场、生产、财务各部门负责人制定，该计划是企业经营目标的具体体现。该层根据市场调查和需求分析、国家有关政策、企业资源能力和历史状况、同行竞争对象的情况等有关信息，制定企业经营规划。主要包括在未来2～7年的时间内，本企业生产的产品的品种及其在市场上应占有的份额、产品的年销售额、年利润额和生产率等。经营规划的制定要考虑企业现有的资源情况和目前企业的市场情况，以及未来可以获得的资源情况，包含较大的预测成分。经营规划是企业的总体目标，是以下各层计划的基础。主要是：

（1）产品开发方向及市场定位，预期的市场占有率。

（2）营业额、销售收入与利润、资金周转次数和资金利润率。

（3）长远能力规划、技术改造、企业扩建或基本建设。

（4）员工培训及职工队伍建设。

第2层：生产计划大纲（Production Plan，PP）

根据企业经营计划的目标，确定企业的每一类产品在未来的1～3年内，每年每月生产多少，需要哪些资源。生产计划大纲总是与资源需求有关，因此，有些文献也将生产计划大纲视为资源需求计划。

第3层：主生产计划（Master Production Schedule，MPS）

该计划以生产计划大纲为依据，按时间段计划企业应生产的最终产品的数量和交货期，并在生产需求与可用资源之间做出平衡。

第4层：物料需求计划（Material Requirement Planning，MRP）

根据主生产计划对最终产品的需求数量和交货期，推导出构成产品的零部件及材料的需求数量和需求日期，再导出自制零部件的制造订单下达日期和采购件的采购订单发放日期，并进行需求资源和可用能力之间的进一步平衡。

第5层：车间作业及采购计划

该计划处于 ERP 计划的最底层，也是基础层。它根据 MRP 生成的制造订单和采购订单来编制工序排产计划和采购计划。

1.2.3 主生产计划

1. MPS 的含义

主生产计划有时也称产销排程，是一个重要的计划层次，是生产计划的详细表达，确定每一具体的最终产品在每一具体时间段内生产数量的计划，主要是详细描述何时要生产出多少最终产品的计划。这里的最终产品是指对于企业来说最终完成、要出厂的完成品，它要具体到产品的品种、型号。这里的具体时间段，通常以周为单位，在有些情况下，也可以是日、旬、月，涵盖的时间往往是 3～12 个月，以个别产品为对象，即 MPS 中规定的产品必须由具体的、个别的物料清单（Bill of Material，BOM）来描述。

粗略地说，主生产计划将生产计划的内容作进一步的细分，是关于"将要生产什么"的一种描述。它起着承上启下、从宏观计划向微观计划过渡的作用。

MPS 要回答的问题是：要制造什么产品？制造多少？何时制造？需要什么其他物料？需要多少？何时需要？存在什么能力制约？存在什么物料约束？

2．MPS 的作用

在 ERP 系统中，主生产计划在规划的过程中，可以合理、快速地回答"若……则……"的各种问题，规划者可轻易掌握"需求及供给变化所衍生的影响"，快速且有效地提出主生产计划，作为销售、企划、财务及制造等单位执行、沟通及协调的依据。MPS 着重于要被制造的产品，并且通过详细的计划系统，它驱动了整个生产和库存控制系统，是物料需求计划不可缺少的输入。主生产计划不等于预测，而是将生产计划转换为具体的产品计划。

由图 1-17 可知，主生产计划是以生产计划、预测和客户订单为输入、安排将来各周期中提供的产品种类和数量，将生产计划转换为产品计划，它是一个详细的进度计划，其制定与执行的周期视企业的情况而定，必须是可以执行、可以实现的，它应该符合企业的实际情况，平衡物料和能力的需要，解决优先度和能力的冲突。主生产计划项目还应确定其在计划期内各时间段上的需求数量。主生产计划的需求来源主要有客户订单、预测、备品备件、厂际间需求、客户选择件及附加件和计划维修件。

因此，可以说 ERP 系统计划的真正运行是从主生产计划开始的。企业的物料需求计划、车间作业计划、采购计划等均来源于主生产计划，即先由主生产计划驱动物料需求计划，再由物料需求计划生成车间作业计划与采购计划。同时，主生产计划又是联系客户与企业销售部门的桥梁，所处的位置非常重要。当然，如果企业的产品生产周期很长，它的重要性就不是很突出了，如一些大型设备、船、飞机等，这些产品往往是一年做一次生产计划安排。

3．提前期

提前期是指某一工作的工作时间周期，即从工作开始到工作结束的时间。

提前期的观念主要是针对"需求"而提出的。例如，需要采购部门在某日向生产部门提供某种采购物料，则采购部门应该在需要的日期之前就下达采购订单，否则，不可能及时提供给生产部门，这个提前的时间段就是提前期。

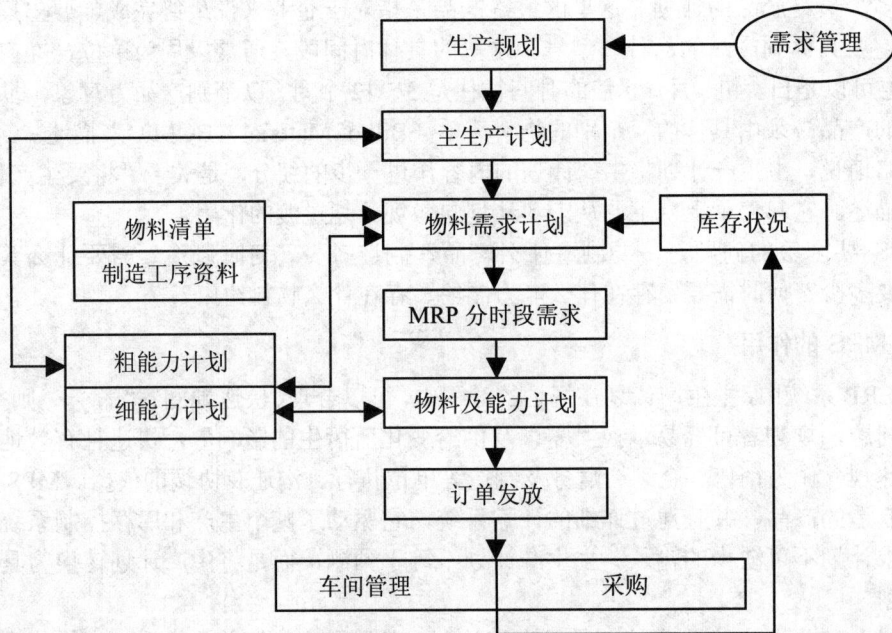

图 1-17　主生产计划的地位

提前期是生成 MPS、MRP、采购计划和车间作业计划的重要数据。

按照在 ERP 中所起的作用，可把提前期分为以下几类：

（1）生产准备提前期：从生产计划开始到生产准备完成（可以投入生产）所需的时间。

（2）采购提前期：采购订单下达到物料完工入库的全部时间。

（3）生产加工提前期：生产加工投入开始（生产准备完成）至生产完工入库的全部时间。

（4）装配提前期：装配投入开始至装配完工的全部时间。

（5）累计提前期：采购、加工、装配提前期的总和。

（6）总提前期：指产品的整个生产周期，包括产品设计提前期、生产准备提前期、采购提前期以及加工、装配、试车、检测和发运等提前期的总和。

4．MPS 的计算

某企业生产一种产品，产品生产的批量为 20，提前期为 1 周，需求时界为 3 周，计划时界为 6 周，当前可用库存为 50，第一周的计划接收量为 15，产出率为 90%，安全库存为 10，已知所接受的订单情况和销售预测，试根据表 1-5 制订该产品的主生产计划。

表1-5 主生产计划表

类别	时段	1	2	3	4	5	6	7	8	9	10
	过去	11/01	11/08	11/15	11/22	11/29	12/06	12/13	12/20	12/27	01/03
预测量		30	30	30	30	30	30	30	30	30	30
订单量		0	52	10	10	50	90	35	70	22	10
毛需求		0	52	10	30	50	90	30	30	30	30
计划接收量		15									
预计可用库存	50	50+15 =65	65−52 =13	13−10=3	−27 54+3 −30=27	−23 13	−77 90+13 −90=13	−17 36+13 −30=19	−11 36+19 −30=25	−5 18+25 −30=13	−17 36+13 −30=19
净需求		0	0	0	27+10 =37	33	87	27	21	15	27
计划产出量					37 60×90% =54	33 40×90% =36	87 100×90% =90	27 40×90% =36	21 40×90% =36	15 20×90% =18	27 40×90% =36
计划投入量					37/90% =42 60	33/90% =37 40	87/90% =97 100	27/90% =30 40	21/90% =24 40	15/90% =17 20	27/90% =30 40

5. 粗能力计划计算（Rough-Cut Capacity Planning，RCCP）

生产计划大纲、MPS 制定后，这些计划是否可行，还要进行分析。分析的主要内容是确立是否有足够的物料和生产能力，生产能力的平衡需要能力需求计划进行管理。主生产计划的可行性主要是通过 RCCP 进行校验。RCCP 是只对主生产计划所需的关键工作中心的能力进行运算而产生的一种能力需求计划。RCCP 的处理过程直接将主生产计划与执行这些任务的关键工作中心联系起来，所以它可以从能力方面评估主生产计划的可行性。

（1）如果发现能力不足，可以进行设备负荷的调节和人力的补充。

（2）如果能力实在无法平衡，可以调整产品的主生产计划。

主生产计划的对象主要是最终完成品，但都必须对下层物料所用到的关键资源和工作中心进行计算与平衡。

调整能力和负荷根据工作中心各时段负荷与能力的对比分析，对超负荷时段，找到引起超负荷的具体物料后，可采取措施对能力和负荷进行平衡，主要方法有下面两种：

（1）改变负荷：重新制订计划、延长交货期、取消客户订单、减少订货数量等。

（2）改变能力：更改加工路线、加班、组织外协、增加人员和机器设备等。

1.2.4　物料需求计划

1. MRP 的含义

物料需求计划是根据主生产计划和库存资源，依照产品数据和工艺数据，制订出产品所需的各种零部件的生产计划和采购计划。其流程图如图 1-18 所示。

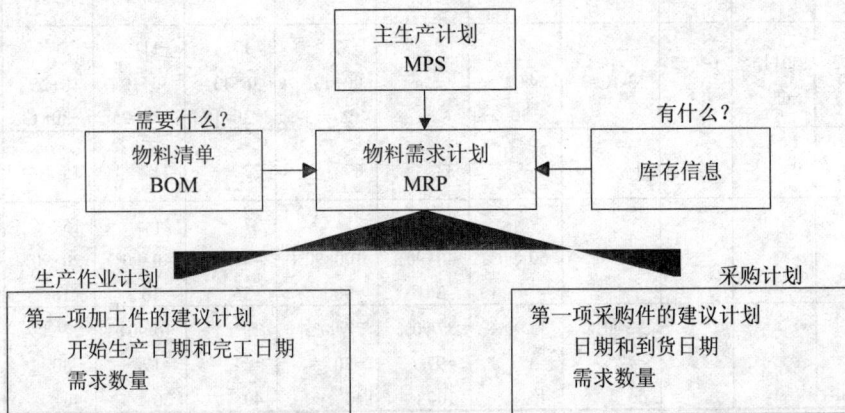

图 1-18　MRP 流程图

物料需求计划主要解决以下五个问题：

（1）要生产什么？生产多少？（来源于 MPS）

（2）要用到什么？（根据 BOM 展开可知）

（3）已经有了什么？（根据物品库存信息、即将到货信息或产出信息获得）

（4）还缺什么？（根据计算得出结果可知）

（5）什么时候下达采购或加工计划？（根据计算得出结果可知）

生成 MRP 后，需要进行能力计划运算，通过能力需求计划校验其可执行性。进行能力平衡后，要对 MRP 进行确认。企业应该按照确认的 MRP 执行，下达制造订单和采购订单。在下达订单前，计划人员应检查：物料的需求日期是否有变化；工作中心的能力是否有效；必要的工装夹具是否备好等。如发现问题，计划人员应及时采取措施解决。将通过检查的计划订单（MRP）直接下达到采购部门和车间去执行。

2. MPS 和 MRP 的关系

MPS 和 MRP 之间有什么样的关系？按前面所讲，MRP 的展开会产生采购订单、生产订单、委外订单，这些订单不就是执行计划的内容吗？怎么还需要 MPS，岂不是工作重复了？计划制订的过程应该是：

首先，依据营业计划先编拟一个初步的生产计划。

其次，检查此计划的产能供应度与物料供应度，即考虑是否有足够的生产产能，以及采购和库存状况是否能充分地供应生产。

我们是用 MPS 来协助进行上述两项的行动，而后续的行动则是靠 MRP 来执行的。换言之，MPS 和 MRP 的基本运作逻辑完全一样，只不过计划的对象不同，目的有别而已。

3．MRP 的计算

MRP 的计算如图 1-19 所示。

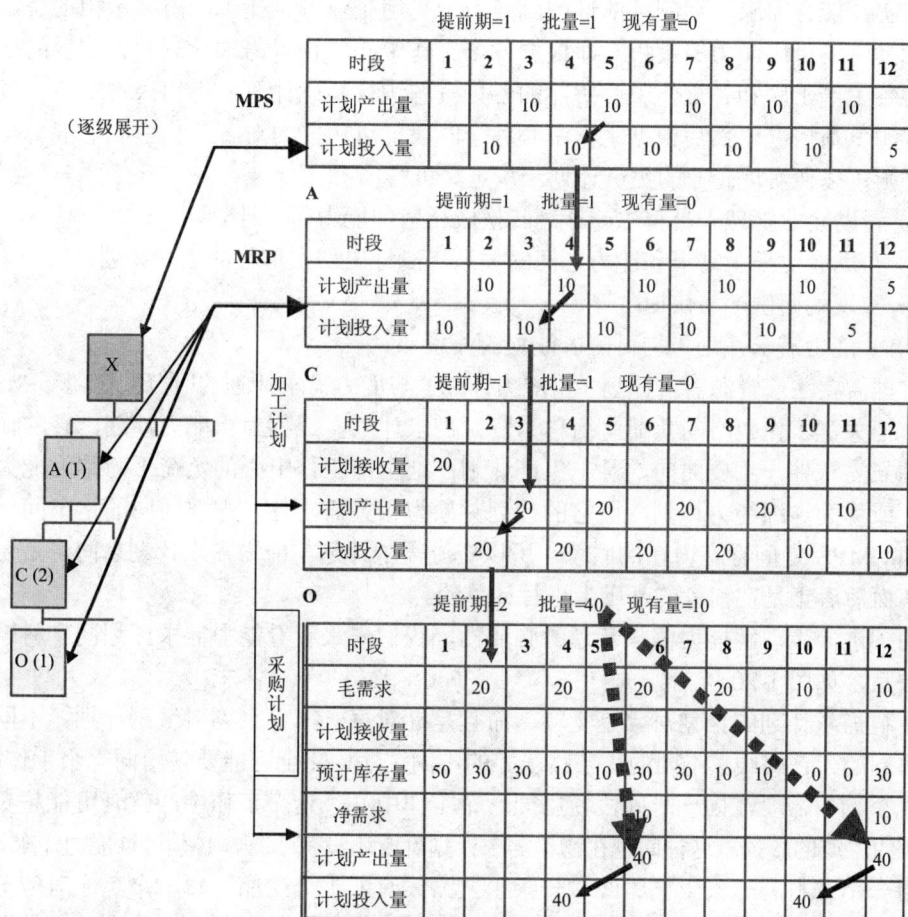

MPS 提前期=1 批量=1 现有量=0

时段	1	2	3	4	5	6	7	8	9	10	11	12
计划产出量			10		10		10		10		10	
计划投入量		10		10		10		10		10		5

A 提前期=1 批量=1 现有量=0

时段	1	2	3	4	5	6	7	8	9	10	11	12
计划产出量		10		10		10		10		10		5
计划投入量	10		10		10		10		10		5	

C 提前期=1 批量=1 现有量=0

时段	1	2	3	4	5	6	7	8	9	10	11	12
计划接收量	20											
计划产出量		20		20		20		20		10		
计划投入量		20		20		20		20		10		10

O 提前期=2 批量=40 现有量=10

时段	1	2	3	4	5	6	7	8	9	10	11	12
毛需求		20		20		20		20		10		10
计划接收量												
预计库存量	50	30	30	10	10	30	30	10	10	0	0	30
净需求					10							10
计划产出量					40							40
计划投入量				40						40		

（逐级展开）

MRP

加工计划

采购计划

X

A（1）

C（2）

O（1）

图 1-19　MRP 的计算方法

4. 能力需求计划

能力需求计划（Capacity Requirement Planning，CRP）是对物料需求计划 MRP 所需能力进行核算的一种计划管理方法。CRP 是帮助企业在分析物料需求计划后产生出的一个切实可行的能力执行计划的功能模块。该模块帮助企业在现有生产能力的基础上，及早发现能力的瓶颈所在，提出切实可行的解决方案，从而为企业实现生产任务提供能力方面的保证。因此，能力需求计划 CRP 就是对各生产阶段、各工作中心（工序）所需的各种资源进行精确计算，得出人力负荷、设备负荷等资源负荷情况，并做好生产能力与生产负荷的平衡工作，制订出能力需求计划。

其实，能力需求计划制订的过程就是一个平衡企业各工作中心所要承担的资源负荷和实际具有的可用能力的过程，即根据各个工作中心的物料需求计划和各物料的工艺路线，对各生产工序和各工作中心所需的各种资源进行精确计算，得出人力负荷、设备负荷等资源负荷情况，然后根据工作中心各个时段的可用能力对各工作中心的能力与负荷进行平衡，以便实现企业的生产计划。从定义可得出：

① 帮助企业管理人员将生产计划转换成相应的能力需求计划。

② 帮助企业平衡需求和能力之间的关系，制订出切实可行的生产计划。

③ 实现均衡生产与快捷生产。

（1）能力需求计划与物料需求计划的关系

这里需要注意资源需求计划（粗能力计划）与能力需求计划的区分。在闭环 MRP 系统中，把关键工作中心的负荷平衡称为资源需求计划，或称为粗能力计划，它的计划对象为独立需求件，主要面向的是主生产计划；把全部工作中心的负荷平衡称为能力需求计划，或称为详细能力计划，而它的计划对象为相关需求件，主要面向的是车间。由于 MRP 和 MPS 之间存在内在的联系，所以资源需求计划与能力需求计划之间也是一脉相承的，而后者正是在前者的基础上进行计算的。

为了进一步理解能力需求计划的必要性，我们先来看看能力需求计划同物料需求计划的关系，如图 1-20 所示。

物料需求计划的计划对象是物料，而且是针对每一项单个物料编制计划。不同的物料有不同的工艺路线，不同的工艺路线上的不同工序，完全可能要使用同一个工作中心。如果几个物料需要在同一时间段使用同一个工作中心，这个工作中心就有可能超负荷，成为制约生产的瓶颈。这种问题在物料需求计划阶段还没有暴露，必须进行能力需求计划。

每一个物料有一条工艺路线，一条工艺路线有若干个工序，每一个工序对应一个工作中心。根据物料需求计划，得出所有物料在各个时间段使用每个工作中心所占用的小时数，绘制成工作中心的负荷图，进行能力计划。能力需求计划主要是通过人机对话的方式来平衡需求与能力的，其逻辑流程如图 1-21 所示。

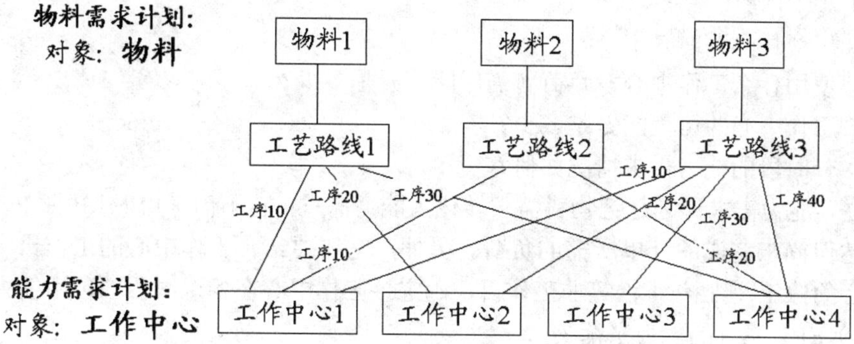

物料需求计划:
对象: **物料**

物料1　　物料2　　物料3

工艺路线1　　工艺路线2　　工艺路线3

工序10　工序20　工序30　　工序10　工序20　工序30　工序40

工序10　　　　工序20

能力需求计划:
对象: **工作中心**

工作中心1　工作中心2　工作中心3　工作中心4

图 1-20　物料需求计划与能力需求计划

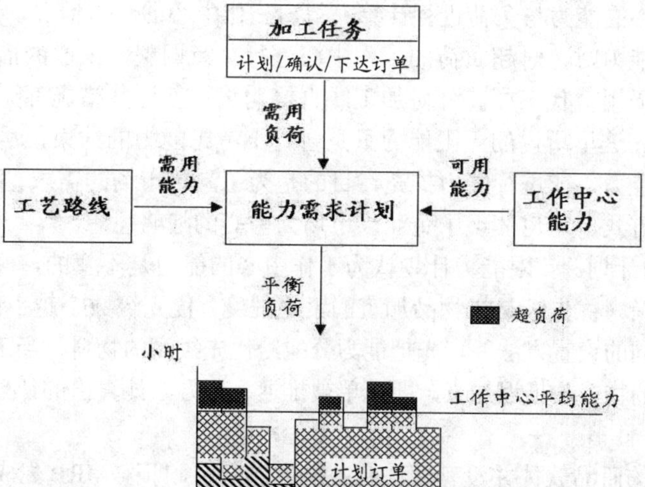

加工任务
计划/确认/下达订单

需用负荷

工艺路线　需用能力　能力需求计划　可用能力　工作中心能力

平衡负荷　　　　超负荷

小时

工作中心平均能力

计划订单

未结订单

时段(日期)

图 1-21　能力需求计划逻辑流程

　　能力需求计划的对象是工作中心（能力单元）的能力，它的运行就是把使用同一能力单元的物料负荷与该能力单元的可用能力进行对比，把超负荷时段的负荷调整到低负荷时段，使各个时段工作中心的负荷不出现超载或趋于平衡，从而使物料需求计划成为可行。

　　物料需求计划的对象是物料，物料是具体、可见的；而能力需求计划的对象——工作中心的能力，由于随生产效率、人员变动、设备完好率的影响而变化，不定因素比较多，比较抽象。能力需求计划逻辑流程图同物料需求计划逻辑流程图有类似之处，也要回答以下几个问题：

☆　生产什么？何时生产？

☆　使用什么工作中心？负荷（需用能力）是多少？

☆　工作中心的可用能力是多少？

☆　分时段的能力需求情况如何？

总之，能力需求计划是把物料需求转化为能力需求；它不但考虑 MRP 订单，还要考虑已下达但尚未完成的订单所需的负荷。另外，它还要结合工作中心的工作日历，考虑工作中心的停工及维护/维修等非工作日，确定各工作中心在各个时段的可用能力。

（2）ERP 系统的能力平衡

ERP 系统的能力平衡一般分为以下两种：

① 无限能力计划。无限能力计划是指在做物料需求计划时不考虑生产能力的限制，而对各个工作中心的能力与负荷进行计算，得出工作中心的负荷情况，产生能力报告。

当负荷大于能力时，对超负荷的工作中心进行负荷调整，采取的措施有加班、转移负荷工作中心、采用替代工序、外协加工或直接购买。若这些措施都无效，只有延长交货期或取消订单。这里所说的无限能力只是暂时不考虑能力的约束，尽量去平衡与调整能力，发挥最大能力，或进行能力扩充，目的是为了满足市场的需求。现行的多数 ERP 系统均采用这种方式，这也体现了企业以市场为中心的战略思想。

② 有限能力计划。有限能力计划认为工作中心的能力是不变的，根据优先级分配给各个工作中心负荷（优先级是指物品加工的紧迫程度，优先级数字越小说明优先级越高。不同的软件有不同的设置方法）。先把能力分配给优先级高的物料，当工作中心负荷已满时，优先级别低的物料被推迟加工，即订单被推迟。该方法计算出的计划可以不进行负荷与能力平衡。

目前大多数的商品软件并没有解决有限能力的问题，即按 MRP 生成的计划是无限能力计划，虽然进行了能力计划，但是在解决能力冲突上并没有提出更好的解决方法，这样产生的计划在实施中必然与实际产生偏差，有些偏差可以通过车间的实时调度排除，但是如果不能排除则对生产产生不利的影响，从另一个角度讲，这种偏差是由于计划的不合理性引起的，它导致了生产的混乱、无序。因而如何产生合理的 MRP 计划将是系统成败的关键，也是系统是否实用的关键。

由于无限能力计划在这些方面的局限性，人们开始重视有限能力计划。JIT 和 OPT 等思想的涌现和应用也促进了有限能力计划的研究和发展。目前有限能力计划的研究内容和范围已经不局限于对 MRP 计划的能力评估，它已经扩展到解决制造系统的资源、能力和物料的实际可用性，实现生产计划和资源利用的优化。

（3）CRP 的制定流程

通常，编制能力需求计划的方式有无限能力负荷计算和有限能力负荷计算两种。

无限能力负荷计算是指在不限制能力负荷情况下进行能力计算。即从订单交货期开始，采用倒排的方式根据各自的工艺路线中的工作中心安排及工时定额进行计算。不过，这种计算只是暂时不考虑生产能力的限制，在实际执行计划过程中不管由于什么原因，如果企业不能按时完成订单，就必须采用顺排生产计划、加班、外协加工、替代工序等方式来保证交货期。这时，有限能力负荷计算方式就派上了用场。

有限能力负荷计算就是假定工作中心的能力是不变的，把拖期订单的当期日期剩下的工序作为首序，向前顺排，对后续工序在能力允许下采取连续顺排不断地实现计划，以挽回订单交货期。

一般来说，编制能力需求计划应遵照如下思路：

首先，将 MRP 计划的各时间段内需要加工的所有制造件通过工艺路线文件进行编制，得到所需要的各工作中心的负荷；然后，再同各工作中心的额定能力进行比较，提出按时间段划分的各工作中心的负荷报告。最后，由企业根据报告提供的负荷情况及订单的优先级因素加以调整和平衡。具体如下：

第一步，收集数据。CRP 计算的数据量相当大，通常，能力需求计划在具体计算时，可根据 MRP 下达的计划订单中的数量及需求时间段，乘上各自的工艺路线中的定额工时时间，转换为需求资源清单，加上车间中尚未完成的订单中的工作中心工时，成为总需求资源。再根据现有的实际能力建立起工作中心可用能力清单，有了这些数据，才能进行 CRP 的计算与平衡。

第二步，计算与分析负荷。将所有的任务单分派到有关的工作中心上，然后确定有关工作中心的负荷，并从任务单的工艺路线记录中计算出每个有关工作中心的负荷。然后，分析每个工作的负荷情况，确认导致各种具体问题的原因所在，以便正确地解决问题。

第三步，进行能力/负荷调整。解决负荷过小或超负荷能力问题的方法有调整能力、调整负荷以及同时调整能力和负荷。

第四步，确认能力需求计划。在经过分析和调整后，将已修改的数据重新输入到相关的文件记录中，通过多次调整，在能力和负荷达到平衡时，确认能力需求计划，正式下达任务单。

1.2.5　车间作业管理

在 ERP 系统中，车间作业计划（Production Activity Control，PAC）又称车间作业控

制（Shop Floor Control，SFC），属于 ERP 执行层的计划，是在 MRP 计划输出的基础上，对零部件生产计划的细化。SFC 只是执行计划，不能改动计划。因此，在 ERP 中对车间作业用"控制"而不用"计划"。

车间作业管理的过程主要是依据 MRP、制造工艺路线与各工序的能力来制定的。车间管理解决的主要问题是"如何合理调配各项资源，在合适的时间生产出合适的产品"。车间管理人员根据产品物料清单（BOM）编排工序加工计划，下达车间生产任务单，填写领料单安排领取物料，并在制造过程中控制生产进度，监控生产活动的全部过程，直至生产产品下线进入库存。

车间管理的具体内容则是"随时了解与掌握制造现场各工作中心、各工序的工作进度和完工状况，生产现场的用料和不良品的情况，进行必要的调度，以确保及时完成生产订单的内容和要求"。

另外，车间管理可以统计各生产订单各完工工序的实际加工工时、用料情况及不良品的回报，提供给生产管理部门和财务部门计算料品成本和工作中心效率。

车间管理的业务流程如图 1-22 所示，包括下达生产订单、生产领取物料、组织生产和生产产品下线入库。

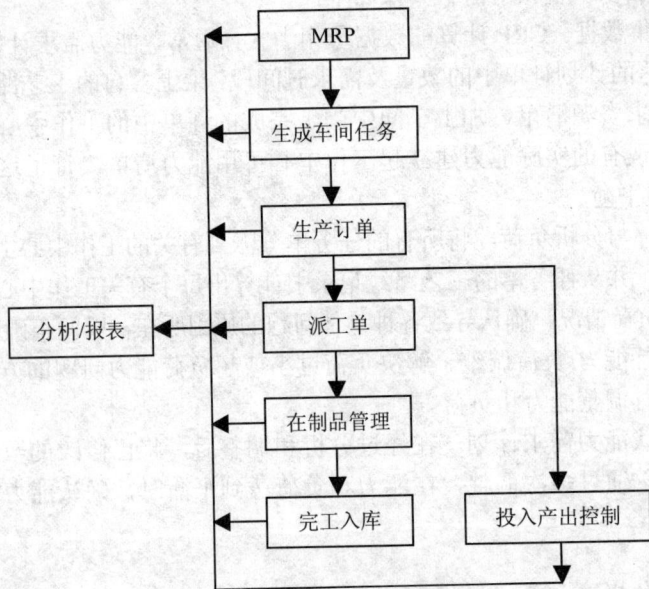

图 1-22　车间管理业务流程

1.2.6　采购与库存管理

1. ERP 系统中的采购管理

企业的采购管理工作主要由采购部门完成，有的企业将采购、计划、仓库组成一个部门，称为 MC（Material Control）部或 PMC（Plan Material Control）部。采购部门是企业物资的重要入口部门，是物流活动的主要管理部门，主要任务是完成生产物资的采购。采购业务在 ERP 系统中的实现如图 1-23 所示。

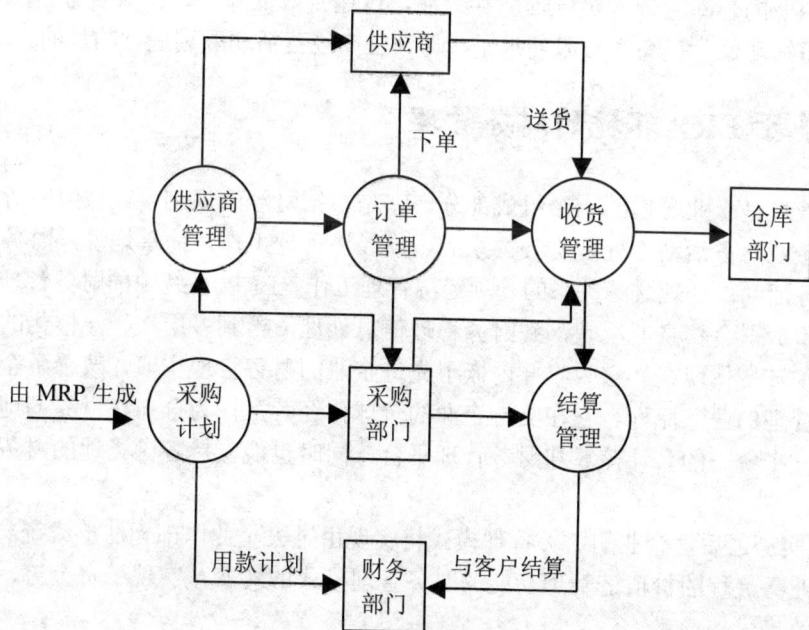

图 1-23　采购子系统业务流程

概述如下：由 MRP、库存等的需求产生采购需求（请购）信息，采购物料收货检验后直接按分配的库位自动入库，物料的采购成本计算和账款结算工作由成本与应付账子系统完成。同时还需要注意对供应商的选择和供应商基本信息资料的管理。

2. ERP 系统中的库存管理

从成本和财务的观点来看，库存是资产或现金。通常，库存是企业最大的流动资产，因此库存越少越好。库存管理是企业物料管理的核心，是指企业为了生产、销售等经营管理需要而对计划存储、流通的有关物品进行相应的管理，如对存储的物品进行接收、发放、存储保管等一系列的管理活动。仓库管理的作业包括组织货物的入库、保管、发放和维护。具体来说，要做到以下各点：出入库货物的验收及核实；仓库资源的合理利用；做好保管货物的安全工作；降低仓库费用开支。

库存管理系统与销售订单、出货、采购、生产订单、委外、车间管理、主生产计划、需求规划、应收/应付账款、成本会计系统相集成，控制及管理各仓库料品的收/退料、收料检验、验收/验退、领/退料、借用/归还、调拨、报废和盘点等交易，并提供相关信息。库存管理子系统通过对库存物品的入库、出库、移动和盘点等操作进行全面的控制和管理，帮助企业的仓库管理人员管理库存物品，以达到降低库存，减少资金占用，杜绝物料积压与短缺现象，提高客户服务水平，保证生产经营活动顺利进行的目的。

1.2.7 基于 ERP 环境的财务管理

财务管理是企业管理的一个组成部分，它是根据财经法规制度，按照财务管理的原则，组织企业财务活动，处理财务关系的一项经济管理工作。简单地说，财务管理是组织企业财务活动，处理财务关系的一项经济管理工作。ERP 系统中的财务管理模块已经完成了从事后财会信息的反映，到财务管理信息处理，再到多层次、一体化的财务管理支持。这种转变体现在，它吸收并内嵌了先进企业的财务管理实践，改善了企业会计核算和财务管理的业务流程。它在支持企业的全球化经营上，为分布在世界各地的分支机构提供了一个统一的会计核算和财务管理平台，同时也能支持各国当地的财务法规和报表要求。

ERP 实施之后，企业的财务管理模式将实现由过去企业内部无法形成统一的价值核算体，向业务流程的价值链管理功能的财务管理模式的转变，实现了资金流、物流和信息流的有效集成。

1. ERP 环境下的财务管理模式

企业实施 ERP 系统的实质就日常业务处理而言，是将财务部门与业务部门成为相互间的信息系统的供求方，是运用信息技术将企业内的资金流、物流和信息流集成，实现企业内部的生产、库存、经营、供销等业务与财务的互动管理，把实物形态的物资流动直接转换为价值形态的资金流动，保证业务和财务信息的交互协同。使其协调动作，从而实现整个系统工作绩效最优。

ERP 是一个物流、信息流和资金流高度集成的系统。对于企业而言，传统上的企业的管理信息包括由上向下流动信息和由下向上流动信息。前者的信息流动是指信息从基层到中层再到高层的信息汇总过程；后者的信息流动实质上也就是企业对战略、目标、方向的分解过程。ERP的实施，增加了信息的水平流动，带来了信息在部门之间的沟通和协调，处于系统中心地位的财务人员，能够通过财务对业务物流的处理过程，进行全面适时的价值反映和监控。在ERP环境下，财务信息不再是一些简单的数字符号，它确切地提供了业务部门物流价值的实际产生和流转过程，是企业实现价值管理的基础。另一方面，可以带来的高效率的信息传递，有利于企业实现动态的价值管理，可以及时发现和纠正具体业务处理中出现的价值差异，保证价值信息的准确性和及时性，增加了企业管理信息格式规范化、传递渠道固定化以及预警提醒功能。

财务管理在某种程度上，可以理解为是企业的一种资金流量的管理。因为企业资金流综合地反映了企业综合的运营质量和经济效果。在ERP环境下，财务人员借助信息化的手段，可以及时发现和控制原料过量与停工待料现象、产品积压现象及销售环节的呆账现象，及时解决浪费问题，及时暴露管理瓶颈，解决企业中普遍存在的财务管理仅限于事后核算而无事前和过程控制的问题。

2. 实施ERP后企业财务管理的特征

企业财务管理作为供需链管理系统的一个环节的实施，改进了企业内部的供需链系统，有效地实现了企业内部信息流、物流、资金流的集成，从而实现资源共享企业的价值链结构转变成以财务为中心、业务为主体，并以物流、信息流和资金流有效合成的环状体系。

企业财务管理以价值管理为导向。在企业实施ERP系统后，管理者可以将企业的研究开发、设计、生产、营销、配送和售后服务等职能看作一个价值链，产品通过整个过程的流动体现出其附加价值。价值链被视为一个整体，借助于财务管理系统，管理者能够控制整个价值流的总成本。企业价值流主要通过财务管理系统表现。

ERP环境下的财务管理模块，能够方便地查询公司的成本构成和各种影响因素，确认物流流程中各项可降低成本的高价值活动，为管理人员提供管理决策依据，企业财务管理活动主要通过制定标准、预算和分析差异的方法进行经营管理，解释经营结果。在此基础上，财务管理还将实施控制模块以全面提升企业决策水平。

ERP环境下财务管理以价值管理为导向的一个重要特征是贯彻并强化成本控制职能。ERP系统提出产品完全成本的概念，产品完全成本在这里是指产品整个价值流上使用的全部资源的成本，包括研究与开发、产品设计、制造、市场开拓、销售及售后服务。由于财务管理模块有效地实现了各种数据的集成，这就为企业统一规划企业内部的各项活动，促进推行组织战略的活动进行管理，为消除非增值的活动奠定了良好的基础。

ERP环境下财务管理的另一个特征就是财务计划更具有全面性。ERP环境下产品基础数据子系统、材料采购子系统、库存管理子系统、生产计划子系统、车间管理子系统和销售子系统，相关的各子系统都可以通过财务子系统将其紧密地联系在一起。

3．ERP 财务管理子系统

（1）报表分析模块

由于 ERP 系统的高度集成性，给在财务管理中经常采用的报表分析提供了非常强大的功能。目前，在实施 ERP 企业的报表分析系统中，都包含了既满足管理层又满足非管理层使用的报表分析，并且能够供不同类别的人员进行查询，但需要设定查询报表分析系统人员的权限和级别。它主要和总账、成本费用等模块集成。

财务计划的核心作用在于分析预算和实际执行情况的差异并帮助做出必要的调整。这在传统财务系统中是比较薄弱的环节。利用总账和财务分析模块，可以做到公司级和部门级的预算和预测，并且能支持自上而下、自下而上以及分布式的预算生成。利用财务分析模块，企业各层次员工及外部有关人员在得到授权的前提下，可以对财务数据进行建模分析。如果更复杂的财务分析可以利用在线数据分析处理工具（OLAP）进行多种角度的数据建模。例如，可以将销售数据分别按照地区、产品类、销售员进行比较，并对影响销售的各因素（如价格）进行敏感性建模分析，从而实现决策的科学化。

（2）预算管理模块

ERP 中的预算管理体系为企业预算的事前编制、事中控制和事后分析提供了平台。它提供了预算编制、预算控制和预算执行分析的功能，并支持企业从销售计划—生产计划—采购计划—费用计划—投资计划—资金计划—损益计划—资产负债计划的全面预算体系编制过程。此外，还提供在执行数据的分析和预测的基础上的预算的滚动编制，支持预算的多版本方案。例如，ERP 系统提供的全面预算是全面模拟业务过程的综合体系，它从销售计划开始，建立一整套预算的 ERP 体系，可以提供全真的运行环境。

它把上级下达的年度预算和经过本公司分解后下达给各部门的预算录入 ERP 预算管理模块，通过该模块达到预算预警、警告、不予通过三种作用，促进公司真正重视预算，采取切实措施降低成本费用，提高经济效益。当然，预算下达可能会存在不合理的地方，对于确实需要修改预算的，经过相关部门批准，可以对预算进行调整。预算管理子模块主要是按照费用归属部门进行归集和管理，各管理层可以通过 ERP 系统及时了解预算的执行情况，为及时做出预算调整和修订提供决策依据。

（3）资金管理模块

资金管理子模块主要为企业解决收支两条线的问题，它主要由下级企业根据工程施工和工程采购合同申请工程资金，根据财务预算系统每月的预算计划申请运营资金，上级财务部门根据批准的资金申请下拨资金，同时对下级公司的收入账户中的资金进行上划，上级部门统一在 ERP 会计相关模块中直接进行列账处理，极大地加快了资金的审批和拨付，减少了往来的差错，它主要和应收应付、预算管理、现金银行存款等子模块集成。

4．ERP 成本核算子系统

现代成本管理需要一个能协调地计划、监控和管理企业各种成本发生的全面集成化系统，从而协助企业的各项业务活动都面向市场来进行运作。在典型的 ERP 系统中，所有的成本管理应用程序都共用同样的数据源，并且使用一个标准化的报告系统，用户界面的统一结构使这个系统具有容易操作的特点，成本与收入的监控可贯穿所有职能部门。差异或有问题的项目一旦出现就能被分离出来，并可采取措施去纠正。具体来说，典型的或高层次的 ERP 成本管理涉及以下几个方面：成本中心会计、订单和项目会计、获利能力分析等系统。

以订单和项目会计为例，它是一个全面网络化的管理会计系统，带有订单成本结算的详细操作流程。该系统收集成本，并用计划与实际结果之间的对比来协助对订单与项目的监控。系统提供了备选的成本核算及成本分析方案，从而有助于优化一个企业对其业务活动的计划与执行。

再以获利能力分析为例，哪一类产品或市场会产生最好的效益？一个特定的订单利润是怎样构成的？这些都是获利能力分析必须涉及的问题。获利能力分析模块将帮助找到答案。同时，销售、市场、产品管理、战略经营计划等模块也将根据从获利能力分析所提供的第一手来自市场的信息来进行进一步的分析处理，公司因而能判断它目前在现存市场中的位置，并对新市场的潜力进行评估，成本会计模块可实现对各项生产成本的核算。成本核算按照五项成本要素（原料、人工、制造费用、委外成本、其他费用）来分类，可计算和控制各期各项成品、半成品的实际成本，并提供各种管理性报表。

1.3 借助 ERP 获取竞争优势

以前，企业只要保证质量好、成本低，就能够有生存发展的空间。然而现在，现代企业面临的挑战是非常严峻的，质量好和成本低只能作为企业生存的基本条件。随着市场竞争的加剧，现代企业要想发展并求得更好的获利空间，就不能仅凭产品质量和低廉的成本，还要对市场的需求尤其是个性化需求做出快速反应和回馈。因此，现代企业要根据市场变化及时调整其经营策略和计划以获取竞争优势。

ERP 是企业信息化中很重要的一环，而目前中国企业在 ERP 上大多根基都还扎得不够深，这就给企业往更高、更精细的信息化应用方向发展带来了阻力。所以，我们除了首先分析传统企业经营管理中存在的问题之外，还要先明确 ERP 在企业管理中的角色和地位，把企业竞争力和 ERP 的关系做一个清楚的定义，然后才知道怎样借助 ERP 来增强企业竞争力，获取竞争优势。

1.3.1　企业经营管理模式的转变

1. 传统企业经营管理存在的问题

面临着日益激烈的全球化竞争，企业进行信息化建设或 ERP 建设之前，可能经常会碰到如下问题：

（1）部门间矛盾重重，协调困难

① 企业可能拥有卓越的销售人员进行市场推广和销售产品，但是生产线上的工人却没有办法如期交货。

② 车间管理人员抱怨采购部门没有及时供应他们所需要的原料，而实际上，采购部门的效率"过高"，仓库里囤积的某些材料可能若干年都用不完，仓库库位饱和。

③ 过多库存积压会致使资金周转很慢，给财务部门带来不必要的筹资压力，使得财务人员也产生许多不满，再次审批采购资金可能就会出现犹豫不决现象。

（2）数据缺乏共享，质量不高

① 企业信息化之前，许多公司要想计算出所需要的物料量，可能会用好几个星期的时间，所以订货周期自然地延长。

② 生产车间、仓库库存信息不透明，不能实时掌握生产进程及库存的出入库信息。

③ 由于数据没有共享，信息获取不及时、物流运作不合拍，从计划到订单，从订单到出入库、结算等差错时有发生，例如，订货单和采购单上的日期和缺料单上的日期都不相同，没有一个是肯定的。

④ 财务部门不信赖仓库部门的数据，不以它来计算制造成本。

（3）无法实时监管与控制业务流程

① 手工编制生产计划，无法实时跟踪和监控生产进度，不能及时跟踪到订单工序完工情况，无法快速响应客户需求。

② 新增销售订单重排生产的工作量很大，且是根据静态的数据排单，经常出现材料错位、短缺，以致频繁修改生产计划。

③ 不能及时了解订单的执行情况，业务人员由于无法知道生产情况而不能及时了解已经下达订单的完成情况。

④ 不能实时掌握到生产过程的实时动态成本和仓库成本，并且不能预算客户产品的

实际成本。

⑤ 财务、业务、生产过程管理脱节，导致企业的整体运作效率没有达到最佳状态。

除了上述问题之外，还有许多负面影响。随着企业经营规模的不断扩大，市场竞争的加剧，原有的运营管理模式和管理平台已经很难适应企业不断发展的需要，迫切需要一些新的理念和新的工具，如 ERP 系统，来帮助企业解决在管理过程中遇到的难题，提升其竞争力，从而使公司快速、健康发展得以顺利进行。

2. 现代企业竞争力的改变

企业竞争力，简而言之，就是企业能力中的强项，而这些强项则能够让企业在激烈的竞争中取得竞争优势，且在市场中能够居于领先的地位。企业竞争力包含的范围较广，以制造业为例，其竞争力就包含市场营销能力、研究开发能力以及生产制造能力。生产制造能力又被细分为三个：一是快速弹性的生产能力；二是降低成本能够提高质量；三是如果企业能够提供好的售后服务，也能够创造竞争力。当然，现在的企业 IT 的运用看来已经是一个不可避免的趋势，所以我们把 IT 的运用能力也归为竞争力的一种。

"微笑曲线"是很多企业在分析、增强其竞争力时都要用到的，如图 1-24 所示。企业要想获取竞争优势，取得较大的经济效益，要么有销售网络的优势，要么有技术领先的优势；如果企业没有销售网络的优势，但有卓越有效的营运，也可以相对地取得较好的优势。

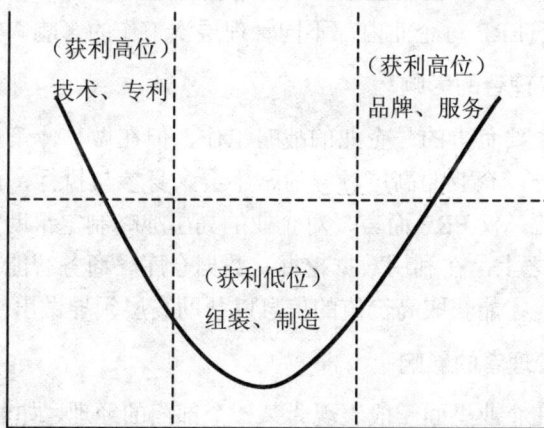

图 1-24 企业竞争力的"微笑曲线"

随着全球化经济、信息化时代以及中国加入 WTO 等因素的影响，中国现代企业的竞争力也逐步发生着变化。

首先，加入 WTO 前，中国企业的市场营销能力与外国企业相比，还处于劣势地位，但是在对市场的快速反应能力上，由于当时大部分外国企业并没有在国内设立制造工厂，所以，国内企业都居于优势。在售后服务方面也是一样，我们是当地的企业，在速度上、反应的时效上都有优势。而在产品以及服务的质量方面，外国企业通常是占有优势的。

其次，中国企业经常赖以生存的一个优势是低廉的成本。所以，外国的产品在外国生产时，除非是大量生产制造，否则其产品在成本上一定处于竞争劣势。

最后，在 IT 的应用方面，国外企业比国内平均早了 30～40 年。

加入 WTO 之前，中国企业跟外国企业看起来似乎可以说是互有优劣，互有胜负。但是加入 WTO 之后，情况就不一样了，外国企业也到国内来设厂，在采用 IT 手段的情况下，他的反应速度开始比我们的快。而在质量方面，也还是外国企业领先。甚至原来中国企业有很大优势的成本方面也开始不具有优势，由于外国企业一旦进入国内，在土地、人工、原料方面基本上处于相同的地位。从这种竞争态势来看，中国现代企业的综合竞争力正在走下坡路。

1.3.2 认清 ERP 在企业管理中的角色和地位

当中国现代企业综合竞争力开始往下走时，中国企业开始寻找竞争优势逐渐消失的原因，而此时 ERP 则似乎成了一道救命符，成为企业追逐的对象。然而，在这时，企业实际上最需要知道的是，ERP 在企业管理中的角色和地位。

下面我们分析一下 ERP 对企业内部不同管理层次工作的影响。

1. ERP 对高层管理者的影响

企业高层管理者主要负责的是企业的战略工作，但在做具体策略和计划时也有一定的参与。在执行的部分，企业的高层领导通常不会亲身参与执行，而是在项目绩效考核方面会有所琢磨。因此，仅 ERP 而言，对企业的高层战略制定帮助是比较有限的，除非在 ERP 这个平台基础之上，在利用数据挖掘、数据仓库、商务智能、在线分析处理等先进的信息技术或方案，才能获取高价值的信息以帮助高层领导做出决策。

2. ERP 对中层管理者的影响

企业中层管理者在企业里面一般表现为某一个部门的经理，如营销总监、生产总监、财务总监、采购总监等。中层管理人员虽然协助高层完成战略规划，但比较多的是在做工作的计划，也会参与一定的执行，但是大部分比较重要的责任是进行考核与管制。对中层领导者而言，在做部门规划时，ERP 能够给予的帮助很大。

3. ERP 对基层管理者的影响

基层管理者是管事而不管人，管事是对质检、仓管、生产等各方面的一种管理。基层管理人员，他们也要做计划，但比较多的是在琢磨执行，工作执行之后，到底哪些东西按照原来的计划做，哪些已经快迟延了，或者是没有按照原来的计划完成等，那么事情的跟踪考核也是基层管理者很重要的任务。实际上，ERP 对基层管理者的帮助是最大的，能帮助他们实现对企业业务的实时跟踪、监管和考核等。

从上述分析可以看出，ERP 涵盖营销管理、生产管理、物料管理等，都是集中在以管理为主的一个范围。ERP 在企业管理中的角色和地位：ERP 是以利用先进的信息技术搭建一个平台，使先进的管理思想和方法能够得以落到实处，以企业内部数据为处理范围，用来提供企业内部各阶层管理者在进行管理工作时所需要的各种信息的企业管理方法与工具。

1.3.3　如何利用 ERP 制胜

认清了 ERP 的地位，接下来我们就要考虑竞争力跟 ERP 到底有什么关系？企业能否借助于 ERP 提升其竞争力？在各个领域方面，企业将怎样使用 ERP 来增强竞争力？

1. 借助 ERP 提升市场营销能力

怎样用 ERP 提高企业的市场营销能力？其实很简单，就是通过 ERP 的管理功能使营销单位能够快速地掌握成本，掌握存货，掌握对客户的报价，掌握客户对我们的下单，掌握我们实际的出货，车间、工厂里预计的生产和出货，还有应收账款等各种综合信息。因为掌握了这么多正确的信息，就已经提高了企业营销管理的能力。可见，通过快速和正确的信息，让使用者因为掌握了这些信息而做出正确的决策，就是 ERP 增加企业管理能力之所在。

我们经常看到一个企业的市场营销能力包含了打广告，把广告的预算用到刀口上，能够起到最好的效果。还有产品的战略，例如，汽车厂切入一个市场的战略就不一样，有些汽车厂会先用便宜的、小型的量化产品切入市场，进而占据这个市场，赢得比较多的人关注；然后，再推出更高级的车种。而有的车厂的战略就不一样，它一开始就会推出高档的产品，塑造一个产品高质量的印象，这也是一种产品的战略。另外，渠道的战略，中国这么大的地方，要去营销，很多产品都要通过渠道。那么和渠道之间的利益该如何分配，怎样保持长期的战略合作关系，所以，渠道的战略也非常重要。然后是价格与促销，以及做好公共关系等。

这些都与做好市场营销有关系。但是不要忘记，当把这些事情都做好了，效果呈现出来时，有真正的客户让你报价了，报出去以后，到底哪个客户已经给你回应了？哪个客户希望你再报第二次价，或者是接单？哪个客户单已经接到了？哪些单已经出去了，或者只出了一半？如果营销管理做得不够扎实，即使前面能力非常非常强，但也会因为管理不到位而让前面努力能够发生的效果打一个很大的折扣。因为目的是要增加营销，但是如果营销管理没有做好，虽然不能称为前功尽弃，但至少效果打了一个很大的折扣，这个是可以确定的。

2. 借助 ERP 提升研发能力

提升研发能力，其实 ERP 也能够帮忙，但作用有限。例如有些企业在做研发，还得要有创意，但创意 ERP 帮不上忙。研发有些含高新技术、知名技术等的产品，都需要大量的好的研发设备来协助它进行研究开发，ERP 这方面能够起的作用也非常有限。但是，一旦企业把产品开发出来，却最终发现企业的配料跟当初设计的经营管理没有做到位，该买的料没买，买错料，用错料，造成一方面仓库里堆积如山的废料，另一方面车间又短缺料。因此，物料管理也很重要，而借助于 ERP 系统则能做到很好。

3. 借助 ERP 提升采购与库存管理能力

生产本身会用到用于生产的设备、生产的工艺、生产的技术，如果应用很好的设备，从国外引进最先进的技术，但是生产物料管理没有做到位，那么前面花那么多的钱所产生出来的效果，可能也要打折扣。因为缺料可能是生产计划没有安排好，所以计划的准确率不高，也会让前面努力的效果大打折扣。

4. 借助 ERP 能够降低生产成本

能够用更低成本的原料对降低生产成本也有帮助，企业的许多先进的设备质量较好、价格高昂，但是节能效果好且损耗低，质量较好，也会影响到企业的成本，但不是主要决定因素。如果你没有一套好的成本管理制度和体系，那么，到底你这个成本真正发生的情况是多少，这个月是多少，下个月是多少，有没有什么变化和起伏，就算前面投入很多，也不知道做的到底有没有效。

除上述方面的能力提升之外，其他还有生产能力等已在 1.2 节中提出，在此不再一一说明。总之，ERP 是一个企业的管理工具，也是一个引导管理思想变革的工具。如果企业能真正地把 ERP 融入管理工作当中，改变管理方式，那么就会赢得竞争优势，从而增加企业的竞争力。但是，有一点需要明白，企业提升竞争力当然不能只靠 ERP。建议企业在选型时，要依据自身行业的特性跟自身的条件来选择适合的 ERP，选错了 ERP，竞争力是不增反减的。

本章小结

本章主要介绍企业经营管理的基础内容、业务流程、方法以及工具等，本着给学生创造一个企业经营管理的体验式训练环境的思想，以学生为中心，遵循理论与实际相结合的原则，让各学生组成的模拟企业充分理解、掌握和应用好企业经营管理知识，为做好 ERP 沙盘模拟演练铺平道路。另外，本章还重点分析了 ERP 系统的五个计划层次和运营流程，除此之外，还介绍了 ERP 系统中的采购与库存管理、生产作业管理、财务系统等功能模块，希望学生对将要在 ERP 沙盘模拟演练中需要用到的 ERP 管理思想、方法与工具等有一个感性和理性的认识，并深刻地理解现代企业如何借助于 ERP 系统制胜，获取竞争优势。总之，希望学生对 ERP 沙盘模拟演练中将要用到的思想方法与工具有所了解，为如何利用 ERP 的思想和理念进行企业经营奠定基础。

第 2 章　ERP 沙盘模拟演练简介

【学习目标】
- ✧　了解 ERP 沙盘模拟演练课程的内容及特色
- ✧　认识 ERP 沙盘盘面用具及其代表含义
- ✧　了解 ERP 沙盘模拟企业的经营现状
- ✧　理解 ERP 沙盘模拟演练中的行为模式法则

2.1　ERP 沙盘模拟课程简介

ERP 沙盘模拟实验不同于一般的以理论和案例为主的管理类课程，该课程涉及企业战略、产品研发、市场营销、生产运营管理、生产能力规划、物料需求计划、资产投资规划、财务经济指标分析、团队协作与建设等多个方面，通过直观的沙盘模拟形象地展现了企业的经营管理。

2.1.1　课程内容及特色

ERP 沙盘模拟演练是针对模拟组成的企业，采用一种全新的授课方法，把企业运营所处的内外部环境定义为一系列的规则，由学生组成 6 个相互竞争的模拟企业，通过模拟企业 6 年的经营，使学生在分析市场、制定战略、营销策划、组织生产、财务管理等一系列活动中感受真实的企业经营管理环境。

1. ERP 沙盘课程内容

ERP 沙盘模拟演练课程的开展，综合应用了企业管理方面的知识，如企业整体战略、产品研发、生产排程、市场营销、财务管理、团队沟通与建设等多个方面。

具体内容如表 2-1 所示。

表 2-1 ERP 沙盘课程学习内容

项 目	具 体 内 容
企业整体战略	● 评估内部资源与外部环境，制定企业的长期和中短期策略 ● 预测市场趋势及调整既定战略
产品研发	● 产品研发决策 ● 修改研发计划，必要时中断项目
生产排程	● 选择获取生产能力的方式（购买或租赁） ● 设备更新与生产线改良 ● 全盘生产流程调度决策，匹配市场需求、交货期、数量及设备产能 ● 库存管理及产销配合
市场营销	● 市场开发决策 ● 新产品开发、产品组合与市场定位决策 ● 模拟在市场中短兵相接的竞标过程 ● 获取并分析市场信息，制定适合策略以获取竞争优势 ● 建立并维护市场地位，必要时做退出市场决策
财务管理	● 制订投资计划 ● 预测企业的长期资金和短期资金的需求，寻求资金来源 ● 掌握资金来源与用途，妥善控制成本 ● 洞悉资金短缺前兆，以最佳方式筹措资金 ● 分析财务报表，掌握报表重点与数据含义 ● 运用财务指标进行内部诊断，协助 CEO 进行管理决策 ● 如何以有限资金转亏为盈，并创造高额利润 ● 编制财务报表、结算投资报酬、评估决策效益
团队沟通与建设	● 实地学习如何在立场不同的各部门之间进行沟通协调 ● 培养不同部门人员的共同价值观与经营理念 ● 建立以整体利益为导向的组织

2．ERP 沙盘课程特色

ERP 沙盘模拟演练可以让学生把所学的专业知识和经验与实际存在的问题紧密联系起来，使复杂、抽象的企业经营管理理论与实际模拟操作紧密结合起来，让学生深刻体验到企业经营决策的理论和方法在企业经营成败中的关键作用，体会所学的管理知识具有解决实际问题的价值，从而激发学生的学习兴趣。同时，培养管理专业学生良好的逻辑思维能力和勇于创新的精神，全面提高学生的综合素质。

（1）生动有趣，以学生为中心

ERP 沙盘模拟教学方法是一个新思路，必将带来教学方法本身的一次革命。它是一种强调以学生为中心的开放式教学思想，其核心是充分鼓励学生独立思考问题，思考并讨论企业经营成功的基本条件，进行预测、决策分析、财务监督和运营模拟规划的训练，使学生深刻体会到如何提升企业竞争力并增加获利，激发学生的学习兴趣，培养管理专业学生良好的逻辑思维能力和勇于创新的精神。通过 ERP 沙盘模拟课程进行培训，将学生置身于模拟企业之中，通过自己的经营与管理，让学生亲身体会和感受如何管理和经营企业。这种体验式教学增强了学习的娱乐性，使枯燥的课程变得生动有趣，并通过制定游戏规则进行模拟对抗和竞争演练，激起了参与者的竞争热情和学习热情，使其学会收集、加工和利用信息，积累管理经验，缩短了理论与实践的距离，为以后的学习增添了动力。

（2）体验实战，加强团队合作

ERP 沙盘模拟对抗课程剥开了经营理念的复杂外表，直探企业经营本质，将企业的经营管理在模拟沙盘上进行了充分的展示。把复杂、抽象的经营管理理论以最直观的方式让学生体验和学习。完整生动的真实感受让其充分地体会到了经营管理的实质，使其对所学的知识内容有更深入的理解。同时，在 ERP 沙盘模拟对抗赛中，当参与者在经营决策过程中产生不同观点时，需要团队成员们不停地进行商议与探讨，最终要将不同的观点达成一致，才能做出决策。这种团队合作的方式增强了学生之间的沟通技能，使其学会如何以团队方式工作，培养了他们的情商，从而使其人格更加完美。

（3）提高能力，素质全面提升

在以往的课程学习中，学生们学到的知识只是停留在书本上，由于客观因素，很少将所学的知识加以实际运用，他们对自己的能力有所不知。通过学习 ERP 沙盘模拟这门课程，可以使其才智充分体现。在课程中，通过模拟企业几年的全面经营管理，利用经营产生的效果来检验学生的综合运用能力。这使得学生的知识得到了全面的、系统的提升，增强了学生的学习能力，并通过团队合作的方式使其增强了企业凝聚力的训练。因此，ERP 沙盘模拟课程使学生的综合素质得以提升，为他们以后走上社会工作岗位奠定了坚实的基础。

（4）实现从感性到理性的飞跃

在 ERP 沙盘模拟课程中，学习者经历一个从理论到实践再到理论的上升过程，把自己亲身经历的宝贵实践经验转化为全面的理论模型。参与者借助 ERP 沙盘推演自己的企业经营管理思路，每一次基于现场的案例分析及基于数据分析的企业诊断，都会使参与者恍然大悟，达到磨炼其商业决策敏感度，提升决策能力及长期规划能力的目的。

2.1.2　ERP 沙盘模拟局限性分析

ERP 沙盘模拟实验虽然能够让学生综合运用以往所学知识（如生产运营管理、财务会计、营销、ERP 等），使学生将理论和实际相结合。但是 ERP 沙盘模拟本身也存在一定的局限性，主要表现为以下两个方面：

（1）为了适应课堂教学，ERP 沙盘模拟对企业运营环境进行了一定程度的简化，与现实中的企业运营有一定的距离。例如，部分运营流程操作顺序、折旧计算、税率制定以及税金核算等。所有这些可能会让学生产生误解，因此，为了学生能深入地感受、了解企业，需要指导教师能够结合企业实际经营情况进行讲解。

（2）由于学生在模拟运营的过程中常常因各种原因难以严格控制时间进度，教师在实施教学时除了需要考虑教学进度，也要具有一定的监控能力和课堂驾驭能力。最重要的是，教师本身要具有宽泛的经济管理专业知识和财务知识，具备良好的组织协调能力和课堂综合控制能力、应变能力，才能保证 ERP 沙盘综合模拟教学的顺利实施。

2.1.3　认识 ERP 沙盘模拟演练教具

ERP 沙盘模拟教学以一套沙盘教具为载体。沙盘教具主要包括沙盘盘面六张，代表六个相互竞争的模拟企业。目前我国有几家公司开发出了不同的沙盘工具，其沙盘图各有不同的布局，图 2-1 显示的是用友公司开发的沙盘工具所用的沙盘图，图中分为物流中心、生产中心、营销与规划中心和财务中心等。

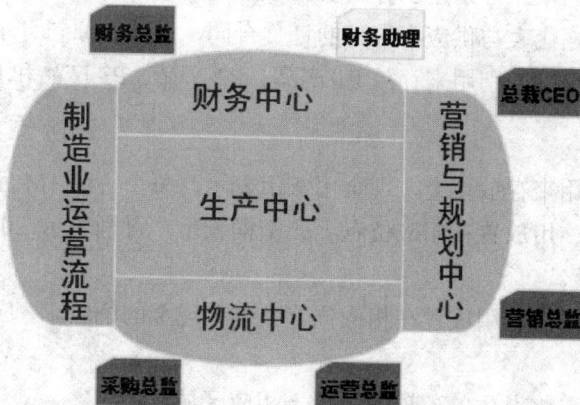

图 2-1　用友公司的 ERP 沙盘图

1. 营销与规划中心

（1）市场开拓规划：确定企业需要开发哪些市场，可供选择的有区域市场、国内市场、亚洲市场和国际市场。市场开拓完成换取相应的市场准入证。

（2）产品研发规划：确定企业需要研发哪些产品，可供选择的有 P2、P3、P4 产品。产品研发完成换取相应的产品生产资格。

（3）ISO 认证规划：确定企业需要争取获得哪些国际认证，包括 ISO9000 质量认证和 ISO14000 环境认证。ISO 认证完成换取相应的 ISO 资格证。

2. 生产中心

（1）厂房两种：沙盘盘面上设计了大厂房和小厂房，大厂房内可以建 6 条生产线，小厂房内可以建 4 条生产线。已购置的厂房由厂房右上角摆放的价值表示。

（2）生产线：共有手工、半自动、全自动、柔性生产线，不同生产线生产效率及灵活性不同。手工和柔性生产线灵活性较大，不需要转产就可直接生产其他产品。生产线标识表示企业已购置的设备，设备净值在"生产线净值"处显示。

（3）产品：共有 P1、P2、P3、P4 四种产品。拥有该产品标识表示目前企业拥有该产品的生产资格，可生产该产品。

3. 物流中心

（1）原料采购提前期：R1、R2 原料的采购提前期为一个季度；R3、R4 原料的采购提前期为两个季度。

（2）原材料库四个：分别用于存放 R1、R2、R3、R4 原料，每个价值 1M 元。

（3）原料订单：代表与供应商签订的订货合同，用放在原料订单处空桶数量表示。

（4）成品库四个：分别用来存放 P1 产品、P2 产品、P3 产品和 P4 产品。

4. 财务中心

（1）现金库：用来存放现金，现金用灰币表示，每个价值 1M 元。

（2）银行贷款：用放置在相应位置上的空桶表示，每桶表示 20M 元。长期贷款按年，短期贷款按季度。

（3）应收/应付账款：用放置在相应位置上装有现金的桶表示，应收和应付账款都是分账期的。

（4）综合费用：将发生的各项费用置于相应区域。

2.2 ERP 沙盘模拟演练分组及角色扮演

在 ERP 沙盘模拟演练的不同阶段，结合具体的教学任务，指导教师与学生可扮演着不同的角色，从事不同的职责和任务，共同完成 ERP 沙盘模拟演练。

2.2.1 指导教师扮演的角色及任务

任何课程都离不开教师，教师永远是课堂的灵魂。在 ERP 沙盘模拟演练课程中，作为教学主体的指导教师也扮演着不同的角色，并且其角色也随着模拟演练进展程度在发生变化，指导教师具体扮演的角色及承担的任务如表 2-2 所示。

表 2-2　ERP 沙盘模拟演练中指导教师扮演的角色及任务

模拟演练阶段	指导教师角色	具 体 任 务
（1）用友 ERP 沙盘模拟简介	教师	● 简单介绍企业经营管理理论与工具、ERP 知识、沙盘含义、ERP 沙盘模拟介绍 ● 说明 ERP 沙盘模拟的优点及其局限性
（2）指导学生分组组建企业	引导者	● 引导学生如何组建一个优秀的团队（模拟企业） ● 强调模拟企业成员团队协作与配合的重要性
（3）沙盘盘面用具及其含义介绍	教师	● 介绍 ERP 沙盘盘面用具 ● 讲解 ERP 沙盘教具代表的含义及其操作
（4）ERP 沙盘模拟企业初始状态设定	教师 企业原管理层	● 模拟企业基本情况描述 ● 讲解运营手册中各项目代表的含义 ● 带领学生按照资产及负债设置初始状态
（5）ERP 沙盘模拟演练运营规则分析	教师 企业原管理层	● 模拟企业运营流程介绍 ● 模拟企业演练中要遵循的各项经营原则解析
（6）带领学生进行初始年经营模拟	教师 企业原管理层	● 带领学生体验起始年沙盘模拟演练过程 ● 帮助新任管理层"扶上马再送一程"
（7）各模拟企业开始模拟演练	教师、股东、银行家、客户、供应商、监督员、政府部门等	● 负责答疑模拟演练过程中的一切疑问 ● 按照选单流程及规则发放销售订单 ● 接受销售订单整单交货并给予现金或应收账款 ● 接受原料订单下达并支付原材料 ● 监督整个模拟演练运营流程的规则执行情况 ● 各模拟企业融资来源及对象 ● 收取税金 ……

续表

模拟演练阶段	指导教师角色	具体任务
（8）企业经营分析诊断	评论家 分析家	● 点评各模拟企业经营状况 ● 分析并诊断模拟企业中存在的问题
（9）综合成绩评定	指导教师 评委	● 帮助学生进行综合能力评定 ● 帮助学生打分或给予排名

2.2.2　学生分组及角色分配

任何一个企业在创建之初，都要建立与其企业类型相适应的组织结构。组织结构是保证企业正常运转的基本条件。在 ERP 企业经营沙盘模拟实训课程中，采用了简化企业组织结构的方式，企业组织由几个主要角色代表组成，不同的人员分别负责各个领域中的工作。CEO 负责全局工作、采购总监负责材料的订购、营销总监负责订单的争取、生产总监负责生产运作、财务总监及其助理进行业务记录与账表编制及筹资等工作。每位人员要各司其职，认真履行好自己的职责，才能保证模拟企业的各项工作顺利进行。功能职责如图 2-2 所示。

图 2-2　角色分配与人员定位

1. 总裁 CEO（总经理）

在 ERP 企业经营沙盘模拟实训中，省略了股东会和董事会，企业所有的重要决策均由 CEO 带领团队成员共同决定，如果大家意见相左，由 CEO 拍板决定。在对整体竞争格局分析的基础之上，做出有利于企业发展的战略决策是 CEO 的最大职责，同时 CEO 还要负责控制企业按流程运营。与此同时，CEO 在实训中还要特别关注每个人是否能胜任其岗位，尤其是一些重要岗位，如财务总监、营销总监等，如果不胜任要及时调整，以免影响整个企业的运营。

2. 营销总监（营销主管）

产品销售是企业生存和发展的关键。为此，营销总监应深入透彻地研究市场需求预测报告，能够根据客户需求制订销售计划，有选择地进行广告投放，进而取得与企业生产能力相匹配的客户订单，并同时与生产部门做好沟通，保证按时交货给客户，监督货款的回收，进行客户关系管理。同时，随着课程设计中全球市场的逐步开放，营销总监一方面要巩固企业现有市场，另一方面还要积极拓展新市场，制定合理的品种发展策略，从而争取更大的市场空间，通过开源才能实现企业销售业绩的稳步增长。

如果人手不够的话，营销总监还可以兼任市场信息情报员以收集、处理并分析市场信息，制定合理的销售及营销策略。同时，还担任监控竞争对手的责任，如对手正在或准备开拓哪些市场？还未涉足哪些市场？他们在销售上取得了什么样的业绩？他们拥有哪类生产线？他们各自的生产能力如何？充分了解市场信息，明确竞争对手的动向可以有利于今后的竞争与合作。

3. 生产总监（生产主管）

生产总监是生产部门的核心人物，对企业的一切生产活动进行管理，并对企业的一切生产活动及产品负最终的责任。生产总监既是生产计划的制定者和决策者，又是整个生产过程的监控者，对企业目标的实现负有重大的责任。生产总监的工作是通过计划、组织、指挥和控制等手段实现企业资源的优化配置，创造最大经济效益。因此，在 ERP 沙盘模拟实验进行过程中，生产总监负责指挥生产运营过程的正常进行、生产设备的维护与设备变更处理、管理成品库等工作，同时还担负着研发具有市场竞争力的和可以为企业带来高额利润的新产品的职责。

4. 采购总监（采购主管）

采购是企业生产的首要环节。采购总监负责编制原材料的采购供应计划，确保在合适的时间点，采购合适的品种及适当数量的原材料。使得所采购的原材料既不会因库存积压而占用过多的流动资金，又不会因发生库存短缺而出现"停工待料"的现象。在企业模拟经营过程当中，如果采购总监依据正确的生产计划制订采购计划并科学合理地执行的话，则能够实现原料的"零库存"状态。

5．财务总监（财务主管）

在企业中，财务与会计的职能常常是分离的，他们有着不同的目标和工作内容。会计主要负责日常现金收支管理，定期核查企业的经营状况，核算企业的经营成果，制定预算及对成本数据的分类和分析。财务的职责主要负责资金的筹集、管理，做好现金预算，管好、用好资金。如果说资金是企业的血液，财务部门就是企业的心脏。财务总监要参与企业重大决策方案的讨论，如设备投资、产品研发、市场开拓、ISO 资格认证、购置厂房等。公司进出的任何一笔资金都要经过财务部门。

在受训者较少时，将上述两大职能归并到财务总监身上，统一负责对企业的资金进行预测、筹集、调度与监控。其主要任务是管好现金流，进行现金预算和资金筹划，按需求支付各项费用、核算成本，做好财务分析；进行现金预算、采用经济有效的方式筹集资金，能够在合理的时间内进行长贷、短贷、高利贷、应收账款贴现或向同行拆借资金，将资金成本控制到较低水平，管好、用好资金。

除此之外，在受训者人数较多时，可适当增加财务助理、CEO 助理、营销总监助理、生产总监助理等辅助角色，特别是财务助理很值得设置，只有这样，财务主管才能从比较繁杂的资产负债表和利润表的编制中解脱出来，从而有时间和精力从事财务管理的工作，即编制现金预算表、编制筹融资计划，进行财务数据分析等。为使这些辅助角色不被边缘化，应尽可能明确其所承担的职责和具体任务。在实际操作过程中，学生可根据自己所在小组企业实际情况进行角色互换，从而体验角色转换后考虑问题出发点的相应变化。

2.2.3 ERP 沙盘模拟演练中模拟企业的主要任务

各学生通过分组可组成六个模拟企业，即 A、B、C、D、E、F 公司，每个公司主要完成的任务如下：

1．企业发展战略

发展战略是企业保持成功及不断成长的重要保障，战略制定是每个学生面临的重大挑战，需要学生正确分析市场环境变化、企业经营目标，正确进行企业发展决策，涉及市场开发、产品研发、质量体系认证、企业投资等。

2．市场营销

需要对市场进行调查、预测，分析竞争对手，确定营销组合、产品策略、市场策略，负责产品订单和销售资金的回笼。

3．生产运营管理

确定生产线的投资决策，产品生产能力预测与规划，生产计划安排，生产过程管理。

4．采购与库存管理

预测并确定生产必需的物料需求计划，原材料采购数量、采购周期，采购成本计划制定，库存管理。

5．成本核算与财务管理

预测并确定企业生产所需资金，确定企业的融资方案及管理，从而进行企业成本核算管理及财务经济指标分析。

另外，每个财务年度经营结束之后，每个小组（模拟企业）都会提交一个报表，各组都要由 CEO 或财务总监对本年度的经营状况进行总结，指导教师把报表汇总后，根据所显示的数据录入《用友 ERP 沙盘模拟训练经营成果展示系统》，根据系统所显示的指标数据，由指导教师进行公开讲评。

2.3　ERP 沙盘模拟企业的现状

这里模拟的是一个生产制造企业，为了避免学生将该模拟企业与他们所熟悉的行业不经意地产生关联，因此本课程中生产制造产品是一个虚拟的产品，即 P 系列产品：P1、P2、P3、P4。该企业最初是"拍脑袋经营"，每天都为企业管理中的计划、预算、采购、生产、制造、销售、市场等问题挠头。希望用 6 年时间，依靠 ERP 打造企业"神经"系统，使公司的经营越来越好。

2.3.1　模拟企业的经营现状

本企业长期以来一直专注于某行业 P 产品的生产与经营，目前生产的 P1 产品在本地市场的知名度很高，客户也很满意。同时企业拥有自己的厂房，生产设施齐备，经营状态良好。最近，一家权威机构对该行业的发展前景进行了预测，认为 P 产品将会从目前的相对低水平发展为一个高技术产品。为此，公司董事会及全体股东决定将企业交给一批优秀的新人去发展，他们希望新的管理层能实现如下目标：

☆　投资新产品的开发，使公司的市场地位得到进一步提升。

☆　开发本地市场以外的其他新市场，进一步拓展市场领域。

☆　扩大生产规模，采用现代化生产手段，获取更多的利润。

2.3.2 模拟企业的经营环境分析

1. 模拟企业行业环境

目前市场上有 A、B、C、D、E、F 六家公司，每家公司都生产 P 系列的产品，在产品的构成中，P1 的市场会逐年减少，P2 的需求会进一步增加，而后降低，随着技术的进步，P3、P4 的发展潜力巨大，股东希望投资新产品 P2、P3、P4 的开发，使公司的市场地位得到进一步提升。在经营之前，每家公司的财务状况、经营现状都相同，每个公司管理团队成员为 5～7 个人，包括 CEO、生产总监、营销主管、CFO 以及采购总监等高层管理者，同时还有商业间谍、财务助理等角色。

在行业发展状况方面，P1 产品由于技术水平低，虽然近几年需求较旺，但未来将会逐渐下降。P2 产品是 P1 的技术改进版，虽然技术优势会带来一定增长，但随着新技术出现，需求最终会下降。P3、P4 为全新技术产品，发展潜力很大。

2. 模拟企业外部市场环境分析

根据一家权威的市场调研机构对未来 6 年里各个市场需求的预测，应该说这一预测有着很高的可信度。P1 产品是目前市场上的主流技术，P2 产品作为对 P1 产品的技术改良产品，也比较容易获得大众的认同。P3 和 P4 产品作为 P 系列产品里的高端技术，各个市场上对它们的认同度不尽相同，需求量与价格也会有较大的差异。

下面是我们针对不同的目标市场进行的详细预测分析。

（1）本地市场

本地市场 P 系列产品需求量预测以及产品价格预测如图 2-3 所示，（a）图纵坐标表示需求量，横坐标表示年份；（b）图纵坐标表示价格，横坐标表示年份。

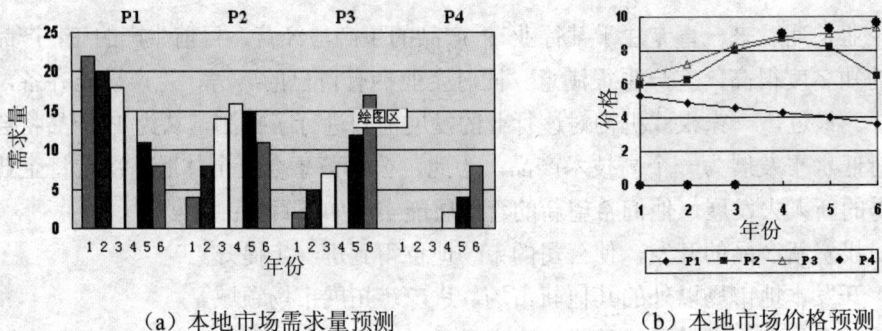

（a）本地市场需求量预测　　　　　　　　（b）本地市场价格预测

图 2-3　本地市场产品需求量及价格预测

本地市场将会持续发展，客户对低端产品的需求可能要下滑。伴随着需求的减少，低端产品的价格很有可能会逐步走低。后几年，随着高端产品的成熟，市场对 P3、P4 产品的需求将会逐渐增大。同时随着时间的推移，客户的质量意识将不断提高，后几年可能会对厂商是否通过 ISO9000 认证和 ISO14000 认证有更多的要求。

（2）区域市场

区域市场 P 系列产品需求量预测以及该市场内产品价格预测如图 2-4 所示。

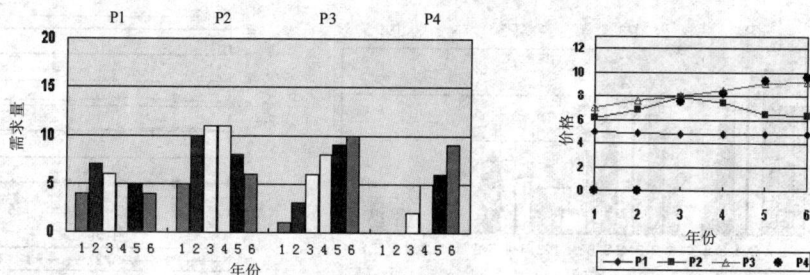

（a）区域市场需求量预测　　　　　　　（b）区域市场价格预测

图 2-4　区域市场产品需求量及价格预测

区域市场的客户对 P 系列产品的喜好相对稳定，因此，市场需求量的波动也很有可能会比较平稳。但是，因其紧邻本地市场，所以产品需求量的走势可能与本地市场相似，价格趋势也应大致一样。同时，该市场的客户比较乐于接受新的事物，因此对于高端产品也会比较有兴趣。但由于受到地域的限制，该市场的需求总量非常有限。并且这个市场上的客户相对比较挑剔。因此，在以后几年，客户会对厂商是否通过 ISO9000 认证和 ISO14000 认证有较高的要求。

（3）国内市场

国内市场 P 系列产品需求量预测以及该市场内产品价格预测如图 2-5 所示。

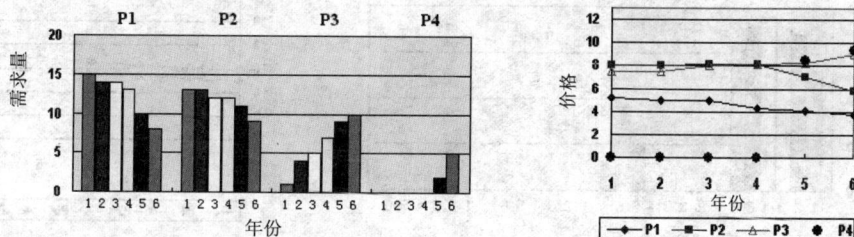

（a）国内市场需求预测　　　　　　　（b）国内市场价格预测

图 2-5　国内市场产品需求量及价格预测

因 P1 产品带有较浓的地域色彩，估计国内市场对 P1 产品不会有持久的需求。但 P2 产品因为更适合于国内市场，所以估计需求会一直比较平稳。随着对 P 系列产品新技术的逐渐认同，估计对 P3 产品的需求会发展较快，但这个市场上的客户对 P4 产品却并不是那么认同。当然，对于高端产品来说，客户一定会更注重产品的质量保证。

（4）亚洲市场

亚洲市场 P 系列产品需求量预测以及该市场内的产品价格预测如图 2-6 所示。

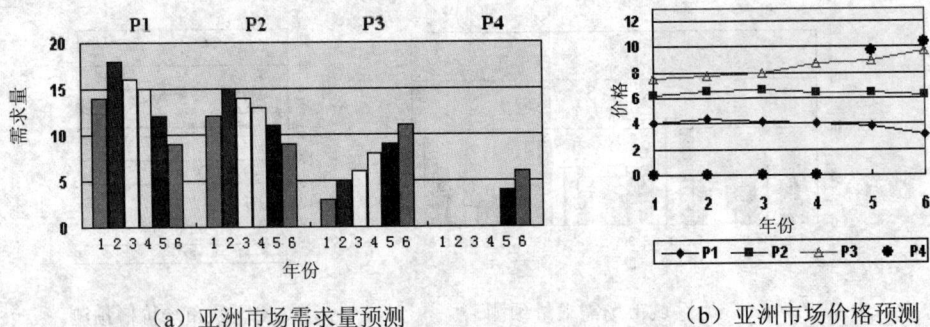

（a）亚洲市场需求量预测　　　　　（b）亚洲市场价格预测

图 2-6　亚洲市场产品需求量及价格预测

亚洲市场上的客户喜好一向波动较大，不易把握，所以对 P1 产品的需求可能起伏较大，估计 P2 产品的需求走势也会与 P1 相似。但该市场对新产品很敏感，因此，估计对 P3、P4 产品的需求会发展较快，价格也可能不菲。另外，这个市场的消费者非常看重产品的质量，所以，在后几年里，如果生产厂商没有通过 ISO9000 和 ISO14000 的认证，其产品可能很难销售。

（5）国际市场

国际市场 P 系列产品需求量预测以及该市场内产品价格预测如图 2-7 所示。

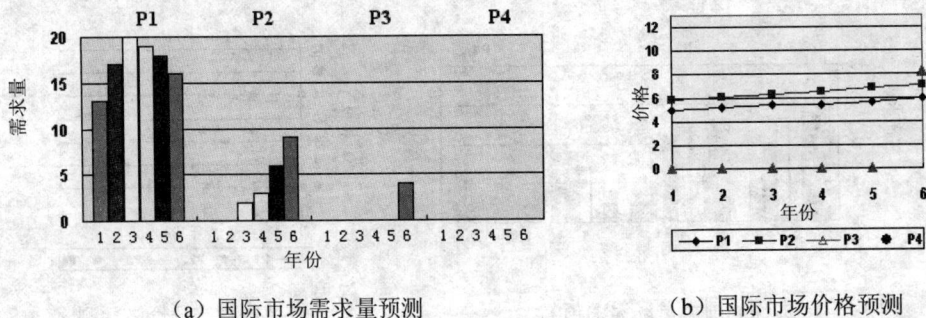

（a）国际市场需求量预测　　　　　（b）国际市场价格预测

图 2-7　国际市场产品需求量及价格预测

进入国际市场可能需要一个较长的时期。有迹象表明，目前这一市场上的客户对P1产品已经有所认同，需求也会比较旺盛。对于P2产品，客户将会谨慎地接受，但仍需要一段时间才能被市场所接受。对于新兴的技术，这一市场上的客户将会以观望为主，因此对于P3和P4产品的需求将会发展极慢。因为产品需求主要集中在低端，所以客户对于ISO的要求并不如其他几个市场那么高，但也不排除在后期会有这方面的需求。

2.3.3 模拟企业的财务状况及经营成果

学生将接手经营的模拟企业总资产为1.05亿元，其中流动资产52M元（1M=10^6），固定资产53M元，负债41M元，所有者权益64M元。其资产负债表及利润表如表2-3、表2-4所示。

表2-3 企业利润表　　　　　　　　　　　百万元

项　　目	上　年　数	本　年　数
销售收入		36
直接成本		14
毛利		22
综合费用		9
折旧前利润		13
折旧		5
支付利息前利润		8
财务收入/支出		-4
其他收入/支出		
税前利润		4
所得税		1
净利润		3

表2-4 企业资产负债表　　　　　　　　　　百万元

资　　产	期　初　数	期　末　数	负债和所有者权益	期　初　数	期　末　数
流动资产：			负债		
现金		20	长期负债		40
应收账款		15	短期负债		0
在制品		8	应付账款		0
成品		6	应交税金		1

续表

资　产	期　初　数	期　末　数	负债和所有者权益	期　初　数	期　末　数
原料		3	一年内到期的长期负债		0
流动资产合计		52	负债合计		41
固定资产：			所有者权益：		
土地和建筑		40	股东资本		50
机器与设备		13	利润留存		11
在建工程		0	年度净利		3
固定资产合计		53	所有者权益合计		64
资产总计		105	负债和所有者权益总计		105

（1）流动资产52M元

流动资产包括现金、应收账款、存货等，其中存货又分为在制品、成品和原料。

该企业现有现金20M元，3个账期（3Q，Q表示季度，下同）的应收账款15M元，在制品价值8M元，成品价值6M元，原料价值3M元。

（2）固定资产53M元

固定资产包括土地及厂房、生产设施、在建工程等，其中土地及厂房在此实训中专指厂房，生产设施指生产线，在建工程指未建设完工的生产线。

该企业现有一个价值40M元的大厂房和价值13M元的生产设备，包括三条手工生产线和一条半自动生产线，目前没有在建工程。

（3）负债41M元

负债包括短期负债、长期负债和各项应付款，其中短期负债主要指短期贷款、高利贷等，长期负债主要指长期贷款，各项应付款包括应付税金、应付货款等。

该企业现有长期贷款40M元，应交税金1M元，目前没有短期负债等。

（4）所有者权益64M元

所有者权益包括股东资本、利润留存、年度净利等。股东资本是指股东的投资，利润留存是指历年积累下来的年度利润，而年度净利是指当年度的净利润。

该企业股东资本为50M元，利润留存11M元，年度净利3M元。

2.4　ERP 沙盘模拟演练中的行为模式法则

刚接触ERP沙盘模拟的学生都会觉得课程虽生动有趣，但综合知识运用能力要求较高，因此，心理上会产生期盼又畏惧，想又不敢想，摩拳擦掌又畏手畏脚等复杂情绪。其实，管理非常简单，在 ERP 沙盘模拟演练过程中，各学生要把复杂的事情简单化。

管理模式本身没有对错优劣之分，只有适合不适合或者是否合时宜之分。

2.4.1　单纯但不简单的思考方式

英国某家报纸曾举办一项高额奖金的有奖征答活动。

题目是：在一个充气不足的热气球上，载着 3 位关系人类兴亡的科学家。

第 1 位是环保专家，他的研究可拯救无数人免于因环境污染而面临死亡的噩运。

第 2 位是原子专家，他有能力防止全球性的原子战争，使地球免于遭受灭亡的绝境。

第 3 位是粮食专家，他能在不毛之地运用专业知识成功地种植谷物，使几千万人脱离因饥荒而亡的命运。

此刻热气球即将坠毁，必须丢出一个人以减轻载重，使其余 2 人得以生存。

请问，该丢下哪一位科学家？

问题刊出后，因为奖金的数额相当庞大，各地答复的信件如雪片飞来。在这些答复的信中，每个人皆竭尽所能，甚至天马行空地阐述他们认为必须丢下哪位科学家的见解。最后结果揭晓，巨额奖金得主是一个小男孩。他的答案是——将最胖的那位科学家丢出去。

小男孩睿智而幽默的答案，是否给我们以足够的提醒：单纯的思考方式，往往比钻牛角尖更能获得良好的成功。任何疑难问题的最好的解决方法只有一种，就是能真正切合该问题所需求的，而非惑于问题本身的盲目探讨。

2.4.2　专注而不盲目的做事风格

一位农场主巡视谷仓时，不慎将一只名贵的手表遗失在谷仓里。他遍寻不获，便定下赏价，承诺谁能找到手表，就给他 50 美元。人们在重赏之下都卖力地四处翻找，可是谷仓内到处都是成堆的谷粒，要在这当中找寻一只小小的手表，谈何容易。许多人一直忙到太阳下山，仍一无所获，只好放弃了 50 美元的诱惑而回家了。

仓库里只剩下一个贫困的小孩，仍不死心，希望能在天完全黑下来之前找到它，以换得赏金。谷仓中慢慢变得漆黑，小孩虽然害怕，仍不愿放弃，不停地摸索着，突然他发现在人声安静下来之后，有一个奇特的声音。那声音滴答、滴答不停地响着，小孩顿时停下所有的动作，谷仓内更安静了，滴答声也变得十分清晰，是手表的声音。终于，小孩循着声音，在漆黑的大谷仓中找到了那只名贵的手表。

这个小孩成功的法则其实很简单：专注地对待一件事，你总会打开成功的门栓。

把两个孩子的故事结合起来，也就是等于告诉我们一个成功的法则，那就是专注与单纯。其实，它原本就存在于每个人的心中，重要的是你会发挥它们的价值作用，希望各学生组成的团队——模拟企业会用这些法则。

本章小结

本章主要对 ERP 沙盘模拟课程进行了简单介绍，以便于各学生了解 ERP 沙盘课程内容、特色以及所存在的局限性。为顺利开展 ERP 沙盘模拟演练，在正式开始之前，各学生需要进行分组，组成不同的模拟企业并在各自的模拟企业中担任不同的角色，如 CEO、营销总监、采购总监、财务总监等。为保持公平竞争，各模拟企业起跑线都是一样的。通过模拟企业经营环境、外部市场环境以及所处行业环境分析，使得各学生对起跑位置的模拟企业的经营现状有一个充分了解，结合第 1 章所学的企业战略规划和 ERP 计划体系知识，为选择不同的经营战略、制定不同的经营策略和计划以获取竞争优势打下坚实的基础。文章最后还给出了 ERP 沙盘模拟演练中的行为模式法则，要遵循单纯但不简单的思考方式和专注而不盲目的做事风格，希望能给各位学生以启发。

第 3 章　ERP 沙盘模拟演练准备

【学习目标】

◇　掌握 ERP 沙盘模拟初始状态设定
◇　掌握 ERP 沙盘模拟演练的运营规则
◇　理解 ERP 思想理念在沙盘模拟中的拓展应用
◇　理解模拟企业利用 ERP 提升竞争力的全过程

3.1　ERP 沙盘模拟初始状态设定

为了让大家有一个公平的竞争环境,需要统一设定模拟企业的初始状态。根据实际的教学和指导经验发现,根据企业的资产负债表,按照固定资产、流动资产、负债顺序进行模拟企业初始状态的设定,不仅简单、方便操作、节约时间,更主要的是可以帮助学生理解资产负债表中各项目的主要内容,尤其是对那些没有学过相关财务知识或缺乏相关知识的学生而言,意义尤为重要。

3.1.1　沙盘初始状态设置要素介绍

首先我们认识一下用友 ERP 沙盘模拟进行初始状态设置时需要用到的一些要素,如图 3-1 所示。

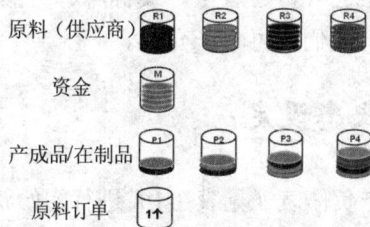

原料(供应商)　R1　R2　R3　R4

资金　M

产成品/在制品　P1　P2　P3　P4

原料订单　1↑

图 3-1　沙盘模拟要素

1．原料

ERP 沙盘模拟经营中，提供的原材料共有四种，其中红色的币代表 R1 原材料、橙色的币代表 R2 原材料、蓝色的币代表 R3 原材料、绿色的币代表 R4 原材料，每一单位原材料代表 100 万元价值，用 1M 元表示。

2．资金

模拟经营中，所需要用到的现金用灰色的币来表示，每一个灰色的币代表 1M 元。

3．产成品/在制品

产成品和在制品由不同的原材料和加工费构成，在 ERP 沙盘模拟演练过程中，共有四种产品：P1 产品、P2 产品、P3 产品、P4 产品，它们的物料清单如图 3-2 所示。

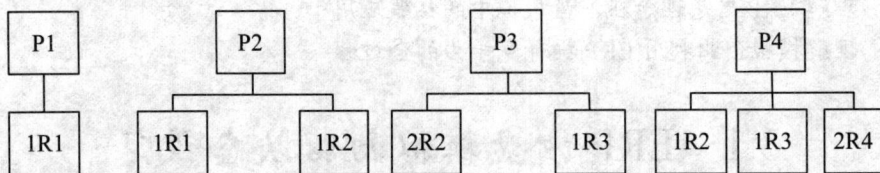

图 3-2　产品物料清单

其中，在 P 系列产品构成方面，则是：P1 产品由 1 个 R1 原材料和 1 个灰色的币构成；P2 产品由 1 个 R1 原材料、1 个 R2 原材料和 1 个灰色的币构成；P3 产品由 2 个 R2 原材料、1 个 R3 原材料和 1 个灰色的币构成；P4 产品由 1 个 R2 原材料、1 个 R3 原材料、2 个 R4 原材料和 1 个灰色的币构成。

4．空桶

在 ERP 沙盘模拟过程中，因为要有长期贷款或者短期贷款、下达原料订单等。为了方便管理，我们规定：下达原料订单时，1 个空桶代表 1 个原料订单；贷款时 1 个空桶则代表 20M 元长期贷款或短期贷款（高利贷）。

除用到以上四种主要要素之外，还有生产线标牌、产品标识牌、生产资格牌、市场准入证以及 ISO 资格认证等，我们不再一一介绍。

3.1.2　模拟企业初始状态设定

下面按照模拟企业的资产负债表（见表 3-1）进行初始状态设置。

表 3-1 资产负债表   百万元

资　　产	期　初　数	期　末　数	负债和所有者权益	期　初　数	期　末　数
流动资产：			负债：		
现金		20	长期负债		40
应收账款		15	短期负债		0
在制品		8	应付账款		0
成品		6	应交税金		1
原料		3	一年内到期的长期负债		0
流动资产合计		52	负债合计		41
固定资产：			所有者权益：		
土地和建筑		40	股东资本		50
机器与设备		13	利润留存		11
在建工程		0	年度净利		3
固定资产合计		53	所有者权益合计		64
资产总计		105	负债和所有者权益总计		105

1．设定固定资产的初始状态

（1）土地和建筑——大厂房，价值 40M 元

请财务总监将等值资金用空桶装好灰色的币后放置于大厂房价值处，两满桶灰色币即为 40M 元。

（2）机器与设备——生产线价值 13M 元

企业创办三年来，已购置 3 条手工生产线和 1 条半自动生产线，扣除折旧（每年折旧额为生产线净值的 1/3，不足 3M 元的生产线每年计提 1M 元，直到折旧完为止），目前手工生产线账面价值 3M 元，半自动生产线账面价值 4M 元。请财务总监取 4 个空桶，分别置入 3M 元、3M 元、3M 元、4M 元，并放置于生产线下方的"生产线净值"处。

2．设定流动资产的初始状态

（1）现金——20M 元

请财务总监拿出一满桶灰色币 20M 元放置于现金库位置。

（2）应收账款——15M 元

财务总监拿出一个空桶，装 15 个灰币，置于应收账款 3 期位置。

（3）在制品——8M 元

手工生产线有 3 个生产周期，靠近原料库的为第 1 周期，3 条手工生产线上的 3 个 P1 在制品分别位于第 1、2、3 周期；半自动生产线有 2 个周期，P1 在制品位于生产线的

第 1 周期。

每个 P1 产品成本都由两部分构成：P1=R1+1M 元。生产总监拿出 1 个空桶，由采购总监拿出 1 个红色的 R1 币，财务总监拿出 1M 元灰币，由生产总监组成一个 P1 产品，并把它放置在生产线上的相应位置。

（4）成品——6M 元

成品库有 3 个 P1 产品。生产总监拿出 3 个空桶，采购总监拿出 3 个红色的 R1 币，财务总监拿出 3 个灰色的币，由生产总监分别制作 3 个 P1，并把它们放在成品库里。

（5）原料——3M 元

原料库有 3 个 R1 原材料，由采购总监取 3 个空桶，每个空桶中分别放置 1 个 R1 原料，并摆放到 R1 原料库。

除以上需要明确表示的价值之外，还有已向供应商发出的采购订货，预订 R1 原料 2 个，采购总监将 2 个空桶放置到 R1 原料订单处。记住此处只是下达两个 R1 原材料订单，并没有涉及现金的支出。

3. 设定负债的初始状态

（1）长期负债——40M 元

企业有 40M 元长期贷款，分别是 5 年期和 4 年期。请财务总监将 2 个空桶分别置于第 5 年和第 4 年位置，代表长期贷款本金分别需要在 5 年和 4 年以后偿还。

（2）应交税金——1M 元

企业上一年税前利润 4M 元，按规定需缴纳 1M 元税金（运营法则规定所得税率为税前利润金额的 1/3 取整数）。税金是下一年度缴纳，此时没有对应操作。

4. 所有者权益

在所有者权益项目中，除指导教师根据企业实际经营情况同意增加资本之外，一般情况下，股东资本不变。因此，初始状态设置不涉及所有者权益项目。

除此之外，指导教师还需要引导学生进行初始状态设定的是 P1 产品生产标识（表示初始状态中 3 条手工线和 1 条半自动线均正在生产 P1 产品）、P1 产品生产资格（企业拥有 P1 生产资格）以及本地市场准入证（企业拥有本地市场），请各位学生依照沙盘盘面摆放在相应位置。

综上所述，ERP 沙盘模拟企业初始状态设定完毕之后，ERP 沙盘盘面上共有：

（1）95 个灰币。

（2）10 个 R1 红币。

（3）3 条手工生产线。

（4）1 条半自动生产线。

（5）4 个 P1 产品标识牌。

（6）1 个 P1 生产资格牌。

（7）1 个本地市场准入证。

3.2　ERP 沙盘模拟演练运营规则分析

在正式开始模拟运营与竞争之前，我们首先要了解一下企业的生存与发展以及企业之间的竞争规则，各位学生只有理解并熟悉这些规则，才能做到合理的正常经营。否则，除了会影响经营的进度和进展之外，严重时还会违规经营，指导教师根据实际情况会采取扣分、罚金等措施，这都会影响各小组的最终成绩。因此，有必要对沙盘模拟的运营规则做一个详尽而又深入的分析。

为了保证 ERP 沙盘模拟演练的公平、顺利，按照有关要求应设立裁判组，由 8～10 位教师或其他工作人员组成，职责如下。

（1）企业运营监督：负责监控各企业的生产运营流程。

（2）银行信贷管理：负责审核各企业的贷款资格，为各企业发放贷款，监督贷款收回。

（3）原料供应商：与各企业签订供货合同，组织货源，按合同供货并收取货款。

（4）客户：对企业交付的货物进行验收，按合同约定付款。

（5）资格认定管理员兼设备供应商：负责企业市场准入、产品研发、ISO 认证等资格的审定，发放相应资格证书；各企业为扩大生产需购置的设备，由设备供应商提供。

但在实际的 ERP 沙盘模拟授课或初赛过程中，由于缺乏人手，一般都是由 1～2 名指导教师负责 A 公司、B 公司、C 公司、D 公司、E 公司、F 公司六组模拟企业的模拟经营，经营过程的规则主要靠各学生自觉遵守、其他学生检举揭发等方式来保障。当然，若人员充足的话，最好按照上述要求设立监督小组以保证经营模拟的公平性。

除此之外，各模拟企业在实际的 ERP 沙盘模拟演练中，企业运营流程须按照竞赛手册的流程严格执行。CEO 按照任务清单中指示的顺序发布执行指令。每项任务完成后，CEO 须在任务后对应的方格中打钩；并由 CFO 在任务后对应的方格内填写现金收支情况。

各企业监督员将对企业运行进度予以同步记录。所有操作必须严格按步骤顺序执行，所有对完成后的任务进行修改或颠倒顺序执行的操作均视为违规行为，监督员有权取消任何违规操作。

在运行过程中，只有如表 3-2 所示的操作可以随时进行。

表 3-2　运营中可随时进行的任务

任 务 名 称	操　作
贴现	● 中断正常操作任务 ● 企业在"应收账款登记表"中登记相关项目，交监督员审查 ● 执行贴现操作
高利贷	● 中断当前操作任务 ● 贷款金额和指导教师协商
卖厂房	● 中断当前操作任务 ● 所卖金额计入"应收账款登记表"中，计入 4Q 应收账款

3.2.1　市场开拓与准入规则

　　企业目前在本地市场经营，新市场包括区域、国内、亚洲、国际市场，各公司可根据自身实际情况选择相应市场进行开发。需要注意的是，不同市场投入的费用及时间不同，只有市场投入全部完成后方可接单。市场规则如表 3-3 所示。

表 3-3　市场开拓与准入规则

市　　场	开发费用/M 元	开发规则/（M 元/年）	开发时间/年	操 作 说 明
本地	无		无	● 直接获得准入证
区域	1	1	≥1	● 将投资放在准入证的位置处
国内	2	1	≥2	● 当完成全部投资时，到裁判处
亚洲	3	1	≥3	（或指导教师处）换取相应的
国际	4	1	≥4	市场准入证

　　（1）区域、国内、亚洲和国际市场可同时开发。

　　（2）每个市场开发每年最多投入 1M 元，不许超前投资。

　　（3）若出现资金短缺或其他原因，市场开发可随时中断或停止，开发时间顺延。

　　（4）市场开发完毕后（领取市场准入证，只有拿到准入证才能在下一年度年初竞单中投放广告），所有已进入的市场，每年最少需投入 1M 元维持，即使某年不准备在该市场进行广告投放，那么也必须投入 1M 元的资金维持当地办事处的正常运转，否则视为自动放弃了该市场，再次进入该市场时需要重新开发。

　　提示要点：

　　（1）市场开拓无论是否持续进行，已有投资不得收回。

　　（2）本地市场不允许放弃，即每年本地市场必须投入 1M 元广告。

（3）已开拓进入的市场可销售所有生产的产品。

3.2.2 产品研发和生产规则

要想生产某种产品，先要获得该产品的生产许可证。而要获得生产许可证，则必须经过产品研发。P1 产品是各公司目前拥有的，已经有生产许可证，可以在本地市场进行销售。其他产品 P2、P3、P4 都需要研发至少 6 个季度，才能获得生产许可。产品研发需要分期投入研发费用，具体开发时间和经费如表 3-4 所示。

表 3-4 产品研发时间及费用

产品	P2	P3	P4
研发时间/季度	6	6	6
研发投资/M 元	6	12	18
每期投资/M 元	1	2	3
操作说明	● 每季度按照投资额将现金放在生产资格位置，并填写"产品开发登记表"，每年监督员（或指导教师）审查该表，并签字 ● 当投资完成后，带所有投资的现金和"产品开发登记表"到裁判处（或指导教师处）换取生产许可证 ● 只有获得生产许可证后才能开工生产该产品		

（1）P2、P3、P4 产品可同步研发。

（2）产品开发研发周期平均支付研发投资，每季度进行一次，不允许超前或集中投入。例如，开发 P3 产品需要 6 个季度，研发投资 12M 元：研发时只能每季度投入 2M 元，累计投入 12M 元时，方可获得 P3 生产资格。

（3）因资金或其他原因，产品开发可以随时中断或停止，则研发时间顺延。

（4）产品研发完成之后，领取产品生产资格证，下一季度方可投入上线生产。例如，P3 产品从第 1 年第一季度开始研发，第 2 年的第二季度研发完毕，则在第 2 年的第三季度方可投入生产。

（5）开发的产品，各模拟公司间不能相互转让。

提示要点：

（1）若模拟企业决定停止研发某一产品，该产品已有前期研发投资不能收回。

（2）研发完成的产品可在全部已开拓进入的市场进行销售。

（3）正在研发的产品可依据实际情况（如生产线本年能生产出来该产品）在本年初提前投放广告。

3.2.3 ISO9000 和 ISO14000 开发规则

ISO 认证包括 ISO9000 和 ISO14000 的认证，随着客户日益重视产品的质量和环境保护，ISO 认证在市场营销中的地位日益重要，其开发时间及费用如表 3-5 所示。

表 3-5　ISO 认证开发时间及费用

ISO 认证体系	ISO9000 质量认证	ISO14000 环境认证
开发时间/年	≥2	≥3
认证费用/M 元	2	3
年投资额/M 元	1	1
操作说明	● 每年按照"年投资额"将投资放在 ISO 证书位置，并填写"ISO 认证登记表"，每年末，由监督员（或指导教师）审核并签字 ● 当投资完成后，带所有投资和"认证登记表"到裁判处（或指导教师处）换取 ISO 资格证 ● 只有获得 ISO 资格证后才能在市场中投入 ISO 广告	

（1）两项 ISO 认证可同时进行。

（2）ISO 认证投资分期投入，每年一次，每次 1M 元，但不允许集中或超前投资。

（3）因资金短缺，两项 ISO 认证可以中断或停止，开发周期顺延。

（4）只有开发完成拿到认证资格证后，才能在下一年度初的市场竞单中投入广告费，只有投入 ISO 的广告费，才有资格获取具有 ISO 要求的特殊订单。

提示要点：

（1）若 ISO 资格认证不再持续进行，已有投资不能收回。

（2）某市场若 ISO 的广告费分别投入 1M 元，则对该市场的所有产品有效。

（3）研发投资与认证投资计入当年综合费用。

3.2.4 厂房买卖规则

企业目前拥有自主厂房——大厂房，价值 40M 元。另有小厂房可供选择使用，有关各厂房购买、租赁、出售的相关规则如表 3-6 所示。

表 3-6 厂房购买、出售与租赁

厂 房	买价/M 元	租金/（M 元/年）	售价/M 元	生产线容量/条
大厂房	40	5	40	6
小厂房	30	4	30	4

（1）年底决定厂房是否购买时，将等值的现金放置在厂房价值处，厂房不提折旧。

（2）年底时，如果厂房中有一条生产线，不论状态如何，都算占用。如果占用的厂房没有购买，必须付租金。

提示要点：

（1）对于已经购买的厂房可随时按原值出售，出售厂房的款项计入 4Q 的应收账款。

（2）厂房不计提折旧。

3.2.5 生产线购买、转产、维护及出售规则

企业目前有 3 条手工生产线和 1 条半自动生产线，另外，可供选择的生产线还有全自动生产线和柔性生产线。生产线初始购置安装完毕后，生产何种产品并没有限制。不同的生产线的主要区别在于生产效率和灵活性，生产效率是指单位时间生产产品的数量，灵活性是指转产生产其他产品时设备调整的难易性。不同类型生产线投资及转产规则如表 3-7 所示。

表 3-7 生产线投资、转产、维护及出售规则

生 产 线	购买价/M 元	安装周期/季度	生产周期/季度	转产周期/季度	转产费用/M 元	维护费用/（M 元/年）	残值/M 元
手工线	5	无	3	无	无	1	1
半自动	8	2	2	1	1	1	2
全自动	16	4	1	2	4	1	4
柔性线	24	4	1	无	无	1	6

图 3-3 中每条生产线中，一个格子代表一个加工周期，生产线上只能有一个在制品，无论何种类型的生产线，产品上线时都需支付 1M 元加工费。

图 3-3 ERP 沙盘模拟四种生产线

1．购买新生产线

（1）生产线只能购买，不能公司间转让。

（2）购买生产线必须按照安装周期分期支付，只有实现支付，才能计算安装期。

（3）购买生产线支付不一定需要持续，可以在支付过程中停顿，安装期顺延。

（4）只有当投资全部完成后，才算安装完成。也就是说，一条生产线待最后一期投资到位后，必须到下一季度才算安装完成，允许投入使用，且生产线一经安装不允许移动位置。

（5）生产线全部投资到位后的下一周期可以领取产品标识，开始生产。

提示要点：

（1）生产线全部投资集中到一个桶中，投资完成后，放置到"生产线净值"处，为"设备价值"。

（2）当年建成的生产线不计提折旧。

2．生产线转产

生产线转产是指生产线转产生产其他产品，因此，转产时可能需要一定的转产周期或转产费用。

（1）有在制品的生产线不允许转产处理，仅当生产线空闲时，将其倒扣置于盘面生产线处，分期支付转产费用。

（2）手工、柔性生产线灵活性大，不需要转产周期及费用，产品下线后可直接转产。

（3）半自动、全自动生产线需要转产周期及转产费用，转产完毕的下一周期方可更换产品标识进行转产生产。

3．生产线维护

为了保证生产线的正常运转，满足生产需求，生产线每年都需提取维修费以维护生产线。

（1）模拟企业每条生产线的维护费均为 1M 元/年，不论是否参加生产任务。

（2）当年在建的和当年出售的生产线均不用交维修费。

（3）当年在建的生产线，一旦建成，不论是否生产，都必须交纳维修费。

（4）正在进行转产的生产线也需交纳维修费。

4．生产线折旧

（1）当年投资在建或建成的生产线计入在建工程，不参加折旧。

（2）每年按生产线净值的 1/3（取整数）计提折旧，当设备价值<3M 元时，每年计

提折旧 1M 元，直至提完为止。

（3）完成规定年份的折旧完毕后的生产线净值虽为 0，生产线可以继续使用，但不再计提折旧。

5．出售生产线

（1）有在制品的生产线不允许出售。

（2）生产线卖出时，只能按残值出售，实际价值继续参加折旧，直到折完为止。

（3）当年已售出的生产线不再计提折旧和支付维修费。

提示要点：

（1）如果生产线净值≤残值，将生产线净值直接转到现金库中。

（2）如果生产线净值＞残值，从生产线净值中取出等同于残值的部分转化为现金，将差额部分作为费用处理，置于综合费用"其他"处。例如，有 1 条半自动生产线净值为 3M 元，残值为 2M 元，模拟企业将其出售时，2M 元放入现金库，另 1M 元放置综合费用"其他"处。

3.2.6　产品生产规则

产品研发完成后，模拟企业可开始接单生产。生产时，要严格按照产品结构（或物料清单）要求将相应品种和数量的原料放在生产线上并支付加工费，各条生产线生产产品的加工费均为 1M 元。有关 P 系列产品生产所需要的原材料、加工费及直接成本如表 3-8 所示。

表 3-8　P 系列产品生产成本　　　　　　　　　　　　　　　　百万元

产　品	原　材　料	原料价值	加工费（手工/半自动/自动/柔性）	直接成本
P1	R1	1	1	2
P2	R1+R2	2	1	3
P3	2R2+R3	3	1	4
P4	R2+R3+2R4	4	1	5

（1）原材料在生产线上无产品时才能上线生产，一条生产线同一时间只能生产一个产品。

（2）生产线只能按标识的产品生产，即生产线上生产的产品应与"标识"处标明的产品一致。

产品上生产线操作示例（以 P2 示例）如图 3-4 所示。

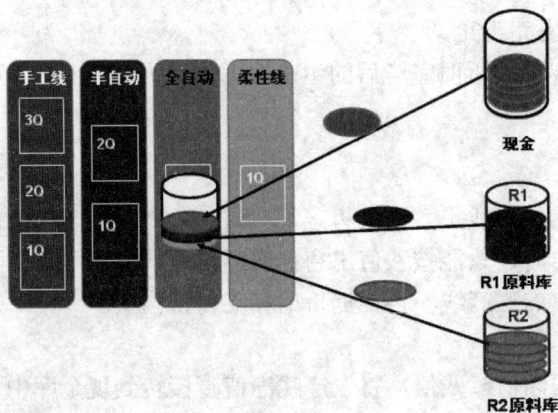

图 3-4　P2 产品上全自动生产线操作示例

提示要点：

（1）各线不能同时生产两个产品。

（2）上线生产产品必须有原料，否则只能"停工待料"。

3.2.7　原材料采购规则

采购原材料需经过下原料订单和采购入库两个步骤，这两个步骤之间的时间差称为订单提前期，各种原材料提前期如表 3-9 所示。

表 3-9　R 原材料订单提前期

原　材　料	采购订单提前期/季度
R1（红色）	1
R2（橙色）	1
R3（蓝色）	2
R4（绿色）	2

用空桶表示原材料订货，1 个空桶代表任意一个原材料订单，将其放在相应的订单位置上。根据上季度所下采购订单接受相应的原料入库，并按规定付款或计入应付账款。但需要注意的规则如下：

（1）没有下订单的原材料不能入库。

（2）原材料订单不得违约反悔，所有下订单的原材料到期必须入库。

（3）下原材料订单时不需要付款，原材料抵达入库时应按规定支付现金或计入应付账款。

提示要点：

（1）R1、R2 订购必须提前一个季度订货。

（2）R3、R4 订购必须提前两个季度订货。

3.2.8　融资规则

在 ERP 沙盘模拟演练过程中，各模拟公司需要进行融资，融资方式有长期贷款、短期贷款、高利贷以及应收账款贴现等，具体采取哪种方式，各公司根据自身实际经营情况综合考虑融资成本后进行选择，如表 3-10 所示。

表 3-10　融资方式

融 资 方 式	规定贷款时间	最 高 额 度	财务费用	还 款 方 式
长期贷款	每年年末	上年所有者权益×2-已有长期贷款+一年内到期的长期贷款	年息 10%	年底付息，到期还本
短期贷款	每季度初	上年所有者权益×2-已有短期贷款-一年内到期的长期贷款	年息 5%	到期一次还本付息
高利贷	任何时间	与指导教师协商	年息 20%	到期一次还本付息
贴现	任何时间	应收账款额度 6/7 取整数	贴现金额 1/7	贴现时收取贴现费用
操作说明	● 长期贷款每年必须归还利息，到期还本，本利双清后，如果还有额度的话，才允许重新申请贷款。即如果有贷款需要归还，同时还拥有贷款额度时，必须先归还到期的贷款，才能申请新贷款。不能以新贷还旧贷，短期贷款也按本规定执行 ● 高利贷的额度为 20M 元，即各公司的盘面上最多只能有 20M 元的高利贷。注：凡借入高利贷的企业均按 3 分/次扣减总分 ● 借入各类贷款时，需要财务总监填写"贷款记录表"，需记录上年权益、已贷款额度、需要贷款额度，监督员（或指导教师）审核后方可执行			

（1）长期贷款额度：各自为上年权益总计的 2 倍，必须为 20 的倍数申请；如果上年权益为 11M～19M 元，只能按 10M 元来计算贷款数量，即贷款额度为 20M 元。低于 10M 元的权益，将不能获得贷款。

（2）期限：长期贷款最多可贷 5 年，短期贷款和高利贷为 4Q 即 1 年，不足 1 年的按 1 年计息。

（3）利息及还款：长期贷款每年支付利息，到期还本；短期贷款到期时还本并支付利息。

（4）贴现：按 1:6 提取贴现费用，即从任意账期的应收账款中取 7M 元，6M 元变为现金，1M 元支付贴现费用（只能贴 7 的倍数），只要有应收账款，可以随时贴现。

（5）高利贷：20%利息/年，以 20M 元为单位放贷，最长期限为 4Q，到期还本付息。

提示要点：

（1）贴现时，不论应收账款期限长短，贴现费用比例均一样。

（2）短贷、高利贷贷款期限不足 1 年的，按 1 年计息。

3.2.9　综合费用与折旧、税金规则

1. 综合费用

（1）综合管理费、广告费、市场开拓、产品研发、ISO 认证、生产线转产、设备维修、厂房租金等计入综合费用。

（2）综合管理费，每季度支付 1M 元。

（3）广告费，为每年拿订单时的广告投入。

2. 折旧

（1）采用余额递减折旧方法，每次按资产设备价值的 1/3 取整折旧，少于 3M 元时，每次折旧数额为 1M 元，直到提完为止。

（2）当年已售出的资产设备不计提折旧。

（3）当年在建或新建成的生产线不计提折旧。

（4）厂房不计提折旧。

提示要点：

（1）每年折旧时，财务总监从设备净值（或生产线净值）中取出折旧费放置在沙盘综合费用"折旧"处。

（2）折旧时不涉及现金支出。

3. 税金

（1）为简化学生操作，模拟经营中各公司只考虑所得税，其他税金暂不考虑。

（2）每年所得税计入应付税金，税额为本年净利润的 1/3 取整数，在下一年初缴纳。

（3）企业本年度发生的亏损，准予向以后年度结转，用以后年度的净利润弥补，但弥补年限最长不得超过 3 年，弥补后仍有盈余则按规定缴所得税。

注意：从 2008 年 1 月 1 日起，执行新的《企业所得税法》，企业所得税税率按 25%进行计算。在 ERP 沙盘模拟演练中教师可对所得税税率进行适当调整。

3.2.10 广告投放与销售订单争取规则

销售预测和客户订单是各公司可以信任的客户需求数据，各公司可以根据这些数据安排生产经营。企业投入广告费有两个作用：一是获得拿取订单的机会；二是判断选单顺序。

1. 广告费用与获得订单的机会

（1）广告分市场、分产品投放。

（2）订单按市场和产品发放，如本地市场的 P1、P2、P3、P4；区域市场的 P1、P2、P3、P4 等次序发放。

（3）不是广告投放得越多，公司拿的订单就越多，还要看市场的需求总量。

（4）公司每进行 1M 元广告投入，可能就获得一次拿单的机会；一轮订单选取结束之后，如果接受订单的能力有剩余，要想另外获得拿单机会就需要多投入——2M 元/机会，每个机会可以拿一张订单，如 7M 元广告费表示可能有 4 次拿单的机会，最多可以拿 4 张订单。

提示要点：

无论模拟企业投入多少广告费，每轮只能选择一张订单，然后等待下一轮选单机会。

2. 广告费填写

（1）将广告费填写在每个市场的相应产品栏中。

（2）要保持市场准入资格时，每市场最少投放 1M 元广告。

（3）如果要获取有 ISO 要求的订单，首先要开发完成 ISO 认证，然后在每次的投入广告时，要在 ISO9000 和 ISO14000 的位置上分别投放 1M 元的广告，或只选择 ISO9000 或 ISO14000，这样就有资格在该市场的任何产品中取得标有 ISO9000 或 ISO14000 的订单（前提是具有获得产品订单的机会），否则，无法获得有 ISO 规定的订单。

3. 选单排名顺序

各公司按照排定的顺序来选择订单，选单顺序是根据如下原则排定：

（1）第 1 年本地市场以第一次投入 P1 产品广告费用的多少产生该产品的选单顺序，在以后各年中，新市场同样以产品广告费用的多少决定选单顺序。

（2）第 2 年开始，上年市场老大优先，即上年该市场所有产品订单销售额（包括 P1、P2、P3、P4 产品）第一，且完成所有订单的公司，本年度在该市场的所有产品上可以优先选单（前提是在产品上投放了广告费）。

（3）如果该产品广告投入一样，按该市场的全部产品的广告总投入量（包括 ISO 的投入）进行排名。

（4）如果市场广告总投入量一样，按上年的该市场排名顺序排名。

（5）如果上年排名相同，采用竞标方式选单，即把某一订单的销售价、账期去掉，按竞标公司所出的销售价和账期（按出价低、账期长的顺序）决定谁获得该订单。

提示要点：

（1）对于新进入的市场，第一轮选单时，按照该市场广告费用投入大小来决定选单顺序。

（2）第一轮选单结束后如还有剩余的订单，多投 2M 元的模拟企业则可参加第二轮选单，第二轮（和以后各轮）选单顺序也由上述选单排名顺序原则决定。

（3）发放订单或选单顺序依次为本地市场—区域市场—国内市场—亚洲市场—国际市场。

（4）在同一市场内发放订单或选单顺序是按照 P1 产品—P2 产品—P3 产品—P4 产品。

4．销售排名及市场老大规则

市场地位是针对每个市场而言的，企业的市场地位是根据上一年度各模拟公司该市场的销售额排列的，销售额最高的公司成为该市场的"市场领导者"，俗称"市场老大"。换句话说，本地、区域、国内、亚洲、国际市场都有一企业为"市场老大"。

（1）每年竞单完成后，根据某个市场的总订单销售额排出销售排名。

（2）排名第一的为市场老大，如果无违约，下年只要投入 1M 元的广告投入，就可以在该市场第一个选单。

（3）其余的公司仍按选单排名方式确定选单顺序。

提示要点：

（1）市场老大按市场分，而不是按产品分。

（2）第一年没有市场老大，刚开拓出的新市场也没有市场领导者。

5．放弃原则

（1）本地市场不允许放弃（每次最少在一个产品上投入 1M 元）。

（2）其他市场可以放弃（即当年未投入 1M 元的市场维持费），但若要再次进入，必须再次开发（已开发的投入将被收回）。

6．订单放单原则

（1）按总需要量放单：如对某个产品总需要量为 6 张订单，市场有 7 张订单，则只放 6 张。

（2）按供应量放单：如果订单总数超过需求总数，拿出全部订单。

（3）如果只有独家需求，全部放单。

7．选单流程

（1）按选单顺序先选第一轮，每公司一轮只有一次机会，选择 1 张订单。

（2）第二轮按顺序再选，机会用完的公司则退出选单，如老大只投了 1M 元广告，第二轮选单，老大退出，由头 2 次机会最靠前的公司选单。

8．订单种类

（1）普通订单：一年之内任何交货期均可交货。

（2）加急订单：第一季度必须交货。

（3）ISO9000 或 ISO14000：要求具有 ISO9000 或 ISO14000 资格，并且在市场广告上投放了 ISO9000 或 ISO14000 广告（1M 元）的公司，可以拿单。

9．交货规则

各模拟公司交货时，必须按照订单规定的数量整单交货。

10．违约处罚规则

所有订单必须在规定的期限内完成（按订单上的产品数量交货），即加急订单必须在第一季度交货，普通订单必须在本年度交货等；如果订单没有完成，按下列条款加以处罚：

（1）下一年市场地位下降一级：如果是市场第一的，则该市场第一空缺，所有公司均没有优先选单的资格。

（2）下一年必须先交上违约的订单后，才允许交下年正常订单。

（3）下一年交货时扣除订单额 25% 的违约金，如订单总额为 20M 元，交货时只能获得 15M 元的货款，计入当年的销售收入。

（4）对于加急订单的违约，除下年市场地位下降一级外，违约订单必须在本年度其余 3 个规定的交货日中交货，且必须先交该加急订单后，才能交本年度其他订单（包括其他市场的订单）。交单时，扣除违约订单销售总额的 25%（销售总额 1/4 取整），实际收入计入当年的销售收入。

3.3 模拟企业利用 ERP 提升竞争力

为了便于学生深刻理解企业经营模拟的本质以及如何利用 ERP 思想及理念获取竞争

优势，现以一个从事制造业的模拟企业为例，从传统的经营模式到现代化的信息化经营模式，分别从采购、生产、销售以及财务等方面剖析了企业经营管理的流程、各职能部门的矛盾与协调、企业经营的本质，最终借助于 ERP 的思想和理念实现了信息的联动和共享，逐步实现业务过程的全面管理，实现对关键流程的控制，体现了事前计划、事中控制、事后分析的系统管理思想。

3.3.1　模拟企业的组织结构

1. 模拟企业的愿景和目标

某模拟企业是一个生产 P 系列产品（如 P1、P2、P3、P4）的民营企业，目前该企业只有生产 P1 产品的能力，从市场情况看，这个产品还算畅销。

然而，令公司高管头疼的是，企业管理中的计划、预算、采购、生产、制造、销售、市场等问题错综复杂，并且相关部门相互独立，信息分散且又有各自的需求，因此，每次制订计划、进行财务预算决策时，各部门为了自己部门利益和需求都会争执不下。每当各部门意见僵持不下、无法开展工作时，企业 CEO 往往就采取"拍脑袋经营"，致使整个企业的管理水平以及工作质量和效率都不高。

因此，该模拟企业希望通过市场开拓、新产品研发以及扩大生产规模等策略，借助于先进的管理思想和方法、先进的 IT 技术，用 6 年时间，借助 ERP 的思想和理念打造一个现代化的管理企业，使公司在激烈的竞争中求得更好的生存和发展空间。

2. 模拟企业的组织结构

该模拟企业采用了简化的组织结构方式，企业组织由 5 个主要角色——CEO、营销总监、生产总监、采购总监和财务总监代表担任，其各自的职责如下：

（1）CEO：负责带领团队成员共同做出重大决策，大家意见相左时，由 CEO 负责最终决策。

（2）营销总监：负责市场开拓和销售管理，根据市场需求预测及客户需求制订销售计划，有选择地进行广告投放，取得与自身企业生产能力相匹配的客户订单。

（3）生产总监：负责管理企业的一切生产活动，负责制订主生产计划，并通过组织、指挥和控制等手段实现企业资源的合理分配。

（4）采购总监：负责根据合理的主生产计划编制物料需求计划，确保在合适的时间采购合适的品种和数量的原材料。

（5）财务总监：负责企业的财务和会计工作，记录公司日常现金收支，核算企业经营成果，编制现金预算，根据预算需求采用经济有效的方式进行融资。

3.3.2　往年年初计划会烦恼

"好好合计合计，今年 P 产品交易会的广告该怎么投？"像往年年初一样，CEO 把自己关在办公室里，开始思考年初计划会的思路。

每次，开年初计划会总是很别扭。这次，真希望有一些改进。

对于 P 产品交易会，营销总监是一点都不陌生的。"这个交易会规模非常大，不仅参展的厂商多，来订货的用户也非常多，每年的成交额都在百亿元以上。"

对于该模拟企业而言，如果能在交易会上拿下几个好订单，那一年就不用担心销售问题了。所以，营销总监的愿望是在广告投入的资金上有"大手笔"。

生产总监则急忙说道："光想广告可不行，抢订单固然重要，可目前我们公司只能生产 P1 产品，而 P1 产品的利润率越来越低。我们也该考虑新产品的研发了。另外，我们目前的生产线也比较落后，该考虑更新了。"

采购总监："今年得多买些原材料，一来是去年某 R 原材料不够，造成咱们的'停工待料'损失，二来明年原材料可能要涨价。"

财务总监苦笑道："各位总监，公司需要用钱的地方太多了，尽管目前向银行贷了一些款，但还总是捉襟见肘，入不敷出。另外，你们每年提交的计划用款能不能尽量符合实际啊。"

同样的问题每年都在重复……

3.3.3　市场需求预测分析

为更加合理地掌握市场的需求以及相关动态信息，该模拟企业委托某咨询公司进行了详细的市场调查，图 3-5 所展示的就是该模拟企业产品市场的需求预测。

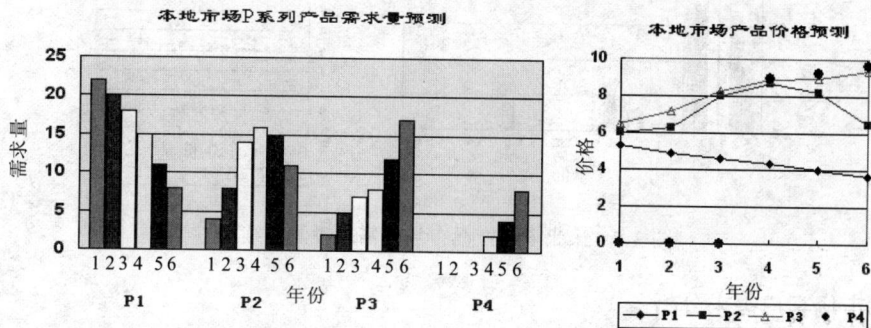

图 3-5　未来 6 年产品市场的需求预测

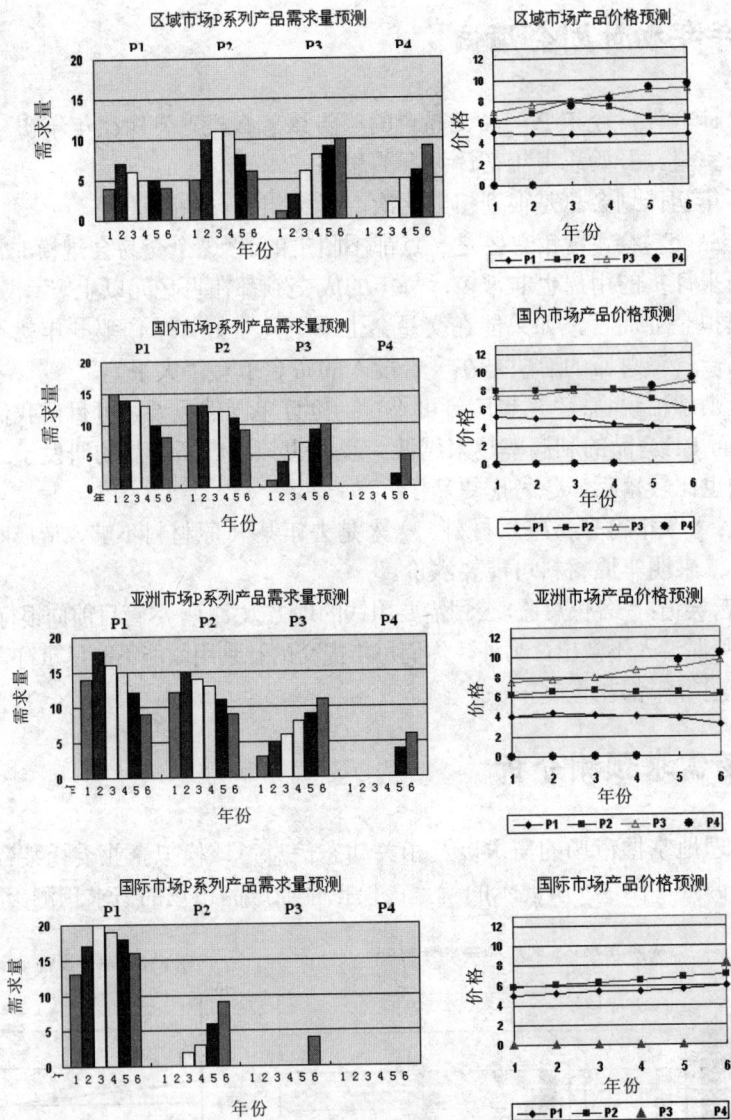

图 3-5 未来 6 年产品市场的需求预测（续）

1. 市场客户需求分析

（1）P1 产品由于技术水平低，虽然近几年需求较旺，但未来将会逐渐下降。

（2）P2 产品是 P1 产品的技术改进版，前两年增长比较迅速，其后需求趋于平稳。

（3）P3、P4 为全新技术产品，发展潜力很大。

针对上述市场需求分析，该模拟企业对自身的发展前景有了更深入的认识：

（1）本地市场需求将逐步下滑。

（2）企业如果希望有较大的发展，开拓其他市场刻不容缓：未来的区域市场、国内市场、亚洲市场将有很大的需求增长量；在 3 年之后，国际市场的需求也非常诱人。

（3）投资研发新产品应当是企业的当务之急。

2．竞争环境分析

目前在整个行业中，可以生产相同产品的企业还有 5 家。这 5 家企业，无论在资产规模、生产能力、市场占有、资金状况等方面与本公司不相上下，竞争非常残酷。目前该模拟企业的生产能力比较落后，企业如果希望适应未来的发展，生产能力提升迫在眉睫，P 系列产品生产应采用更先进的生产线。

3.3.4　第 1 年经营模式分析

通过上述市场需求预测分析，大家对整个市场的竞争态势有了一定的了解，下一步工作就是如何制定具体的经营策略了。P 产品交易会马上就要召开了，公司的广告方案也必须尽快制定。事不宜迟，CEO 立即召集大家开经营决策会。

1．第 1 年年初经营计划会

CEO：“大家都说说今年该怎么制订经营计划。”

生产总监首先发言：“根据市场需求分析，咱们公司的生产线改造迫在眉睫，我申请立刻开始建两条新的全自动生产线，并且加大对新产品的研发投入。”

营销总监道：“交易会马上就开了，我觉得当务之急还是先投广告，先投 300 万元怎么样？”

财务总监：“我们现在还没有盈利呢，虽然从银行贷了很多款，可那是要还利息的！我建议省着点花！”

CEO 看大家基本没有什么意见了，就拍了板：“就 300 万元了。”

2．参加订货会/争取广告订单

300 万元的广告费，一天就把所有的投放计划做好了，全砸在本地市场上。三天的展会，总共争取了 1 100 万元的订单。营销总监暗自窃喜：“总算还说得过去，3:11，投入产出还算不错。”

3. 第 1 年财务状况统计核算

转眼之间，一年不知不觉地过去了。CEO 还在负责公司的整体运作，生产总监准时完成了生产计划，营销总监按时交货并收到了货款……唯一在忙碌的是财务总监，年终财务报表的事情迫在眉睫。

（1）资产负债表不平衡

数据的统计真的是累人，财务总监把手下人分成几组人马，分赴各个部门，连查账带盘点。数据量太大了，有时算不全，有时算错了就得重新来，财务总监恨不得自己就是个服务器，底下人都是计算机。

财务总监："各位老总，经过我们财务部门的加班加点，经过兄弟部门的通力配合，公司的年终财务报告终于出来了，今天我给大家汇报一下，其中还有些问题，希望大家帮忙。这张是我们的资产负债表（见表 3-11），公司目前的总资产是 1.80 亿元，总负债是 1.4 亿元，所有者权益是 0.39 亿元……这里头有个问题……"

表 3-11　第 1 年错误的资产负债表

百万元

资　产	期　初　数	期　末　数	负债和所有者权益	期　初　数	期　末　数
流动资产：			负债		
现金		97	长期负债		120
应收账款		11	短期负债		20
在制品		4	应付账款		
成品		14	应交税金		
原料		1	一年内到期的长期负债		
流动资产合计		127	负债合计		140
固定资产：			所有者权益：		
土地和建筑		32	股东资本		45
机器与设备		13	利润留存		18
在建工程		8	年度净利		−24
固定资产合计		53	所有者权益合计		39
资产总计		180	负债和所有者权益总计		179

（2）其他总监对资产负债表的认知

生产总监发话："不错啊，这么多资产了，我们发展很快啊！"

财务总监一肚子气，说："你看得懂资产负债表吗，我们的总资产中，大部分是负债，也就是说，大部分是银行的钱。关键问题是，我们的账到目前为止都平不了，也就是资产负债表的左右两边是不平衡的。总资产比负债和所有者权益多了 100 万元，我查了好几遍了，也不知道怎么回事？"

营销总监："不平就不平吧,多出 100 万元不是好事情嘛!"

财务总监气急败坏地说："别说 100 万元,就是差 1 元钱都不行!大家看看各自涉及的账目,会不会哪里多报了 100 万元,或者哪里少报了 100 万元?"

众人开始在报表里头寻找和自己相关的项目,可都没有发现自己出错。

就在财务总监焦头烂额时,采购总监突然说道:"呀,我刚才看见地上有一个灰色的币子,以为是咱们的就捡起来直接放进现金库了,是不是因为这一个代表 100 万元的币子啊?"

财务总监一听又气又急:"你可害惨我了,如果账真再不平,我死的心都有了!"

第 1 年正确的资产负债表如表 3-12 所示。

表 3-12　第 1 年正确的资产负债表　　　　　百万元

资　　产	期　初　数	期　末　数	负债和所有者权益	期　初　数	期　末　数
流动资产:			负债:		
现金		96	长期负债		120
应收账款		11	短期负债		20
在制品		4	应付账款		
成品		14	应交税金		
原料		1	一年内到期的长期负债		
流动资产合计		126	负债合计		140
固定资产:			所有者权益:		
土地和建筑		32	股东资本		45
机器与设备		13	利润留存		18
在建工程		8	年度净利		-24
固定资产合计		53	所有者权益合计		39
资产总计		179	负债和所有者权益总计		179

4.第 1 年经营成果分析

CEO:"财务总监,一年过去了,来给我们算算去年赚了多少钱吧!"

财务总监:"好吧,这张就是我们的利润表(见表 3-13),显示我们在去年的盈亏状况!"

表 3-13　第 1 年利润表　　　　　百万元

项　　目	上　年　数	本　年　数
销售收入		11
直接成本		4
毛利		7
综合费用		28

续表

项 目	上 年 数	本 年 数
折旧前利润		−21
折旧		2
支付利息前利润		−23
财务收入/支出		−2
其他收入/支出		1
税前利润		−24
所得税		
净利润		−24

CEO 一看报表，很高兴地说："不错嘛，刚开始就盈利了，还不少呢！"

财务总监回应道："总裁，我们哪里有盈利呀？我们的毛利只有 700 万元，综合费用是 2 800 万元，包括人员的工资、福利、办公成本等，还有折旧呢，我们的机器设备都必须要折旧，这又 200 万元出去了，再加上我们贷款那么多，光利息就是 200 万元，还有一些额外支出，算起来我们在税前亏了 2 400 万元！"

营销总监："今年广告费投少了，再给我 300 万元，还能拿更多的订单。"

生产总监："你这说法不对，接那么多单子哪能生产出来，别忘了，我只有 3 条生产线，2 条手工的，1 条半自动的。"

财务总监："关于亏损，我想一个是收入太少，只有 1 100 万元，毛利没有多少钱……还有就是我们在投入上太多，研发、生产线、ISO 认证及区域市场开拓，这些都是要在今年或者明年才可以见效的，属于长期工程，但是成本都必须摊到今年，所以今年可能会多一点。"

3.3.5　第 4 年全成本核算

到了第 4 年，模拟企业逐步积累了经营管理企业的经验，今年的年初计划会召开之前，各个部门的相关数据基本上准备完毕。

1. 和谐的年初计划会

营销总监：组织市场部对市场进行了分析与预测，对于产品的需求分布、价格、数量，以及对手情况了解得更为清晰了。建议今年的广告投入达到 1 200 万元，以便争取拿到 1 亿元的销售订单。

生产总监：生产制造管理软件已顺利导入，使得今年所有生产方案的原材料需求数量和时间计算得精准无误，甚至连付款时间也考虑到了。根据几种生产方案的预测，分别列出了原材料采购和货款支付情况（见表 3-14～表 3-16）。虽然总采购金额达到 9 500 万元，但支付时间已经分散。

财务总监：现金流预算已经进行了信息化管理，但由于缺乏生产加工费用和原材料付款费用的数据支持，使得计算结果还有问题。

表 3-14　第 4 年生产计划　　　　　　　　　　　　　　　　　　百万元

产　品		第 4 年（本年）				第 5 年（下年）	
		第一季度	第二季度	第三季度	第四季度	第一季度	第二季度
生产计划	P1	1	4	1	1	2	
	P2	2	6				
	P3		3		3	3	
	P4		2		2	2	

表 3-15　第 4 年原材料采购计划　　　　　　　　　　　　　　　百万元

产　品		第 3 年（上年）		第 4 年（本年）			
		第三季度	第四季度	第一季度	第二季度	第三季度	第四季度
采购计划	R1		3	10	1	2	2
	R2		2	14		9	8
	R3		5		5	5	
	R4		4		4	4	

表 3-16　第 4 年加工费用和原材料付款计划　　　　　　　　　　百万元

预计加工费用		预计原材料付款	
第一季度	3	第一季度	5
第二季度	15	第二季度	33
第三季度	1	第三季度	1
第四季度	7	第四季度	12

财务总监因为采购总监提供的采购费用计划和加工费用计划对财务核算十分重要，在把这些数据输入计算机后，发现这种投入在第三季度将出现现金断流（见表 3-17），不过可以把计划相应调整一下。

表 3-17　第 4 年现金预算表　　　　　　　　　　　　　　　　　百万元

项 目 名 称	第 一 季 度	第 二 季 度	第 三 季 度	第 四 季 度
期初库存现金	**45**	**57**	**1**	**−9**

续表

项 目 名 称	第 一 季 度	第 二 季 度	第 三 季 度	第 四 季 度
支付上年应交税	0			
市场广告投入	12			
贴现费用				
利息（短期贷款）				
支付到期短期贷款				
原料采购支付现金	5	33	1	20
转产费用				
生产线投资	4	4	4	4
工人工资	3	15	1	7
产品研发投资	3	3	3	3
收到现金前的所有支出	**27**	**55**	**9**	**34**
应收款到期	40			
支付管理费用	1	1	1	1
利息（长期贷款）				3
支付到期长期贷款				20
设备维修费用				5
租金				3
购买新建筑				
市场开拓投资				
ISO 认证投资				
其他				
库存现金余额	**57**	**1**	**−9**	**−75**

根据生产计划，本年第二季度是公司全年采购的高峰期，原材料的支出就要 3 300 万元，加上其他的一些费用，流动资金到了第三季度初就减少到 900 万元了；再看第三季度，虽然没有大额的支出，但是一些生产和运营费用的支出就是 1 000 万元，按照现在的计划计算，到了第三季度就要出现资金断流，因此，要调整有关计划，如争取客户订单时可重点关注应收账期较短的订单或及时筹款等。

2. 参加订货会/争取销售订单

计划会议之后，一切都显得十分顺利。营销总监在市场上拿到了 1 亿元的销售订单。采购部门按计划订货和采购，每季度订多少货、要求什么时间到货等都安排得有条不紊。财务总监也轻松了不少，如果各个部门都按照计划执行，现金的压力可以不用再考虑。

3.3.6　第 6 年全面信息化建设

这几年，模拟企业各个业务部门都上了信息化系统，大大提高了公司的整体运作效率（见表 3-18）。按说各个部门都信息化了，麻烦应该越来越少才是，可是这样的系统越多，麻烦事情也就越多。

表 3-18　信息化建设情况

年　份	当年信息化建设情况
第 2 年	财务部率先实施财务软件系统，财务报表全是计算机处理，甩掉了手工账
第 3 年	库存管理上了计算机管理系统，库存产品和原材料统计实现自动化
第 4 年	财务部门应用了现金流预算软件；生产部门也根据生产计划通过计算机制定原材料采购订单，使得原材料采购方面的积压、短缺等现象基本上杜绝
第 5 年	生产制造也实现计算机管理，基本消灭了生产计划制订和生产排程的混乱现象

1. "信息孤岛" 现象

目前，公司几乎所有岗位的计算机管理都在应用，可最终还是有些环节效益不理想。大家都使用了计算机管理，每年数据打成报表汇总后数据总对不上。财务说库存数据不对，库存说生产数据不对，还有人说引进的软件有问题，最终结果还是混乱一片。这种问题属于典型的 "信息孤岛" 现象，也是许多企业中很常见的问题。

例如，每个季度做报表时，财务总监就抱怨："财务系统好是好，领导定期看财务数据倒是方便了，可是我们财务部一个个都快变成系统的奴隶了。那些数据有关采购的、库存的、生产的、销售的、市场的……多少个部门的数据啊。他们现在给得倒是挺快的，几天准时交表，可我这里是汇总啊，我现在充分理解什么是信息爆炸的时代了! 我们财务部的人员现在都是录入员了，天天捧着各个部门的报表往财务系统里录数据，各个部门提供的报表还变来变去的。你说说，我的人天天都在系统里搞数据录入，哪里有时间做什么财务分析啊! 怎么就不能让各个部门的数据直接导入我的财务系统？这可比人工快多了，也准确多了!"

2. "信息孤岛" 的危害

当所有部门都分别进行计算机管理之后，效率虽然提高了，但各个部门仅关心自己部门的业绩改进，并且所有管理改进措施都围绕自己部门进行，根本不考虑其他部门甚至企业整体的情况。所产生的信息共享程度比较低，大部分信息服务对象单一，仅服务于某个部门或单位，各个部门之间还没有形成有效的信息共享，造成数据有重复录入且不一致的现象产生，例如采购、销售和仓库与财务之间形成财务业务数据不一致。重复工作，效率低下。手工管理的部门与局部信息化的部门不能信息共享，已经信息化的部门之间也不能信息共享，由于缺少统一的工作平台，企业内部依然是按照效率最低的部门进行运作。

从目前的信息化应用情况来看，各公司的信息系统对生产业务运营、经营管理发挥了一定的支撑作用，但是目前这些零散独立的系统是以往不同时期由不同部门为满足各自业务需要而建立的，因此几乎每个下属单位都有功能各异、大小不同的信息系统，这些应用系统在不同程度上满足了使用部门的工作需要，对提高企业生产经营管理水平起到了极大的辅助作用。但这些系统缺乏与公司战略层面的融合匹配，各信息系统各自为政，相互独立，"信息孤岛"现象较为严重，在这种情况下，集团公司总体的管理水平并没有得到提升，也不可能实现集中统一管控。尤其是作为各级管理者和公司高层主管领导，由于不能及时掌握全局的购销存业务、财务、生产、成本、效益等信息，造成决策缺乏翔实、准确、及时的数据支撑，从而影响到决策的科学性。

为解决以上问题，我们要搭建数据中心信息平台，进行企业信息系统集成。从源头数据收集开始，进行源头数据资源建设，任何一个原始数据，由一个部门一位员工负责录入到系统中之后，立即存储并显示在所有相关的记录和报表上，不再需要第二个部门或任何其他员工重新录入一遍。即便以后需要修改，必要时也只能由原始录入人员操作。这样，不仅有助于提高数据的准确度，还可以减少时间，提高数据采集的效率。

3. 企业整体信息化建设

现在许多企业都在搞信息化建设，但理解信息化建设意义的企业为数不多。有的企业上信息化管理甚至是为了赶时髦，为了向上级汇报成绩。真正认为信息化是辅助企业经营决策的为数极少。得到各种真实、准确的有关数据，是决策的基础，也是决策的绝对前提。然而，工作中涉及的信息量实在是太大。有些企业，一种产品大概需要上万种原材料，很可能由于一个螺丝钉的短缺，产品在生产线上就不能下线。如果生产计划保证安全一些，就需要原材料多储备。但几万种原材料多储备，势必造成大量积压，大量占用流动资金。为解决这些问题，公司需要整体信息化建设，框架如图3-6所示。

通过以上信息化建设，从数据源层到应用层，能够实现业务操作信息化、集成化。为提升整个公司的管理水平，可根据决策需求进行数据抽取挖掘形成数据仓库，并利用在线分析处理技术等实现公司的统一管理监控、辅助决策的信息化和可视化。形成一个"标准唯一、源头唯一、结构合理、上下一致、内外兼有、统一存放、授权共享、集中管理"的公司管理模式。

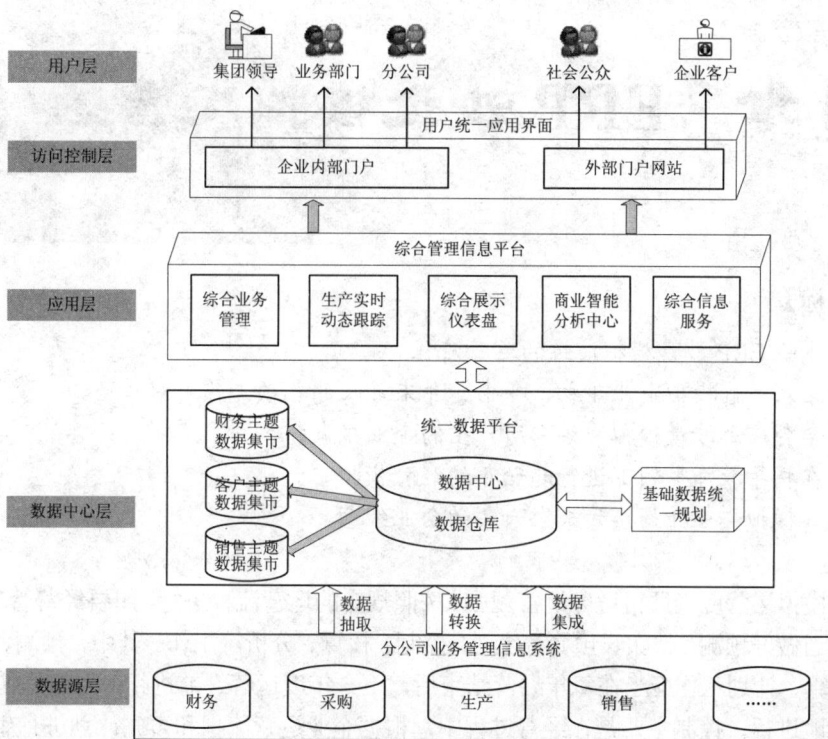

图 3-6　企业整体信息化建设框架

本章小结

　　本章主要讲述了三个内容：首先对 ERP 沙盘模拟初始状态按照模拟企业的资产负债表进行了初始状态设置；其次是对 ERP 沙盘模拟运营规则进行了详细而又深入的分析，为各学生进行正规的经营模拟演练奠定了基础；最后是以某模拟企业为例，按照企业的生产经营管理流程，从采购、生产、销售以及财务方面，分别剖析了企业的经营流程、各部门之间的矛盾冲突和协调等内容。根据对某模拟企业市场需求的预测分析，剖析了公司传统的经营模式，如何通过开源节流来增加企业的利润，并逐步建立全成本核算的模式，以及通过企业信息化的集成应用建设，解决在企业中普遍存在的"信息孤岛"现象，最终使得企业的信息高度共享，能够在各部门流转，有关人员则可利用这些信息作为制订计划、控制或决策的有利依据。

第 4 章　ERP 沙盘模拟运营演练

【学习目标】

◇　体验 ERP 沙盘模拟演练的运营流程
◇　深入理解模拟企业年初、年中、年末涉及的各项工作内容
◇　学会应用沙盘模拟演练中所产生的企业报表
◇　在指导教师带领下进行起始年的经营模拟
◇　各模拟企业开始接管未来六年的企业经营

企业模拟运营应当严格遵守运营规则，按照规定的运营流程进行。想要经营管理好企业，管理者应当做好预测、决策、预算、计划、控制、核算、分析等工作。其中，预测、决策（规划）、预算、计划工作应当在每年经营结束后，下一年度运营之前进行，目的是使企业经营活动有序地进行；控制主要是在经营过程中，根据企业运营流程和事先计划进行生产经营；核算是在模拟企业每一年度经营结束后对当年的经营情况进行的盘点，并编制各种报表，以反映当期的经营情况和年末的财务状况；分析主要是在经营结束后，根据本期核算的结果与预算进行比较，找出差异，并对差异进行分析，以便以后更好地开展工作。

4.1　ERP 沙盘模拟企业运营流程

在企业模拟运营过程中，模拟企业每年的运行流程（以用友公司设计的沙盘为例）如表 4-1 所示。此流程为简化后的任务清单及工作流程，企业竞争模拟中各小组应严格按工作顺序逐步运行，同时在沙盘盘面上做相应操作。

表 4-1　模拟企业运行流程

任务清单 请按顺序执行下列各项操作。	每执行完一项操作，CEO 请在相应的方格内打钩。 财务总监（助理）在方格中填写现金收支情况。			
1. 新年度规划会议				

任务清单 请按顺序执行下列各项操作。	每执行完一项操作，CEO 请在相应的方格内打钩。 财务总监（助理）在方格中填写现金收支情况。			
2. 参加订货会/登记销售订单				
3. 制定新年度计划				
4. 支付应付税				
5. 季初现金盘点（请填余额）				
6. 更新短期贷款/还本付息/申请短期贷款				
7. 更新应付款/归还应付款				
8. 原材料入库/更新原料订单				
9. 下原料订单				
10. 更新生产/完工入库				
11. 投资新生产线/变卖生产线/生产线转产				
12. 向其他企业购买原材料/出售原材料				
13. 开始下一批生产				
14. 更新应收款/应收款收现				
15. 出售厂房				
16. 向其他企业购买成品/出售成品				
17. 按订单交货				
18. 产品研发投资				
19. 支付行政管理费				
20. 其他现金收支情况登记				
21. 支付利息/更新长期贷款/申请长期贷款				
22. 支付设备维修费				
23. 支付租金/购买厂房				
24. 计提折旧				（　　）
25. 新市场开拓/ISO 资格认证投资				
26. 结账				
27. 现金收入合计				
28. 现金支出合计				
29. 期末现金对账（请填余额）				

从表 4-1 可以看出，企业模拟经营的业务流程共分为年初工作、按季度执行的工作和年末工作等。在实际模拟运营时，由 CEO 主持工作大局，指挥其团队中各成员各司其职，按照任务清单的流程执行任务，每执行完一项任务，各成员都应在任务清单对应的方格内进行详细的记录。

4.1.1 模拟企业年初 4 项运营工作

模拟企业年初运营的工作主要有新年度规划会议、参加订货会/登记销售订单、制订新年度计划以及支付应付税，工作序号和表 4-1 中任务清单序号一一对应。

具体是在 CEO 的带领下集合各位业务主管召开新年度规划会议，根据各位主管掌握的信息和企业的实际情况，初步提出企业在新一年的各项投资规划，包括市场和认证开发、产品研发、设备投资、生产经营等规划。同时，为了能准确地在一年一度的产品订货会上争取尽量多的销售订单，还应当根据规划精确地计算出企业在该年的产品完工数量，确定企业可接收的订单数量。

1. 新年度规划会议

新年度规划主要涉及各小组企业在新的一年如何开展各项工作的问题，其主要内容涉及企业的发展战略规划、投资规划、生产规划和资金筹集规划等。要做出科学合理的规划，企业应当结合目前和未来的市场需求、竞争对手可能的策略以及本企业的实际情况进行。在进行规划时，企业首先应当对市场进行准确的预测，包括预测各个市场产品的需求状况和价格水平，预测竞争对手可能的目标市场和产能情况，预测各个竞争对手在新的一年的资金状况，在此基础上，各业务主管提出新年度规划的初步设想，大家就此进行论证，最后，在权衡各方利弊得失后，做出企业新年度的初步规划，以有效预防经营过程中决策的随意性和盲目性，减少经营失误。模拟企业在进行新年度规划时，可以从以下方面展开：

（1）市场开拓规划

企业拥有的市场决定了企业产品的销售渠道。开拓市场投入资金会导致企业当期现金的流出，增加企业当期的开拓费用，减少当期的利润。所以，企业在制订市场开拓规划时，应当考虑当期的资金情况和所有者权益情况。只有在资金有保证，减少的利润不会对企业造成严重后果（例如，由于开拓市场增加费用而减少的利润使企业所有者权益为负数）时才能进行。在进行市场开拓规划时，企业应当明确以下几个问题：

① 企业的销售策略是什么？企业可能会考虑哪个市场产品价格高就进入哪个市场，也可能是哪个市场需求大就进入哪个市场，也可能两个因素都会考虑。企业应当根据销售策略明确需要开拓什么市场、开拓几个市场。

② 企业的目标市场是什么？企业应当根据销售策略和各个市场产品的需求状况、价格水平、竞争对手的情况等明确企业的目标市场。

③ 何时开拓目标市场？企业应当结合自身资金状况和产品生产情况明确企业目标

市场的开拓时间。

（2）ISO认证开发规划

企业只有取得ISO认证资格，才能在竞单时取得标有ISO条件的订单。不同的市场、不同的产品、不同的时期，对ISO认证的要求有所不同。不是所有的市场在任何时候对任何产品都有ISO认证要求。所以，企业应当对是否进行ISO认证开发进行决策。同样，要进行ISO认证，需要投入资金。如果企业决定进行ISO认证开发，也应当考虑对资金和所有者权益的影响。由于ISO认证开发是分期投入的，为此，在进行开发规划时，应当考虑以下几个问题：

① 开发何种认证？ISO认证包括ISO9000认证和ISO14000认证。企业可以开发其中的一种或者两者都开发。到底开发哪种，取决于企业的目标市场对ISO认证的要求，取决于自身企业的资金状况。

② 何时开发？认证开发可以配合市场对认证要求的时间来进行。企业可以从有关市场预测的资料中了解市场对认证的要求情况。一般而言，时间越靠后，市场对认证的要求会越高。企业如果决定进行认证开发，在资金和所有者权益许可的情况下，可以适当提前开发。

（3）产品研发投资规划

企业在经营前期，产品品种单一，销售收入增长缓慢。企业如果要增加收入，就必须多销售产品。而要多销售产品，除了销售市场要足够多之外，还必须要有多样化的产品，因为每个市场对单一产品的需求总量是有限的。为此，企业需要做出是否进行新产品研发的决策。企业如果要进行新产品的研发，就需要投入资金，同样会影响当期现金流量和所有者权益。所以，企业在进行产品研发投资规划时，应当注意以下几个问题：

① 研发投资哪几种产品？由于资金、产品的原因，企业一般不同时研发所有的产品，而是根据市场的需求和竞争对手的情况，选择其中的一种或两种进行研发。

② 何时开始研发这几种产品？不同的产品可以同时研发，也可以分别研发。各小组企业可以根据自身开拓市场、资金、产能以及竞争对手的情况等方面来确定。

（4）设备投资规划

模拟企业所使用的生产设备的数量和质量会影响其产品的生产能力。企业要提高生产能力，就必须对落后的生产设备进行更新，补充现代化的生产设备。要更新设备，需要用现金支付设备款，支付的设备款计入当期的在建工程，设备安装完成后，增加固定资产。所以，设备投资支付的现金不影响当期的所有者权益，但会影响当期的现金流量。正是因为设备投资会影响现金流量，所以在设备投资时，应当重点考虑资金的问题，防止出现由于资金问题而使投资中断，或者投资完成后由于没有资金不得不停工待料等情况，企业在进行设备投资规划时，应当考虑以下几个问题：

① 新的一年，企业是否要进行设备投资？应当说，每个企业都希望扩大产能、扩充新生产线、改造落后的生产线，但是，要扩充或更新生产线涉及时机问题。一般而言，企业如果资金充裕，未来市场容量大，企业就应当考虑进行设备投资，扩大产能。反之，就应当暂缓或不进行设备投资。

② 扩建或更新什么生产线？由于生产线有手工、半自动、全自动和柔性四种，这就涉及该选择什么生产线的问题。一般情况下，企业应当根据资金状况和生产线是否需要转产等做出决策。

③ 扩建或更新几条生产线？如果企业决定扩建或更新生产线，还涉及具体的数量问题。扩建或更新生产线的数量，一般根据企业的资金状况、厂房内生产线位置的空置数量、新研发产品的完工时间等来确定。

④ 什么时候扩建或更新生产线？如果不考虑其他因素，应该说生产线可以在流程规定的每个季度进行扩建或更新，但是实际运作时，企业不得不考虑当时的资金状况、生产线完工后上线的产品品种、新产品研发完工的时间等因素。一般而言，如果企业有新产品研发，生产线建成的时间最好与其一致（柔性和手工线除外），这样可以减少转产和空置的时间。从折旧的角度看，生产线完工时间最好在某年的第一季度，这样可以相对减少折旧费用。

2. 参加订货会/登记销售订单

在新年度规划会议以后，企业要参加一年一度的产品订货会。参加产品订货会需要在目标市场投放广告费，只有投放了广告费，企业才有资格在该市场争取订单。因此，在参加订货会之前，各模拟小组需要分市场、分产品在"竞单表"上登记投放的广告费金额。

（1）广告投放

在参加订货会之前，营销总监应做好广告费的投入产出比分析，以期拿好单，多获利。需要注意的是，广告费的投放绝不是越多越好，也不是越少越好，要恰到好处，能使投入产出比达到最高为最好。按照比赛规则，前 5 年每年都有一个新的市场开放，每个模拟企业都存在着争夺市场领导者的决策问题。市场老大要不要争？这历来是困扰受训者的一个难题。

获得市场老大后，可以获得在该市场以后年度的竞单中优先选单的特权，在实际模拟时，各个模拟企业往往争得头破血流，多败俱伤。在以往的沙盘模拟经营中，甚至出现有的模拟企业在某市场开放之际，一下投入 22M 元广告费来争夺市场老大地位的情形。但还有一点需要谨记，即使目前取得市场老大地位，在以后经营年度内，还存在着如何保持该地位的问题，因为按比赛规则规定，计算比赛结果时第 5 年的市场老大才有加分。如果估计其他模拟企业广告投入较高，本企业可采用少投广告费，不争市场老大的地位，保存企业实力的策略，以坐收渔翁之利。

沙盘模拟中，广告费一般一次性支付。所以企业在投放广告时，应当充分考虑企业的支付能力。也就是说，投放的广告费一般不能突破企业年初未经营前现金库中的现金余额。支付广告费时，由财务总监从现金库中取出"竞单表"中登记的广告费数额，放在综合费用的"广告费"中，并在运营任务清单对应的方格内记录支付的现金数（用"−"表示现金支出，下同）。

（2）参加订货会选单

一般情况下，营销总监代表企业参加订货会，争取销售订单。但为了从容应对竞单过程中可能出现的各种复杂情况，企业也可由营销总监与 CEO 或采购总监一起参加订货会。竞单时，应当根据企业的可接订单数量选择订单，尽可能按企业的产能争取订单，使企业生产的产品在当年全部销售。应当注意的是，企业争取的订单一定不能突破企业的最大产能，否则，如果不能按期交单，将给企业带来巨大的损失，如取消市场老大资格或交违约金。因此，在选单时模拟企业要想准确拿单，就必须准确计算出当年的产品完工数量，据此确定企业当年甚至每一个季度的可接订单数量。企业某年某产品可接订单数量的计算公式为：

> 某年某产品可接订单数量=年初该产品的库存量+本年该产品的完工数量

公式中，年初产品的库存量可以从沙盘盘面的仓库中找到。最关键的是确定本年产品的完工数量，而完工产品数量是生产部门通过排产来确定的。在模拟企业中，生产总监根据企业现有生产线的生产，结合企业当期的资金状况确定产品上线时间，再根据产品的生产周期推算产品的下线时间，从而确定出每个季度、每条生产线产品的完工情况。

（3）登记销售订单

为了准确掌握销售情况，科学制订本年度工作计划，企业应将参加订货会争取的销售订单进行登记。拿回订单后，财务总监和营销总监分别在任务清单的"订单登记表"中逐一对订单进行登记。为了将已经销售和尚未销售的订单进行区分，营销总监在登记订单时，只登记订单号、所属市场、所订产品、产品数量、应收账期，暂时不登记销售额、成本和毛利，当产品销售时，再进行登记，如表 4-2 所示。

表 4-2 订单登记表——尚未销售订单登记

订单号										合计
市场										
产品										
数量										
账期										

3. 制订新年度计划

企业在选单的过程中存在很大的不确定性，有时会发生企业获得订单所确定的收入和企业预算存在很大差异。企业参加订货会选单完毕后，已经明确了当年的销售任务，这时，企业要根据销售订单对前期制定的新年度规划进行调整，以销售为龙头，结合企业对未来的预期，编制生产计划、采购计划、设备投资计划并进行相应的资金预算（见图 4-1）。

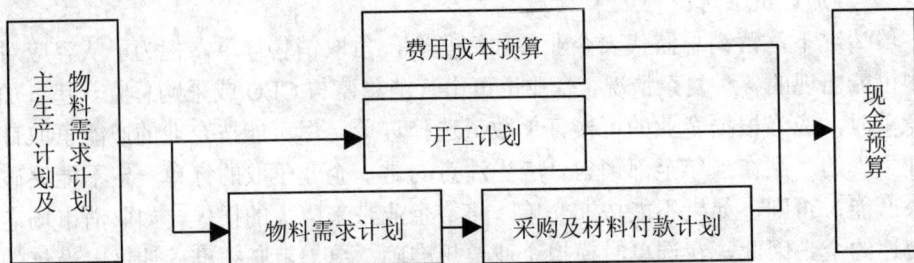

图 4-1　制订新年度计划流程图

（1）主生产计划及物料需求计划

为了准确测算产品的完工时间和数量，模拟企业可以通过编制"产品生产计划表"来进行。当然，也可以根据产品上线情况同时确定原材料的需求数量，这样，两者结合，既可确定产品的完工时间和完工数量，同时又可以确定每个季度原材料的需求量。这里，我们将这两者结合的表格称为"主生产计划及物料需求计划表"（见附录 A）。

下面，举例介绍其编制方法。

例 4-1　假设某模拟企业第 3 年初有手工生产线、半自动生产线和全自动生产线各一条（全部空置），预计从第一季度开始在手工生产线上投产 P1 产品，在半自动和全自动生产线上投产 P2 产品（假设产品均已开发完成，可以上线生产；原材料能满足生产需要）。我们可以根据各生产线的生产周期编制主生产计划及物料需求计划，如表 4-3 所示。

表 4-3　主生产计划及物料需求计划编制举例

生 产 线		第 3 年				第 4 年			
		一季度	二季度	三季度	四季度	一季度	二季度	三季度	四季度
1 手工线	产品				P1			P1	
	材料	R1		R1					
2 半自动	产品			P2			P2		P2
	材料	1R1+1R2		1R1+1R2		1R1+1R2			

续表

生 产 线		第 3 年				第 4 年			
		一季度	二季度	三季度	四季度	一季度	二季度	三季度	四季度
3	产品	┌──	┐P2──	┐P2──	┐P2──	┐P2──	┐P2		
全自动	材料	1R1+1R2	1R1+1R2	1R1+1R2	1R1+1R2	1R1+1R2			
完工	P1				1			1	
产品	P2		1	2	1	2	1	1	
投入	R1	3	1	2	2	2			
材料	R2	2	1	2	2	2			

从表 4-3 可以看出，企业从第一季度开始连续投产加工产品，第 3 年的第一季度没有完工产品，第二季度完工 1 个 P2 产品，在第三季度完工 2 个 P2 产品，第四季度完工 1 个 P1 产品和 1 个 P2 产品。同时，我们还可以看出企业在每个季度原材料的需求数量。根据该表提供的信息，营销总监可以据此确定可拿订单的数量，采购总监可以据此作为企业物料采购的依据。

需要注意的是，在编制主生产计划及物料需求计划时，企业首先应明确产品在各条生产线上的投产时间；然后，根据各生产线的生产周期推算每条生产线投产产品的完工时间；最后，将各条生产线完工产品的数量加总，得出企业在某一时期各种产品的完工数量。同样，在该表中，企业根据产品的投产数量可以推算出各种产品投产时需要投入的原材料数量，然后，将各条生产线上需要的原材料数量加总，可以得到企业在每个季度所需要的原材料数量，采购总监可以根据该信息确定企业需要采购什么、什么时间采购、采购多少等。

（2）开工计划及物料采购计划

我们知道，各模拟企业为了正确估算下一年产品的完工数量，已经根据自己的生产线情况编制了"主生产计划及物料需求计划"。但是，由于取得的销售订单可能与预计有差异，企业有时需要根据取得的销售订单对产品生产计划进行调整，为此就需要重新编制该计划。然后，企业根据确定的主生产计划及物料需求计划，编制"开工计划"（见附录 B）和"物料采购计划"。

"开工计划"是生产总监根据"产品主生产计划及物料需求计划"编制的，它将各条生产线产品投产数量按产品加总，将分散的信息集中在一起，可以直观看出企业在每个季度投产了哪些产品、分别有多少。同时，根据产品的投产数量，能确定出每个季度投产产品所需要的加工费。财务总监根据该计划提供的加工费信息，作为编制现金预算的依据之一。

下面举例介绍依据"主生产计划及物料需求计划"编制企业的"开工计划"。

例4-2 接例4-1（不考虑所拿订单情况下），从"主生产计划及物料需求计划"可以看出，企业在第一季度投产1个P1，2个P2，共计投产3个产品。根据规则（每个产品上线需投入加工费1M元），第一季度投产的3个产品需要3M元的加工费。同样，企业根据产品投产数量可以推算出第二、三、四季度需要的加工费。该企业编制第3年的"开工计划"如表4-4所示。

表4-4 开工计划

产　　品	第3年			
	一季度	二季度	三季度	四季度
P1	1			
P2	2	1	2	1
P3				
P4				
加工费/M元	3	1	2	1
付款				

模拟企业制订出开工计划之后，就可以着手准备确定企业在每个季度所要采购的原材料的数额以保证产品生产。模拟企业中，一般采用的是现款采购的规则。也就是说，订购的材料到达企业时，必须支付现金。

物料采购计划相当于实际工作中企业编制的"直接材料预算"，它是以生产需求计划为基础编制的，在编制材料采购计划时，主要应当注意以下三个问题。

① 订购的数量。订购材料的目的是为了保证生产的需要，如果订购过多，占用了资金，造成资金使用效率的下降；订购过少，不能满足生产的需要。所以，材料的订购数量应当以既能满足生产需要，又不造成资金的积压为原则，尽可能做到材料零库存。为此，应当根据原材料的需要量和原材料的库存数量来确定企业材料的订购数量。

② 订购的时间。一般情况下，企业订购的材料当季度不能入库，要在下一季度或下两个季度才能到达企业，为此，企业在订购材料时，应当考虑材料运输途中的时间，即材料的提前订货期。

③ 采购材料付款的时间和金额。采购的材料一般在入库时付款，付款的金额就是材料入库应支付的金额，如果订购了材料，就必须全部购买。当期下达原材料订单时不需要付款。

企业编制材料采购计划，可以明确企业订购材料的时间，采购总监可以根据该计划订购材料，防止多订、少订、漏订材料，保证生产的需要。同时，财务总监根据该计划可以了解企业采购材料的资金需要情况，及时纳入现金预算，保证资金的供应。

下面介绍依据"主生产计划及物料需求计划"和"开工计划"编制"采购及材料付款计划"（见附录C）。

例4-3 接例4-2（不考虑所拿订单情况下），从表4-3可以看出，企业在每个季度都需要一定数量的R1和R2原材料，根据规则，R1和R2材料的提前订货期均为一个季度，也就是说，企业需要提前一个季度订购原材料。例如，企业在第3年的第一季度需要3个R1和2个R2，则必须在上年即第2年的第四季度订购。当上年第四季度订购的材料在本年第一季度入库时，需要支付材料款5M元。同样，企业可以推算在每个季度需要订购的原材料以及付款的金额。据此，采购总监编制采购及材料付款计划，如表4-5所示。

表4-5　采购及材料付款计划

原　　料	第2年				第3年			
	一季度	二季度	三季度	四季度	一季度	二季度	三季度	四季度
R1				3	1	2	2	
R2				2	1	2	1	
R3								
R4								
材料								
付款/M元					5	2	4	3

（3）现金预算

在ERP沙盘模拟经营过程中，各小组企业常常出现现金短缺的"意外"情况，正常经营不得不中断。其主要原因有三：一是没有编制现金预算；二是编制现金预算不正确，和实际脱节较为严重；三是企业没有严格按计划进行经营，导致实际严重脱离预算。根据以往的教学经验，学生主要是压根就没有编制现金预算，所给现金预算表只是一个摆设。其实，现金预算表的编制并不复杂，尤其是我们沙盘模拟经营过程都是简化了的，可以采用简化的程序，即根据销售订单，先编制产品主生产计划，再编制材料需求计划，最后编制现金预算表。

现金预算是有关预算的汇总，由现金收入、现金支出、现金多余或不足、资金的筹集和运用四个部分组成。模拟企业中，现金收入相对比较单一，主要是销售产品收到的现金，可以根据企业的销售订单和预计交单时间准确地估算。当企业当年的投资和生产计划确定后，企业的现金支出也基本确定，所以，企业应该能够通过编制现金预算表，准确预计企业经营期的现金多余或不足，可以有效预防"意外"情况的发生。如果企业通过编制现金预算表发现资金短缺，通过筹资仍不能解决，则应当修订企业当年的投资和经营计划，最终使企业的资金满足需要。

"现金预算表"的格式有多种，下面介绍用友公司设计的一种，这种格式是根据模拟企业的运营规则设计的，如表 4-6 所示。下面我们简要举例介绍"现金预算表"的编制。

表 4-6　现金预算表　　　　　　　　　　　百万元

项目	第一季度	第二季度	第三季度	第四季度
期初库存现金	18	13	14	4
支付上年应交税				
市场广告投入	8			
贴现费用				
利息（短期贷款）				
支付到期短期贷款				
原料采购支付现金	5	2	4	3
转产费用				
生产线投资			8	8
工人工资（加工费）	3	1	2	2
产品研发投资	3	3	3	3
收到现金前的所有支出	19	6	17	16
应收款到期	15	8		18
支付管理费用	1	1	1	1
利息（长期贷款）				4
支付到期长期贷款				
设备维修费用				2
租金				
购买新建筑				
市场开拓投资				2
ISO 认证投资				2
其他				
库存现金余额	18+15-20=13	13+8-7=14	14+8-18=4	4+18-27=-5

例4-4　根据本章前三个例子以及如下资料，编制该模拟企业第3年内的现金预算表。假设该企业有关现金预算资料如下：

① 年初现金：18M 元。

② 上年应交税金：0。

③ 支付广告费：8M 元。

④ 应收款到期：第一季度 15M 元，第二季度 8M 元，第三季度 8M 元，第四季度 18M 元。

⑤ 年末偿还长期贷款利息：4M 元。

⑥ 年末支付设备维修费：2M 元。

⑦ 投资规划：从第一季度开始连续开发 P2 和 P3 产品，开发国内和亚洲市场，同时进行 ISO9000 和 ISO14000 认证，从第三季度开始购买安装两条全自动生产线。

产品生产及材料采购需要的资金见前面的"开工计划"和"采购及材料付款计划"。

我们可以根据该规划，并结合生产和物料采购计划，编制该模拟企业第 3 年的现金预算表，如表 4-6 所示。

从表 4-6 可以看出，该模拟企业在第 3 年的第一、二、三季度末的库存现金都大于零，说明现金能满足需要。但第三季度末，企业库存现金余额为 4M 元，也就是第四季度初库存现金为 4M 元，而第四季度在收到现金前的所有支出为 16M 元，不能满足现金需求。因此，企业必须在第三季度或第四季度初筹集相关资金。按照 ERP 沙盘模拟中所设定的流程，可知企业在每季度初可进行短期贷款，所以，如果情况允许的话（主要参照所有者权益），该模拟企业应当在第四季度初考虑贷 20M 元的短期贷款。

由此可见，通过编制现金预算，可以在企业经营之前预见经营过程中可能出现的现金短缺或盈余，便于企业安排资金的筹集和使用；同时，可以对企业的规划及时进行调整，防止出现由于资金断流而破产的情况。

4．支付应付税

企业在年初应支付上年应交的税金。企业按照上一年资产负债表中的"应交税金"科目数额交纳税金。交纳税金时，财务总监从现金库中拿出相应的现金放在沙盘"综合费用"的"税金"处，并在运营任务清单对应的方格内记录现金的减少数。

4.1.2 模拟企业日常运营的 19 项工作

制订新年度计划后，企业就可以按照运营规则和工作计划进行经营了。ERP 沙盘模拟中，模拟企业日常运营工作主要有 19 项，下面按照其先后顺序（年中工作任务序号接年初工作序号，并和表 4-1 中任务清单序号一一对应）进行介绍。

1．季初现金盘点

为了保证账实相符，企业应当定期对企业的资产进行盘点。盘点的方法主要采用实地盘点法，就是对沙盘盘面的资产逐一清点，确定出实有数，然后将任务清单上记录的余额与其核对，最终确定出余额。

季初现金盘点时，财务总监应盘点当前现金库中的现金，并记录现金余额。

2. 更新短期贷款/还本付息/申请短期贷款

短期贷款主要解决企业流动资金不足的问题，需要注意的是短期贷款的时间、利息的支付和本金的归还都是在季初进行的，若有需要，也可考虑进行高利贷。其余时间要筹集资金，只能采取其他的方式，不能进行短期贷款。

注意本项工作有以下三个：

（1）更新短期贷款：如果企业有短期贷款，财务总监则将代表短期贷款的空桶往现金库方向推进一格，表示短期贷款离还款时间更接近。如果空桶已经推进现金库，则表示该贷款到期，应还本付息。

（2）还本付息：财务总监从现金库中拿出利息放在沙盘"综合费用"的"利息"处，同时拿出相当于应归还借款本金的现金以偿还短期贷款。

（3）申请短期贷款（高利贷）：如果企业需要短期贷款，则财务总监应填写"公司贷款申请表"（见附录 D），如表 4-7 所示。申请到款项后，放置相应的空桶数在短期借款的第四账期处，并将现金放在现金库中。

表 4-7　公司贷款申请表

贷款类		第 1 年			
		一季度	二季度	三季度	四季度
短贷	借				
	还				
高利贷	借				
	还				
短贷余额					
长贷	借				
	还				
长贷余额					
上年权益					
指导教师签字					

在监督财务总监正确完成以上操作后，在企业经营流程中任务清单对应处的方格内打"√"（下同，不再赘述）。

3. 更新应付款/归还应付款

企业如果采用赊购方式购买原材料，就涉及应付账款。如果应付账款到期，必须支付货款。在实际模拟过程中，按照设定规则，购买原材料时需现金购买，因此，原材料的采购不涉及此项操作。如果企业间发生产品交易时，则可能会有此项业务发生，操作如下：

（1）更新应付款：财务总监将代表应付款的空桶向现金库方向推进一格，当应付款到达现金库时，表示应付款到期，必须用现金偿还，不能延期。

（2）归还应付款。从现金库中取出现金付清应付款。

若不进行此项业务操作，直接在任务清单中对应的方格内打"×"（下同）。

4．原材料入库/更新原料订单

企业只有在前期订购了原材料，在指导教师处登记了原材料采购数量的，才能购买原材料。"采购订单登记表"（见附录E）如表4-8所示。

表 4-8　采购订单登记表

第1年	一季度				二季度				三季度				四季度			
原材料	R1	R2	R3	R4	R1	R2	R3	R4	R1	R2	R3	R4	R1	R2	R3	R4
订购数量																
采购入库																

如果原材料订单本期已经推到原材料库，表示原材料已经到达企业，模拟企业必须无条件接受全部原料并支付材料款。采购总监向财务总监申请原料款，然后持现金到指导教师处买回原材料，放在沙盘对应的原材料库中，财务总监记录采购原料的现金支出。

5．下原料订单

采购总监根据年初制订的物料采购计划，决定采购的原料品种和数量。企业购买原材料必须提前下原料订单，在"采购订单登记表"上登记订购的原材料品种和数量，没有下订单则不能购买。每个空桶代表一批原料订单，请采购总监将相应数量的空桶数放置于对应品种的原料订单处。

6．更新生产/完工入库

由生产总监将生产线上的在制品向前推一格。如果产品已经推到生产线以外，表示产品完工下线，将该产品放在产成品库对应的位置。

7．投资新生产线/变卖生产线/生产线转产

企业要提高产能，必须对生产线进行改造，包括新购、变卖和转产等。新购的生产线安置在厂房空置的生产线位置；如果没有空置的位置，必须先变卖生产线。变卖生产

线的目的主要是出于战略考虑，如将手工生产线换成全自动生产线等。如果生产线要转产，应当考虑转产周期和转产费。

（1）投资新生产线。投资新生产线时，生产总监向指导教师处申请新生产线标识，将标识翻转（背面朝上）放置在某厂房空置的生产线位置，并在标识背面放置与该生产线安装周期期数相同的空桶数。在全部投资完成后的下一季度，将生产线标识翻转过来，并将空桶以及桶内所装的建设生产线资金放置在生产线净值处，同时领取产品标识，可以开始投入使用。

（2）变卖生产线。当某一生产线上的在制品完工后，可以变卖该生产线，但只能按残值变卖。变卖时，将生产线及其产品生产标识交还给指导教师。

提示要点：

① 如果所变卖的生产线净值大于残值，则将净值大于残值的差额部分放在"综合费用"的"其他"处，表示出售生产线的净损失。

② 如果所变卖的生产线净值小于残值，则直接将生产线净值转到现金库，财务总监要做好相应记录。

（3）生产线转产。生产线转产是指某生产线转产生产其他产品。不同种类的生产线其转产时间、费用等有所不同，请仔细阅读相关规则。

转产时，若存在转产周期，生产总监将生产线标识牌翻转放置，放一个空桶在上面用于盛放转产费；同时，生产总监持原产品标识在交易处（或指导教师处）更换新的产品生产标识，并将新的产品生产标识反扣在生产线的"产品标识"处，待该生产线转产期满可以生产产品时，翻转生产线标识牌，正面朝上，同时，再将该生产线将要生产的产品标识正面放置在"标识"处。无转产周期时，交回旧产品标识，领取新产品标识，即可开始生产。

另外，需要注意的是，如果转产需要支付转产费，还应按季度向财务总监申请转产费，将转产费放在"综合费用"的"转产费"处，财务总监做好现金收支记录。

需要注意的是，各模拟小组企业投资或变卖生产线的话，要登记"生产线买卖记录表"（见附录 F），如表 4-9 所示。

表 4-9　生产线买卖记录表

第 1 年	手工生产线		半自动生产线		全自动生产线		柔性生产线	
	买	卖	买	卖	买	卖	买	卖
一季度								
二季度								
三季度								
四季度								

8. 向其他企业购买原材料/出售原材料

企业如果没有下原料订单，就不能购买材料。如果企业生产急需材料，又不能从指导教师处购买，就只能从其他企业购买。当然，如果企业有暂时多余的材料，也可以向其他企业出售，收回现金。买卖双方要签署原材料交易订单（见附录 G），如表 4-10 所示。

表 4-10 公司间原材料（产品）交易订单

购买单位			购买时间		年			季
销售单位			完工时间		年			季
			原料			产品		
产品/原料	R1	R2	R3	R4	P1	P2	P3	P4
成交数量								
成交金额								
付款方式								
购买人								
售货人								
审核人								

在进行组间的原材料买卖时，首先双方要谈妥原材料的交易价格，然后采取一手交钱一手交货的方式进行交易。

原材料买方操作如下：

（1）若买方按原值购入，买方视同"原材料入库"处理，买方采购总监用等值现金换取原材料，放入相应的原料库，买方财务总监做好现金支出记录。

（2）若买方按高于原值购入，买方将差额计入利润表中的"其他支出"，同时做好现金支出记录。

原材料卖方操作如下：

（1）若卖方按原值出售，则卖方采购总监从原料库中取出原料，向购买方收取同值现金，放入现金库并做好现金收入记录。

（2）若买方按高于原值购入，卖方则将差额计入利润表中的"其他收入"，同时做好现金收入记录。

原材料买卖双方的会计账务处理如下：

原材料买方：

　　　　借：原材料

　　　　　　其他支出（高于原值购入）

贷：现金

原材料卖方：

借：现金

贷：原材料

其他收入（高于原值卖出）

9. 开始下一批生产

当某些生产线的在制品已经完工入库，就要考虑开始生产新产品。由生产总监按照产品结构或物料清单从原材料库中取出原料，并向财务总监申请产品加工费用，将上线产品摆放在离原材料库最近的生产周期。

10. 更新应收款/应收款收现

财务总监将应收账款向现金库方向推进一格，到达现金库时即成为现金，同时登记现金收支记录。当企业应收账款没有收回，企业又极缺现金时，可以将应收账款贴现，应收账款贴现随时可以进行，财务总监按 7 的倍数取出应收账款，其中 1/7 作为贴现费用置于沙盘上的"贴息"处，6/7 放入现金库，同时登记现金收支记录。

11. 出售厂房

企业如果需要筹集资金，可以随时出售厂房。厂房按原值出售，但当期不能收到现金，得到的是 4 账期的应收账款。年末时，如果没有厂房，必须支付租金。

12. 向其他企业购买成品/出售成品

企业参加产品订货会时，如果取得的销售订单超过了企业的最大生产能力，当年不能按订单交货，则构成违约，按规则将受到严厉的惩罚。为此，企业可以从其他企业购买产品来交单。当然，如果企业有库存积压的产品，也可以向其他企业出售。买卖双方要填写产品交易订单，如表 4-10 所示。

在进行组间的产品买卖时，同组间原材料交易一样，首先双方也要谈妥产品的交易价格，并采取一手交钱一手交货的方式进行交易。

产成品买方操作如下：

（1）营销总监从财务总监处申请取得购买产品所需要的现金，买进后，将产品放置在对应的产品库，在任务清单对应的方格内记录购入的产品数量，同时财务总监记录现金支出。

（2）无论以成本价或高于成本价购买，买方都以购买价入账，计入"直接成本"。

提示要点：

购进的产品成本应当是购进时支付的价款，在计算产品销售成本时应当按该成本计算。

产成品卖方操作如下：

（1）卖方营销总监从产品库取出产品，从买方取得现金后将产品交给购买方，并将现金交由本公司财务总监放入现金库，同时，在任务清单对应的方格内记录卖出的产品数量。

（2）无论以成本价或高于成本价卖出，卖方都以卖出价入账，计入"销售收入"。

13. 按订单交货

营销总监检查成品库中产成品的数量是否满足客户订单的要求，满足则按照客户订单交付约定数量的产品给客户（必须按整单交货），并在订单登记表中登记销售订单的销售额，如表 4-11 所示，计算出销售成本和毛利之后。如果销售产品收到的是应收账款，则在"应收账款登记表"（见附录 H）上登记应收账款的金额，如表 4-12 所示，并由营销总监将现金置于应收账款的相应账期处；如果是 0 账期，则直接入现金库。

表 4-11　订单登记表（按订单交货）

销售额							
成本							
毛利							
未售							

表 4-12　应收账款登记表

第 1 年　款类		一季度	二季度	三季度	四季度
应收款账期	1Q				
	2Q				
	3Q				
	4Q				
到款					
贴现					
贴现费					

14. 产品研发投资

按照年初制订的产品研发计划，企业如果需要研发新产品，填写产品开发登记表（见附录 I），如表 4-13 所示，同时生产总监从财务总监处申请取得研发所需要的现金，放置在产品研发对应位置的空桶内，注意每季度的研发费用在季末一次性支付。如果产品研发投资完成，则从指导教师处领取相应产品的生产资格证放置在沙盘盘面的"生产资格"处，企业从下一季度可以投入生产该产品。

表 4-13　产品开发登记表

年　　度	P2	P3	P4	总　　计	完　　成	指导教师签字
第 1 年						
第 2 年						
第 3 年						
第 4 年						
第 5 年						
第 6 年						
总计						

15．支付行政管理费

企业在生产经营过程中会发生如办公费、人员工资等管理费用。模拟企业中，行政管理费在每季度末一次性支付 1M 元，无论企业经营情况好坏、业务量多少，都是固定不变的，这是和实际工作的差异之处。

16．其他现金收支情况登记

企业在经营过程中可能会发生除上述外的其他现金收入或支出，如应收账款贴现等，企业应将这些现金收入或支出进行记录。

17．现金收入合计

统计本季度现金收入总额。

18．现金支出合计

统计本季度现金支出总额。第四季度的统计数字中包括第四季度本身的和年底发生的。

19．期末现金对账

第一季度至第四季度及年末，财务总监盘点现金余额并做好登记。

以上 19 项工作每个季度都要执行。

4.1.3　模拟企业年末的 6 项运营工作

企业日常经营活动结束后，年末，企业还应当进行年末账项的计算和结转，编制各种报表，计算当年的经营成果，反映当前的财务状况，并对当年的经营情况进行分析总结，年末工作序号和表 4-1 中的任务清单序号一一对应。

1．支付利息/更新长期贷款/申请长期贷款

企业为了发展，可能需要借入长期贷款。长期贷款主要是用于长期资产投资，例如购买生产线、产品研发等。模拟企业中，长期贷款只能在每年年末进行，填写长期贷款登记表，如表 4-7 所示，贷款期限在一年以上，每年年末付息一次，到期还本。

（1）支付利息：长期贷款的规则是每年付息，到期还本。每年每桶需要支付 $20×10\%=2M$ 元的利息。每年由财务总监从现金库中取出长期贷款的利息置于沙盘上的"利息"处，并登记现金收支明细表。

（2）更新长期贷款：如果有长期贷款，请财务总监将空桶往现金库方向推一格，当推至现金库时，意味着长期贷款到期，需要从现金库中取现金还贷。

（3）申请长期贷款：长期贷款只有在年末时可以申请，申请时财务总监持上年报表和贷款申请表到指导教师处办理贷款手续，之后，放置相应的空桶数到长期贷款对应的账期处。

2．支付设备维修费

ERP 沙盘模拟中规定，只有生产线需要支付维修费。年末，只要有生产线，无论是否生产，都应支付维修费。尚未安装完工的生产线不支付维修费。设备维修费每年年末用现金一次性集中支付，在籍的每条生产线支付 1M 元的设备维修费。财务总监取相应的现金置于沙盘上的"维修费"处，同时登记现金收支记录。

3．支付租金/购买厂房

大厂房为自主厂房，如果在小厂房安装了生产线，此时要决定该厂房是购买还是租赁，如果购买，财务总监取出与厂房价值相等的现金置于沙盘上的厂房价值处；如果租赁，财务总监取出与厂房租金相等的现金置于沙盘上的"租金"处，同时进行相应的现金收支登记。

4．计提折旧

ERP 沙盘模拟中的固定资产计提折旧的时间、范围和方法主要采用简化的方法，与

实际工作有一些差异。这些差异主要表现在厂房、在建工程以及当年新建设不计提折旧，计提折旧的范围仅仅限于生产线，每年年末计提一次；在会计处理上，折旧费全部作为当期的期间费用，没有计入产品成本；财务总监从设备价值中取出折旧费放置在沙盘上的"折旧"处，与现金收入或支出无关。

（1）当生产线价值大于 3M 元时，折旧费为原有设备价值 1/3 向下取整。

（2）当生产线价值降至 3M 元及以下时，每年折旧 1M 元，折完为止。

需要注意的是，在实际模拟过程中，若某些生产线已经折旧完毕，其净值为零的情况下，只要该生产线没有变卖或清理，仍可继续使用，但每年仍需支付维修费。

5. 新市场开拓/ISO 资格认证投资

随着客户需求的不断提升，企业需要不断开拓新市场，部分市场开始对产品有 ISO 资格认证要求，企业可能就需要进行 ISO 资格认证投资。按照年初制订的计划进行市场开拓或 ISO 资格认证投资时，请填写市场开发投入登记表和 ISO 资格认证投资表（见附录 I），分别如表 4-14、表 4-15 所示。模拟企业中，每年开拓市场和 ISO 资格认证的费用在年末支付，计入当期的综合费用。

表 4-14　市场开发投入登记表

年　　度	区域市场（1y）	国内市场（2y）	亚洲市场（3y）	国际市场（4y）	完　　成	指导教师签字
第 1 年						
第 2 年						
第 3 年						
第 4 年						
第 5 年						
第 6 年						
总计						

表 4-15　ISO 资格认证投资表

年　　度	第 1 年	第 2 年	第 3 年	第 4 年	第 5 年	第 6 年
ISO9000						
ISO14000						
总计						
指导教师签字						

（1）新市场开拓：财务总监取出现金放置在要开拓的市场区域，并做现金支出记录。市场开发完成，从指导教师处领取相应的市场准入证。

（2）ISO 认证投资：财务总监取出现金放置在要认证的区域，并做现金支出登记。认证完成后，从指导教师处领取 ISO 资格证。

6. 结账

模拟企业每年的经营结束后，为及时反映当年的财务和经营情况，年终要做一次盘点总结，主要编制产品核算统计表、综合费用计算表、利润表和资产负债表。

4.2 ERP 沙盘模拟企业报表

4.2.1 模拟企业的报表分类

根据 ERP 沙盘模拟实际操作和使用，按照年初运营、日常运营以及年末运营工作所产生和使用的报表，我们把模拟企业报表分为年初业务报表、日常业务报表以及年末业务报表三大类。

1. 年初业务报表

根据年初 4 项主要工作，所产生和使用的主要报表有广告登记表、订单登记表（尚未销售订单登记）、主生产计划及物料需求计划表、开工计划表、采购及材料付款计划表以及现金预算表。

2. 日常业务报表

根据年中 19 项工作，所产生和使用的主要报表有公司贷款申请表、采购订单登记表、生产线买卖记录表、原材料（产品）交易订单、订单登记表（按订单交货）、应收账款登记表、产品开发登记表、违约情况以及扣分登记表以及开发记录表。

3. 年末业务报表

根据年末 6 项工作，所产生和使用的主要报表有市场开发投入登记表、ISO 资格认证投资表、产品核算统计表、综合费用计算表、利润表和资产负债表。

ERP 沙盘模拟过程中所产生和使用的报表分类以及报表负责人如表 4-16 所示。

表 4-16　企业报表分类、内容及责任人一览表

报 表 分 类	报 表 名 称	报 表 内 容	填制责任人	复核责任人
年初业务报表	广告登记表	每年的广告投入	营销总监	CEO
	订单登记表	尚未销售订单登记	营销总监	CEO
	主生产计划及物料需求计划表	主生产及物料需求计划	所有主管	CEO
年初业务报表	开工计划	本年开工生产计划	生产总监	CEO
	采购及材料付款计划	原材料的采购及付款计划	采购总监	CEO
	现金预算表	本年度现金收入和支出预算	财务总监	CEO
日常业务报表	公司贷款申请表	企业申请长贷、短贷以及高利贷情况	财务总监	CEO
	原材料（产品）交易订单	模拟企业间原材料及产品的买卖	采购总监	CEO
	订单登记表	按订单交货后登记其销售额、毛利等	财务总监	CEO
	应收账款登记表	登记应收账款	财务总监	CEO
	产品开发登记表	登记所开发的产品记录	生产总监	CEO
年末业务报表	市场开发投入登记表	市场开发投入情况	营销总监	CEO
	ISO 资格认证投资	ISO9000 和 ISO14000 认证情况	营销总监	CEO
	产品核算统计表	经营年度产品销售情况汇总	财务总监	CEO
	综合费用计算表	经营年度发生的综合费用	财务总监	CEO
	利润表	经营年度企业经营成果	财务总监	CEO
	资产负债表	经营年度企业财务状况	财务总监	CEO

4.2.2　资产负债表及利润表

为了反映经营年度的经营成果以及财务状况，应首先核算本年度的销售情况以及所发生的成本费用，在此基础之上，编制资产负债表以及损益表。

1．产品核算统计表

产品核算统计表是核算企业在经营期间销售各种产品情况的报表，如表 4-17 所示，它按照企业本年度所销售的产品种类，分别登记销售数量、销售收入、产品销售成本和毛利，是编制利润表的依据。需要注意的是，若模拟企业间发生产品交易，则买方的销

售成本为企业从其他企业购入该产品的价格。

表 4-17　产品核算统计表

产品	P1	P2	P3	P4	合计
数量					
销售额					
成本					
毛利					

2. 综合管理费用明细表

综合管理费用明细表是综合反映在经营期间发生的各种除产品生产成本、财务费用外的其他费用，具体内容如表 4-18 所示，根据沙盘上的"综合费用"处的支出填写该表。

表 4-18　综合管理费用明细表

项　　目	金　　额	备　　注
管理费		
广告费		
保养费		
租金		
转产费		
市场准入开拓		□区域　　□国内　　□亚洲　　□国际
ISO 资格认证		□ISO9000　　□ISO14000
产品研发		P2（　）　P3（　）　P4（　）
其他		
合计		

（1）市场准入开拓：根据企业本年开发市场支付的开发费填列。为了明确开拓的市场，需要在"备注"栏本年开拓的市场前打"√"。

（2）ISO 资格认证：根据企业本年 ISO 认证开发支付的开发费填列。为了明确产品认证的种类，需要在"备注"栏本年认证的名称前打"√"。

（3）产品研发：根据本年企业研发产品支付的研发费填列。为了明确产品研发的品种，应在"备注"栏产品的名称前打"√"。

（4）其他：主要根据企业发生的其他支出填列，如出售生产线净值大于残值的部分等。

3．利润表

利润表是反映企业一定期间经营成果的会计报表，如表 4-19 所示。利润表把一定期间内的营业收入与其同一期间相关的成本费用相配比，从而计算出企业一定时期的利润。通过编制利润表，可以反映企业生产经营的收益情况、成本耗费情况，表明企业的生产经营成果。同时，通过利润表提供的不同时期的比较数字，可以分析企业利润的发展趋势和获利能力。

表 4-19　利润表

项　目	上 年 数	本 年 数
销售收入		
直接成本		
毛利		
综合费用		
折旧前利润		
折旧		
支付利息前利润		
财务收入/支出		
其他收入/支出		
税前利润		
所得税		
净利润		

利润表中的"上年数"栏反映各项目的上年的实际发生数，根据上年利润表的"本年数"填列；利润表中的"本年数"栏反映各项目本年的实际发生数，根据本年实际发生额的合计填列。具体编制方法如下：

（1）"销售收入"反映企业本年销售产品的收入总额，根据"产品核算统计表"填列。

（2）"直接成本"反映企业本年已销售产品的实际成本，根据"产品核算统计表"填列。

（3）"毛利"反映企业销售产品实现的毛利，根据销售收入减去直接成本后的余额填列。

（4）"综合费用"反映企业本年发生的综合费用，根据"综合费用表"的合计数填列。

（5）"折旧前利润"反映企业在计提折旧前的利润，根据毛利减去综合费用后的余额填列。

（6）"折旧"反映企业当年计提的折旧额，根据当期计提的折旧额填列。

（7）"支付利息前利润"反映企业支付利息前实现的利润，根据折旧前利润减去折旧后的余额填列。

（8）"财务收入/支出"反映企业本年发生的财务收入或者财务支出，如贷款利息、贴息等，根据沙盘上的"利息"填列。

（9）"其他收入/支出"反映企业其他业务形成的收入或者支出，如出租厂房取得的收入以及变卖生产线取得的收入或支出等。

（10）"税前利润"反映企业本年实现的利润总额，根据支付利息前的利润加财务收入减去财务支出，再加上其他收入减去其他支出后的余额填列。

（11）"所得税"反映企业本年应缴纳的所得税费用，根据税前利润除以 3 取整后的数额填列。

（12）"净利润"反映企业本年实现的净利润，根据税前利润减去所得税后的余额填列。

4．资产负债表

资产负债表是反映企业财务状况的会计报表，它是根据"资产=负债+所有者权益"的会计等式编制的。ERP 沙盘模拟过程中简化使用的资产负债表如表 4-20 所示。

表 4-20　资产负债表

资　　产	期　初　数	期　末　数	负债和所有者权益	期　初　数	期　末　数
流动资产：			负债：		
现金			长期负债		
应收账款			短期负债		
在制品			应付账款		
成品			应交税金		
原料			一年内到期的长期负债		
流动资产合计			负债合计		
固定资产：			所有者权益：		
土地和建筑			股东资本		
机器与设备			利润留存		
在建工程			年度净利		
固定资产合计			所有者权益合计		
资产总计			负债和所有者权益总计		

从资产负债表的结构可以看出，资产负债表由期初数和期末数两个栏目组成。资产负债表的"期初数"栏各项目数字应根据上年末资产负债表"期末数"栏内所列数字填列。"期末数"各项目主要是根据有关项目期末余额资料编制。填写时注意以下事项：

（1）资产类项目，主要根据沙盘盘面的资产状况通过盘点后的实际金额填列。

（2）负债类项目，"长期负债"和"短期负债"根据沙盘上的长期贷款和短期贷款数额填列，如果有一年内到期的长期负债，应单独反映。

（3）"应交税金"，根据企业本年"利润表"中的"所得税"项目的金额填列。

（4）所有者权益类中的股东权益项目，如果本年股东没有增资的情况下，直接根据上年末"利润表"中的"股东资本"项目填列；如果发生了增资，则为上年末的股东资本加上本年增资的资本。

（5）"利润留存"，根据上年利润表中的"利润留存"和"年度净利"的合计数填列。

（6）"年度净利"，根据"利润表"中的"净利润"项目填列。

4.3 ERP 沙盘起始年经营模拟

起始年的主要目的是新管理团队的磨合，以及进一步熟悉并掌握运营规则，明晰企业的运营流程。起始年运行在指导教师的控制下进行，通过起始年的模拟运营，可使学生熟悉操作流程，为以后自己独立经营打下基础，使其成为真正的驾驭沙盘的行家。

4.3.1 起始年运作提示

由初始状态设定，我们知道除了按照资产负债表上的价值分布定位后，还有2个R1原材料订单、3年期的应收账款15M元、4年期的20M元和5年期的20M元共计40M元的长期贷款。在起始年运行时，我们假设条件如下：

（1）年初支付1M元广告费。

（2）不作任何贷款。

（3）不作任何投资（包括产品开发、ISO认证、市场开发和生产线的投资等）。

（4）起始年也要向零库存目标靠拢。

4.3.2 起始年模拟运营工作及流程

1. 模拟企业年初的4项工作

（1）由CEO召开新年度规划会议，由于初始年按照原来制定的规划进行生产，即只生产P1产品，不做其他项目的开发和更新，因此没有更多的讨论。开完会后CEO在第一行的相应表格内打"√"（业务发生并完成时操作类似，下同，不再赘述）。

（2）参加订货会/登记销售订单。

营销总监参加订货会议，初始年并无悬念，ERP 沙盘模拟经营过程中的 6 个模拟企业每个企业都投了 1M 元广告费，得到 1 张相同的订单，如图 4-2 所示。

第 0 年	订单 本地市场	LP$_0$-2/6 P1 产品
	产品数量：6 产品单价：5.3M 元/个 总金额：32M 元（取整数） 应收账期：2Q	

图 4-2　起始年订单

销售会议完成拿到订单后，请将市场订单登记在表 4-21 中。

表 4-21　市场订单登记表

订单号	×××							
市场	本地							
产品	P1							
数量	6							
账期	2Q							
销售额*								
成本*								
毛利*								

注：*为交货时填写

（3）制订新年度计划。

现有 4 台设备均已满负荷生产，按照起始年假设条件，起始年不做任何投资或开发。

（4）支付应付税。

根据上一年结出的应付税金，取 1 个灰色的币子放到沙盘中的"税金"处，并在任务清单中对应格内填入"1M 元"。

2. 模拟企业第一季度的 19 项日常业务工作

（1）季初现金盘点。

期初库存现金数为 20M 元，参加订货会和缴纳应付税金共支付 2M 元，所以在对应格内填入"18M 元"。

（2）更新短期贷款/还本付息/申请短期贷款（高利贷）。

本栏目是反映短期贷款在这一时期中的借贷与更新。因起始年没有短期贷款，所以在对应格内填入"×"（业务没有发生都采用此类似操作，下同）。

（3）更新应付款/归还应付款。

起始年没有此项业务，所以在对应格内填入"×"（下有类似情况，操作相同）。

（4）原材料入库/更新原料订单。

将上一期下达的 2 个 R1 原材料订单支付 2M 元现金后，放入原料库，所以此处填入"2M 元"。

（5）下原料订单。

按起始年运作提示，在满足生产需求的情况下，尽量减少原材料的库存，向零库存目标靠拢。现原料库里已经有 5 个 R1 原料，本季度有 1 个 P1 下线，第一季度投入生产需要用到 1 个 R1 原料，原料库存能满足需求，用完后还剩 4 个 R1，因此不需要下达原料订单；第二季度会下线 2 个 P1 产品，需 2 个 R1，仓库里仍剩余 2 个 R1，第三季度预计下线 1 个 P1，需 1 个 R1，不需要下订单；第三季度投入生产需用 1 个 R1，仓库里剩余 1 个 R1，预计第四季度下线 2 个 P1，投入生产需用 2 个 R1，因此，只需下达 1 个 R1 原料订单。

（6）更新生产/完工入库。

将 ERP 沙盘盘面生产线上的在产品依次往前推进一格，下线的产品放入成品库。起始年的第一季度有 1 个 P1 产品下线，第二季度有 2 个 P1 下线，第三季度有 1 个 P1 下线，第四季度有 2 个 P1 产品下线。

（7）投资新生产线/变卖生产线/生产线转产：起始年没有此项业务。

（8）向其他企业购买原材料/出售原材料：起始年没有此项业务。

（9）开始下一批生产。

在原料库里取 1 个 R1 原料，同时取 1M 元现金（人工成本），做成 P1 在制品放在空出的生产线的第一期格内。由于支付了 1 个灰币的人工费，所以在对应格内填入"1M 元"。

（10）更新应收款/应收款收现。

将现有的应收账款向现金库方向移动一格，起始年第一季度的操作是将 15M 元的应收账款从第三期移入。

（11）出售厂房：起始年没有此项业务。

（12）向其他企业购买成品/出售成品：起始年没有此项业务。

（13）按订单交货。

第一季度中，查点成品库的成品数量，不够交货数量，没有此操作；第二季度货物数量满足订单需求，可按单整单交货。

（14）产品研发投资：初始年没有此项业务。

（15）支付行政管理费。

按照 ERP 沙盘模拟规则规定可知，每季度必须支付 1M 元的行政管理费。取 1 个灰币放入沙盘中"管理费"处，在任务清单对应格内填入"1M 元"。

（16）其他现金收支情况：无此项业务。

（17）现金收入合计。

第一季度没有现金收入，在对应格内填入"0M 元"。

（18）现金支出合计。

第一季度共支出现金 4M 元，在对应格内填入"4M 元"。

（19）期末现金对账。

季初现金盘点 18M 元，加本期现金收入 0M 元，减本期现金支出 4M 元，得 14M 元，在对应的格内填入"14M 元"。

其他第二、三、四季度操作过程一样，不再赘述。

3．模拟企业年末的 6 项工作

（1）支付利息/更新长期贷款/申请长期贷款。

支付长期贷款利息 4M 元，财务总监取出 4 个灰色的币子放入沙盘盘面"利息"处；将四年期的 20M 元长期贷款移入第三年格，即转为三年期长期贷款，五年的长期贷款移入第四年格内，即转为四年期长期贷款；起始年不申请长期贷款。

（2）支付设备维修费。

每条生产线每年支付 1M 元维修费，起始年共 4 条生产线，财务总监取出 4 个灰色的币子放在沙盘盘面"维修费"处。

（3）支付租金/购买厂房：起始年无此业务。

（4）计提折旧。

按照 ERP 沙盘模拟规则，每条生产线折旧额为 1/3 取整。因此，具体操作为在每条生产线的净值处的桶里各取出 1 个币共 4M 元，放入沙盘盘面"折旧"处，注意不涉及现金收支记录。由于不实际支付现金，故此数字在表中用"（ ）"标出。

（5）新市场开拓/ISO 资格认证投资：起始年无此业务。

（6）结账。将期末数字转入下一年期初。

按照模拟企业的业务运行流程，根据以上年初 4 项工作、年中 19 项业务以及年末 6 项业务，所生成的任务清单如表 4-22 所示。

表 4-22　起始年任务清单

新年度规划会议	√				按订单交货	×	√	×	×
参加订货会/登记销售订单	1				产品研发投资	×	×	×	×
制订新年度计划	√				支付行政管理费/M 元	1	1	1	1
支付应付税	1				其他现金收支情况登记	×	×	×	×
季初现金盘点/M 元	18	14	11	24	支付利息/更新/申请长期贷款/M 元				4
更新短贷/支付利息/获得新贷款	×	√	√	√	支付设备维护费/M 元				4
更新应付款/归还应付款	×	×	×	×	支付租金/购买厂房				√
原材料入库/更新原料订单/M 元	2	0	0	1	计提折旧				（4）
下原料订单	√	√	√	√	新市场开拓/ISO 认证投资				
更新生产/完工入库	√	√	√	√	结账				√
投资/变卖生产线/生产线转产	√			√	现金收入合计/M 元	0	0	15	32
向其他企业购买/出售原材料	×	×	×	×	现金支出合计/M 元	4	3	2	12
开始下一批生产/M 元	1	2	1	2	期末现金对账/M 元	14	11	24	44
更新应收款/应收款收现/M 元	√	√	15	32					
出售厂房	×	×	×	×					
向其他企业购买成品/出售成品	×	×	×	×					

4.3.3　起始年企业财务状况及经营成果

1. 起始年产品核算统计表

年末统计出全年的产品销售，并填写产品核算统计表，如表 4-23 所示。

表 4-23　起始年产品核算统计表　　　　　　　　　　　　　　　百万元

产品	P1	P2	P3	P4	合计
数量	6				6
销售额	32				32
成本	12				12
毛利	20				20

2. 起始年综合管理费用明细表

将全年的费用汇总，填写全年的费用明细表，如表 4-24 所示。

表 4-24 起始年综合管理费用明细表   百万元

项 目	金 额	备 注
管理费	4	
广告费	1	
保养费	4	
租金		
转产费		
市场准入		□区域 □国内 □亚洲 □国际
ISO 资格认证		□ISO9000 □ISO14000
产品研发		P2（ ） P3（ ） P4（ ）
其他		
合计	9	

3. 起始年利润表

根据本年发生的经济业务，编制本年即初始年的简易利润表，如表 4-25 所示。

表 4-25 起始年利润表   百万元

项 目		上 年	本 年
销售收入	+	35	32
直接成本	−	12	12
毛利	=	23	20
综合费用	−	11	9
折旧前利润	=	12	11
折旧	−	4	4
支付利息前利润	=	8	7
财务收入/支出	+/−	−4	−4
额外收入/支出	+/−		
税前利润	=	4	3
所得税	−	1	1
净利润	=	3	2

4．起始年资产负债表

根据本年发生的经济业务，编制本年即初始年的资产负债表，如表4-26所示。

表4-26　起始年资产负债表　　　　　　　　　　　　百万元

资　　产		年　　初	本　　年	负债+所有者权益		年　　初	本　　年
现金	+	20	44	长期负债	+	40	40
应收账款	+	15	0	短期负债	+	0	0
在制品	+	8	8	应付账款	+	0	0
成品	+	6	6	应交税金	+	1	1
原料	+	3	0	1 年到期的长贷	+		
流动资产合计	=	52	58	负债合计	=	41	41
固定资产				所有者权益			
土地和建筑	+	40	40	股东资本	+	50	50
机器设备	+	13	9	利润留存	+	11	14
在建工程	+			年度净利	+	3	2
固定资产合计	=	53	49	所有者权益	=	64	66
总资产	=	105	107	负债+所有者权益	=	105	107

经过初始年的经营后，ERP 沙盘盘面上状态如下：

（1）流动资产

① 现金库 44M 元。

② 生产线上 4 个 P1，价值 8M 元。

③ 成品库中 3 个 P1，价值 6M 元。

（2）固定资产

① 大厂房 40M 元。

② 3 条手工和 1 条半自动生产线，各自的净值分别为 2M 元、2M 元、2M 元、3M 元。

（3）负债

① 三年期和四年期长期贷款各为 20M 元，共 40M 元。

② 应付税 1M 元，税金下一年度交纳，盘面上没有直接反映出来。

起始年末，盘面上共计有 107 个币子，其中灰色币 100 个、红色币 7 个。

下面各学生做好准备，从现在起第一年至第六年由你们经营！

本章小结

　　本章主要在对企业战略规划、经营策略以及 ERP 知识掌握的基础之上，通过实际的模拟演练参与体验整个企业的科学的经营管理。以用友公司设计的沙盘为例，详细分析和描述了在企业模拟演练过程中，各模拟企业必须严格遵循的运营流程或任务清单。依据简化的业务流程和任务清单，我们分别详细地介绍了各模拟企业年初运营的 4 项主要工作：新年度规划会议、参加订货会/登记销售订单、制订新年度计划以及支付应付税，同时还介绍了制订新年度计划后，模拟企业所要进行的 19 项日常运营工作以及年末 6 项运营工作，最后进行年末账项的计算和结转，编制各种报表，计算当年的经营成果，反映当前的财务状况，并对当年的经营情况进行分析总结。最后，为使各位学生增进相互理解、互相磨合以及进一步熟悉并掌握运营规则，明晰企业的运营流程，指导教师带领各小组团队进行起始年的经营模拟操作，使得各模拟企业在同一个起跑线上，正式开始接管企业的经营管理。

第 5 章　ERP 沙盘模拟企业的经营分析与诊断

【学习目标】

- ◇　提高学生和各模拟企业的决策水平
- ◇　体会企业经营管理中各要素分析
- ◇　深刻理解 ERP 管理思想及其应用
- ◇　学会分析与诊断企业的经营问题与症结
- ◇　提升模拟企业整体经营管理水平

在 ERP 整个沙盘模拟过程中，学生要熟悉并从事企业采购、生产、经营及销售各个环节的流程，根据企业事先制定的发展战略制定并实施每一期的广告决策、市场决策、研发决策、资本决策及采购生产决策等。经营模拟过程中每一环节决策都是通过筛选和分析多种相关条件所制定并实施的。因此，本章将对 ERP 沙盘模拟企业经营过程中涉及的生产、销售、采购等业务能力进行相应剖析，以便于学生做出合理决策。

另外，每年经营结束之后，指导教师要进行点评。点评内容主要涉及企业的市场地位、生产运营状况、资金与成本、财务经营指标、经常出现的问题等，如参加企业经营竞争模拟的企业经营者都要对企业的经营结果进行深刻反思，成在哪里？败在哪里？竞争对手的情况如何？是否需要对企业战略进行调整等。同时进一步引导学生如何根据现有的经营数据进行企业诊断，如何发现问题，以及提出相关建议等。

5.1　生产能力分析

企业要增加利润，就必须要扩大销售，扩大销售就必须以提高产能为保证，而要增加产量就必须要上新的生产线。因此，在 ERP 沙盘模拟演练中，可以说前期看资金，后期看产能。模拟企业在扩大产能时会遇到一些生产线的选择问题。本节主要对各种生产线加以分析，以帮助学生进行生产决策。

5.1.1 什么是生产能力

企业生产能力是指整个企业的最大产出能力（产量），一般情况下，企业生产能力是指生产设施的能力。然而，企业生产能力除主要与生产设施的能力有关以外，还受到生产操作人员的能力以及企业管理水平的影响。因此，有必要对生产线能力进行对比分析和生产能力进行规划，采取必要措施解决何时扩大能力，扩大多少产能合适等一系列问题。

企业生产能力满足市场需求的程度是企业能力分析考虑的中心问题。如果生产能力不能满足市场需求，可能导致客户需求不能及时满足，客户满意度下降。严重的生产能力不足，使得不能按时交货，还会遭到客户索赔，当然就不能提高市场占有率，企业不能获得发展。但反过来，生产运作能力过大，又会导致设施闲置、资金浪费，导致企业损失。

因此，上新的生产线时就会产生一系列的决策问题，如上哪种生产线更好？用新生产线生产什么产品？产品的产能达到多少为宜？对上述各问题，模拟企业应逐一分析后，再做出相应决策。

5.1.2 不同类型生产线性能对比分析

我们在前面的模拟企业运营规则中已经说明，不同类型生产线的生产效率和灵活性存在较大差异，如表 5-1 所示，根据此表对各种生产线进行比较分析。

表 5-1 不同类型生产线对比分析

生 产 线	购买价/M 元	安装周期/季度	生产周期/季度	转产周期/季度	转产费用/M 元	维护费用/（M 元/年）	残值/M 元
手工线	5	无	3	无	无	1	1
半自动	8	2	2	1	1	1	2
全自动	16	4	1	2	4	1	4
柔性线	24	4	1	无	无	1	6

从表 5-1 可知：

1. 全自动、柔性生产线产能较高

（1）全自动和柔性生产线每年能生产 4 个 P 产品，产能较高。

（2）全自动生产线转产时的灵活性没有柔性生产线好，但柔性生产线的购买价格较高。

2．半自动生产线

半自动生产线的优点是价格低，但产能不如全自动生产线，灵活性不如柔性生产线。不过在实战中也有公司多上半自动生产线而取得好成绩的战例。

3．手工生产线效率太低

手工生产线生产周期为 3 个季度，每年能生产 1.3 个 P 产品，上新生产线时很少考虑，但原有 3 个手工生产线却可加以利用。手工生产线灵活性好，原来 3 个手工生产线可以看作是 1 个柔性生产线，在不卖掉的情况下可以随时转产，十分便捷，同时节省投资成本。

我们现将 3 条手工生产线同 1 条柔性生产线进行比较分析，如表 5-2 所示。

表 5-2　3 条手工生产线与 1 条柔性生产线对比分析

项　　目	购买价/M 元	安装周期/季度	转产周期/季度	转产费/M 元	占用厂房	年维护费/M 元	年折旧费
3 条手工线（原有）	0	无	无	无	3	3	少
1 条柔性线	24	4Q	无	无	1	1	多

假设模拟企业的经营期为 6 年，那么从表 5-2 中我们可以看出，3 条手工生产线支付的资金仅为每年的维修费，6 年共计 18M 元，而柔性生产线仅购买价就为 24M 元，以后也要支付维修费。而且手工生产线发生的折旧费也比柔性生产线的折旧费要少很多，折旧费的减少会相应地增加企业的权益值，因此，当模拟企业的厂房余地空间较大时，不妨考虑利用原有的手工生产线。

模拟企业还要考虑占用厂房和维修费问题。例如，2 条半自动生产线从价格和产能上看与 1 条全自动生产线等价，且有安装周期短和可分两次投资的特点，但前者要多占厂房中的 1 条生产线位置，并且每年多交 1M 元的维修费（在租用小厂房有多余机位和资金紧张时又另当别论）。现在我们将 2 条半自动生产线和 1 条全自动生产线进行比较分析，如表 5-3 所示。

表 5-3　2 条半自动生产线与 1 条全自动生产线对比分析

项　　目	购买价/M 元	安装周期/季度	转产周期/季度	转产费/M 元	占用厂房	年维护费/M 元	年折旧费
2 条半自动线	16	2	1	2	2	2	一样
1 条全自动线	16	4	2	1	1	1	一样

5.1.3　生产线生产不同产品投资回收期分析

投资上什么生产线？新投资的生产线用来生产什么产品才性价比最高，最为合理？在投资生产线时，模拟企业会经常遇到此类问题。按照比赛规则，我们可以从生产线的投资回收期考虑，如表 5-4 所示。

表 5-4　新生产线生产不同产品的投资回收期

生产线	产品	投资/百万元	安装时间/年	年产能/个	预计单价/百万元	单位成本/百万元	毛利/百万元	维修费/百万元	利息/百万元	回收期/年
手工	P1	5.00	—	1	4.00	2.00	2.00	1.00	0.25	6.7
半自动	P1	8.00	0.5	2	4.00	2.00	4.00	1.00	0.40	3.6
全自动	P1	16.00	1.0	4	4.00	2.00	8.00	1.00	0.80	3.6
柔性	P1	24.00	1.0	4	4.00	2.00	8.00	1.00	1.20	5.1
手工	P2	5.00	—	1	7.00	3.00	4.00	1.00	0.25	1.8
半自动	P2	8.00	0.5	2	7.00	3.00	8.00	1.00	0.40	1.7
全自动	P2	16.00	1.0	4	7.00	3.00	16.00	1.00	0.80	2.1
柔性	P2	24.00	1.0	4	7.00	3.00	16.00	1.00	1.20	2.7
手工	P3	5.00	—	1	8.00	4.00	4.00	1.00	0.25	1.8
半自动	P3	8.00	0.5	2	8.00	4.00	8.00	1.00	0.40	1.7
全自动	P3	16.00	1.0	4	8.00	4.00	16.00	1.00	0.80	2.1
柔性	P3	24.00	1.0	4	8.00	4.00	16.00	1.00	1.20	2.7
手工	P4	5.00	—	1	9.50	5.00	4.50	1.00	0.25	1.5
半自动	P4	8.00	0.5	2	9.50	5.00	9.00	1.00	0.40	1.6
全自动	P4	16.00	1.0	4	9.50	5.00	18.00	1.00	0.80	2.0
柔性	P4	24.00	1.0	4	9.50	5.00	18.00	1.00	1.20	2.5

注：① 毛利=（预计单价-单位成本）×年产能

② 利息为生产线投入资金的机会成本，我们假设按年利率 5%计算

③ 回收期=安装时间+生产线投入资金/（毛利-维修费-利息）

从表 5-4 中可以看出，投资所有类型生产线生产 P1 产品，投资回收期都较长，是不可取的。另外，用柔性生产线生产所有产品投资回收期同全自动、半自动生产线的投资回收期相比，都显得稍长一些。因此，柔性生产线不宜上得太多，有人认为模拟企业在考虑上柔性生产线时，以投资 1～2 条的柔性生产线为宜。

5.1.4 生产线产能总量分析

生产线产能要达到多少才算合适？这一点，可从每年的各产品需求量来考虑。下面是根据每种产品（不包括 P4 产品）的逐年需求量做出的统计表，假设有 6 个小组，具体计算如表 5-5 所示（表中数据根据附录中市场需求预测表中图示整理而成）。

表 5-5　生产线每年产能需求量　　　　　　　　　　　　个

年　　份	P1	P2	P3	合　　计	平　　均	调整后数字
1	23			23	3.8	4
2	27	18	8	53	8.8	9
3	38	38	18	94	15.7	16
4	33	55	31	119	19.8	20
5	39	45	40	124	20.7	20
6	29	36	51	116	19.3	20

每个模拟企业产能的设置可参考表中调整后的数字列，即从第一年到第六年依次为 4、9、16、20、20、20，若企业成为某市场的领导者，由于订单优先选取，能选到一些好单，产能设置时可高于这组数据；反之，则此组数据也应大致相仿或略低于此组数据。

5.1.5 指导教师点评各模拟企业的生产管理

为有助于学生的生产管理以及资产投资效益提高，指导教师每年经营结束后可对各模拟企业生产管理情况进行点评。点评时关注以下几个问题：

1. 获取厂房方式是否合理

按照模拟规则，企业的厂房可以通过购买或租赁两种方式获得，企业究竟采用哪一种方式，要依据企业战略及当时的财务状况进行适当选择。指导教师要对厂房的获取方式、资金投资的效率、回报率等进行点评。

2. 生产线更新及改良情况如何

在 ERP 沙盘模拟演练过程中，四种生产线各具特点，价格也不完全相同。指导教师点评时要注意关注以下几点：

（1）模拟企业生产线的更新顺序及组合方式是否最佳？

（2）生产线能否和市场需求相匹配，满足订单的交货期和需求数量？

　　（3）生产线更新和建设的时间是否与企业战略安排及产品研发同步？

　　（4）生产线的建设能否在 6～8 年的模拟经营周期内尽量少提折旧？

　　（5）生产线所在厂房安排是否合理？是否所耗费的厂房成本最低？

3. 模拟企业的生产流程调度安排是否合理

　　指导教师要点评各模拟企业全盘生产流程调度决策是否合理，以及库存管理与产销的配合程度。

　　（1）各模拟企业是否合理利用现有生产线并合理安排 P 类产品生产，使各种产品产能最大化？

　　（2）各模拟企业的各种产品产量是否与销售订单基本吻合，使产品的库存降到最低？

　　（3）是否根据所需产品的物料清单 BOM 合理地安排 R 原材料的下订单时间和数量？使得所采购的原材料既能满足生产的需求又不至于存货过多而占用企业的流动资金，给财务总监筹资带来进一步的压力。

5.2　营销策略分析

　　在 ERP 沙盘模拟课程中，营销策划主要集中在广告费用的投放上。下面，以一组实际的 ERP 沙盘模拟演练为例，从市场占有率以及广告投入产出比两个方面来评价模拟企业的市场营销策略水平。

5.2.1　市场占有率分析

　　市场占有率分析包括某年度市场占有率、某市场累计占有率、累计市场占有率和某产品、某年度的市场占有率分析，可以按销售数量统计，也可以按销售收入统计，这两个指标综合评定了企业在市场中销售产品的能力和获取利润的能力，分析结果以直观的饼状图展现出来。

1. 某年度市场占有率

　　某年度市场占有率是指某年度各模拟企业在当年所有市场中的各种产品销售额占总销售额的比重。

　　由图 5-1 可知，经过了 3 年的模拟经营，各模拟企业都获取了一定的市场份额，在市场中占有一席之地。从图中所展现的数字比例可以看出，A 公司第三年度的市场占有率最高，为 25%；B 公司第三年度的市场占有率最低，仅为 8%。

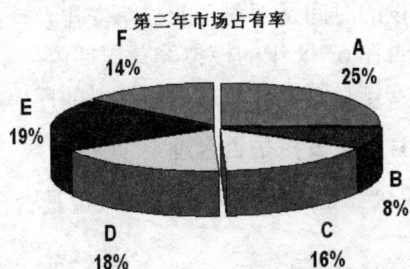

图 5-1　第三年各模拟企业的市场占有率

2. 某市场累计占有率

　　某市场累计占有率是指经营若干年之后，对一个市场进行的占有率分析，这个分析重点告诉经营者哪个企业在这个市场中做得比较好。

　　由图 5-2 可见，A 公司、B 公司、C 公司、D 公司、E 公司、F 公司经过 3 年经营之后，在本地市场中 D 公司做得比较好，本地市场累计占有率为 26%；在区域市场做得较好的是 C 公司，其区域市场累计占有率为 33%；在国内市场做得较好的是 C 公司和 E 公司，二者在国内市场的累计占有率相同，为 21%；在亚洲市场做得较好的是 C 公司，其累计亚洲市场占有率超过一半，为 59%，而 B 公司和 D 公司则还没有涉足亚洲市场。

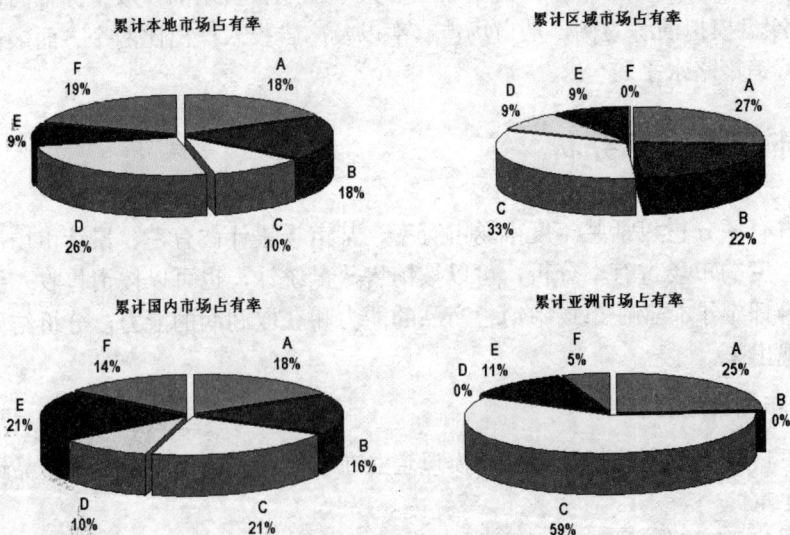

图 5-2　第三年某市场占有率

3．累计市场占有率

累计市场占有率是反映企业在所有市场中，历年经营状况的指标，如图 5-3 所示。每年可以从该指标看出一个企业在相同的时段内的经营业绩比较。

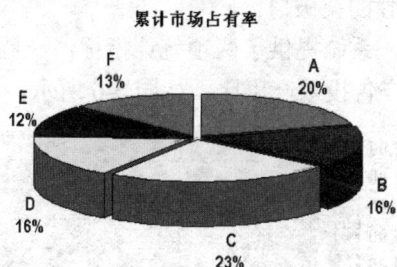

图 5-3　各模拟企业 3 年累计市场占有率

由图 5-3 可见，A、B、C、D、E、F 六个公司经过 3 年经营之后，C 公司在所有市场中所占的份额最大，为 23%；而 E 公司在所有市场中所占份额最小，仅为 12%。

4．某产品、某年度的市场占有率

某产品、某年度的市场占有率是指从产品的角度反映各模拟企业的市场占有率，如图 5-4 所示，说明各公司对产品的销售能力。

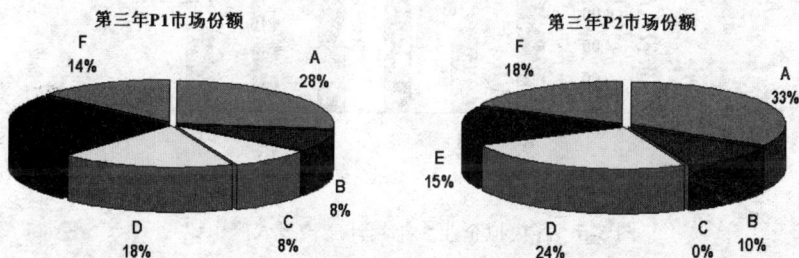

图 5-4　第三年各模拟企业 P 产品市场占有率

从图 5-4 可知，第三年 A 公司的 P1 产品、P2 产品所占市场份额均为最大，分别为 28%和 33%；C 公司 P1 产品、P2 产品所占市场份额最小，分别为 8%和 0%，但其发展势头较好，着重于高端产品的研发与生产。

5.2.2　广告投入产出比分析

广告投入产出比分析，是评价广告投入收益率的指标，其计算公式为：

广告投入产出比=订单销售总额/广告投入

广告投入产出分析用来比较各企业在广告投入上的差异。这个指标告诉经营者：本公司与竞争对手之间在广告投入策略上的差距，以警示营销主管深入分析市场和竞争对手，寻求节约成本、策略取胜的突破口。

根据市场和时间的不同，系统提供了两项统计指标：一是某一年的广告投入产出比，如图 5-5 所示；二是累积的广告投入产出比，如图 5-6 所示。

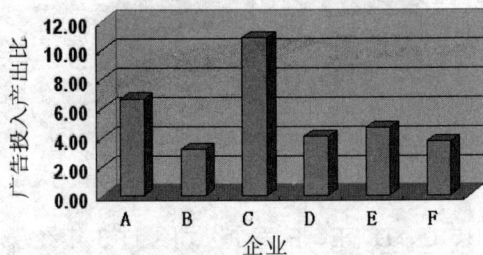

图 5-5　第三年各模拟企业广告投入产出比

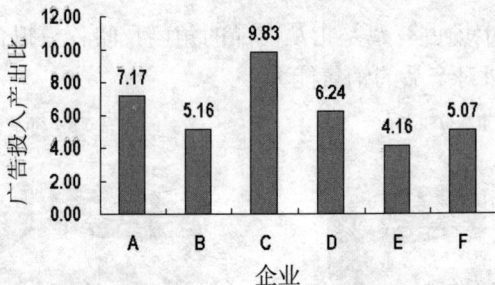

图 5-6　各模拟企业 3 年累计广告投入产出比

1. 某一年各企业广告投入产出比

图 5-5 中比较了第三年 A、B、C、D、E、F 六个模拟企业的广告投入产出比。从图中数据可以看出，C 公司的广告产出比最高，为 10，也就是说，C 公司每 1M 元的广告投入为它带来 10M 元的销售收入；B 公司的广告产出比最低，约为 2.3。

2. 累计广告投入产出比

图 5-6 中展示了各模拟企业 3 年来的累计广告产出比。从中可以看出，经过 3 年的经营，C 企业在分析市场、制订营销计划方面要优于其他投入企业，而 E 企业累计广告投入产出比最低，需进一步完善其营销策略。

3. 产品销售统计

各模拟企业可用产品数量和产品销售额两个指标反映各产品市场销售总量。其中，交易的产品数量和金额可以公司为单位，累计统计（见图 5-7）或分解到各年（见图 5-8）。

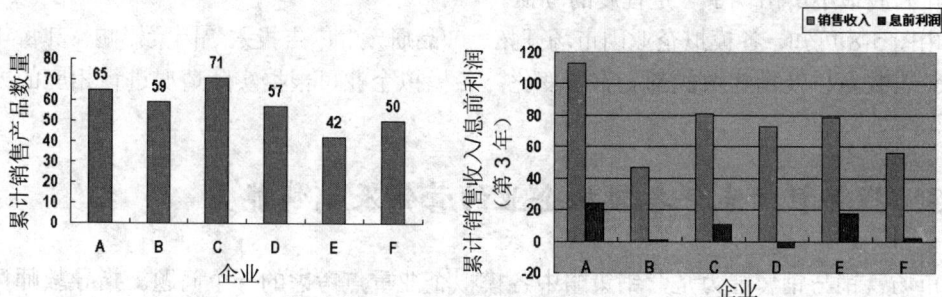

图 5-7　3 年累计产品销量

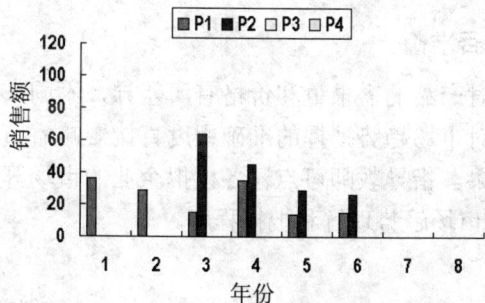

（a）B 公司各年产品销售额变比　　　（b）B 公司各年产品销售数量变化

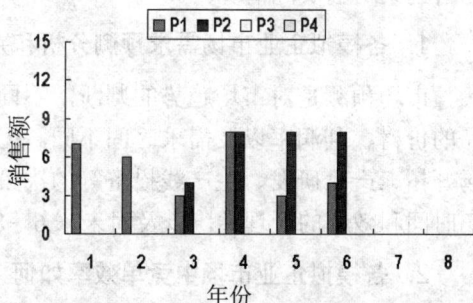

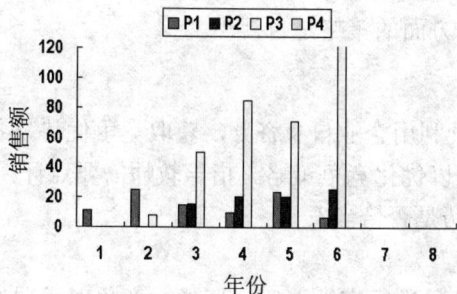

（c）C 公司各年产品销售额变比　　　（d）C 公司各年产品销售数量变化

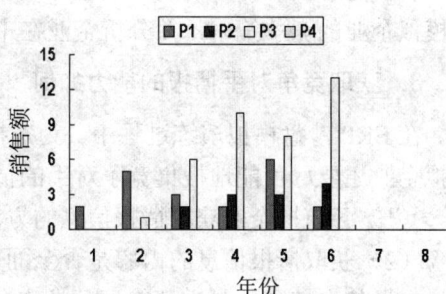

图 5-8　第三年 B、C 公司产品销售统计

由图 5-7 可知，A、B、C、D、E、F 六个公司经过 3 年不同的努力经营，其累计产品销量和利润也有所不同。就 3 年累计产品销量而言，C 公司 3 年的累计销售产品数量最大，而 E 公司 3 年累计产品销量最低；而就第三年税息前利润而言，A 公司利润最大，D 公司利润最小，出现了一定程度的亏损。

由图 5-8 可知，各模拟企业因市场开拓、产品研发、广告投入等因素影响，其每年的产品销售数量以及销售数额都会有所变化。各模拟企业可根据实际情况进行相应的方案调整。

5.2.3 指导教师点评各模拟企业的营销及销售能力

市场营销与销售能力是营销策略中各模拟企业重点考虑的一个问题。指导教师可根据各模拟企业实际的营销与销售情况对其进行点评，以有助于各模拟企业深刻认识其市场营销策略的实际情况。

1. 各模拟企业市场需求预测分析和判断是否准确

市场预测是对市场趋势的判断，不同市场对产品的需求量和价格有所差异，不同产品的价格、利润率以及需求时间不同。因此，对市场趋势把握的准确程度直接影响着市场开拓、产品研发、生产线投资等的决策和效果。指导教师可点评各模拟企业的市场开拓时间和效率的合理性，以及对未来 6~8 年的市场趋势理解和把握程度。

2. 各模拟企业市场中竞单效率如何

指导教师要点评各模拟企业市场中竞单的效率如何，主要通过对广告投入产出分析和市场占有率两个方面说明。着重分析每一期各模拟企业的广告投入和产出比率，分析各模拟企业的竞争策略，并分析企业在市场营销方面的策略是否得当。

3. 获取竞争对手情报的能力如何

在 ERP 沙盘模拟演练过程中，为发挥和合理利用企业自身资源，获取竞争优势，各模拟企业还要尽可能地搜集竞争对手的情报信息以优化竞争策略。指导教师需要点评：

（1）各模拟企业获取情报信息的方法与技巧是否恰当？

（2）获取情报信息的内容是否全面？

市场信息情报人员需要对同行业竞争者的情况进行实地调研，例如，竞争对手研发了哪些产品？开拓了哪些市场？生产能力如何？资本结构以及筹资措施是什么？

（3）各模拟企业是否利用情报信息作为计划、控制和决策的依据？

（4）各模拟企业是否利用已获取的情报信息与同行业竞争对手谈判，获取战略优势？

5.3 成本构成和费用比例分析

成本分析从以下两个方面着手,通过计算各项费用占销售的比例揭示成本与收入的关系;通过成本变化趋势发现企业经营过程中的问题。

企业成本由多项费用要素构成,了解各费用要素在总体成本中所占的比例,分析成本结构,从比例较高的那些费用支出项入手,分析发生的原因,提出控制费用的有效方法。

费用比例分析包括经常性费用比例分析和全成本比例分析,分别在两个方面用柱状图展示。费用比例的计算公式为:

$$费用比例=费用/销售收入$$

如果将各项费用比例相加,再与 1 相比,则可以看出总费用占销售比例的多少,如果超过 1,则说明支出大于收入,企业亏损,并可以直观地看出亏损的程度。

5.3.1 经常性费用比例分析

经常性费用(见图 5-9)仅包括直接成本、广告、经营费、管理费、折旧和利息,这些费用项目是经营过程中每个时期必不可少的费用支出项目。这里展示的经营费是根据下式计算出来的。

$$经营费=设备维修费+场地租金+转产费+其他费用$$

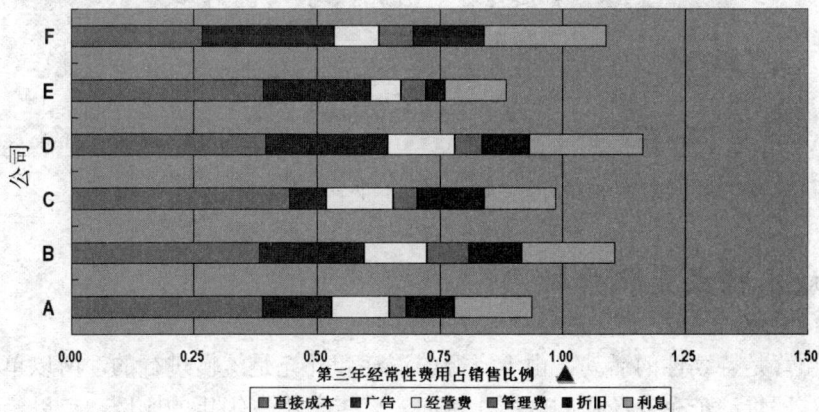

图 5-9 各模拟企业第三年经常性费用占销售比例

各模拟企业经过 3 年的经营，都获取了一定的市场份额和产品生产能力。然而，为满足生产要求，所发生的经常费用比例有所不同。例如，各模拟企业第三年经常性费用占销售比例可由图 5-9 得知：D 公司第三年经常性费用比例最高，直接成本、广告费用以及利息所占比例较大；E 公司第三年经常性费用比例最小，主要原因在于其折旧和利息费用较低。

5.3.2　全成本比例分析

在全部成本比例中，除包括上述经常性费用之外，还包括产品开发和软资产投入（市场开发、ISO 认证投入）等阶段性的成本支出项目。

由图 5-10 可知，在各模拟企业第三年综合费用占销售比例中，D 公司第三年综合费用比例最高，主要原因在于其经常性费用比例最大且市场开拓、ISO 认证投入力度最大；E 公司第三年综合费用占销售比例最低，原因在于其经常性费用比例最低且产品开发、市场开发等投入较少。

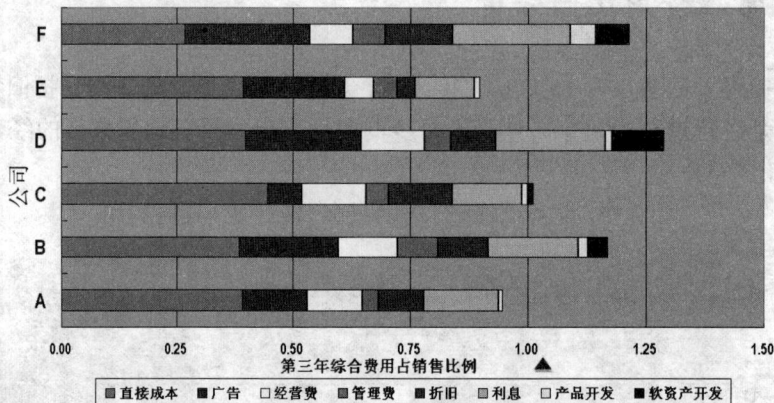

图 5-10　第三年各模拟企业全成本费用比例

5.3.3　成本构成变化分析

企业经营是持续性的活动，由于资源的消耗和补充是缓慢进行的，所以单从某一时间点上很难评价一个企业经营的好坏。例如，广告费用占销售的比例，单以一个时点来评价，无法评价好坏。但在一个时点上，可以将这个指标同其他同类企业横向来比，评价该企业在同类企业中的优劣。在企业经营过程中，很可能由于在某一时点出现了问题，而直接或间接地影响了企业未来的经营活动，所以不能轻视经营活动中的每一个时点的指标状况。那么，如何通过每一时点的指标数据发现经营活动中的问题，从而引起我们的警惕呢？在这里，给出一个警示信号，就是比例变化信号。

从图 5-11 中可以看到，A 公司第一年、第二年和第三年的各项费用比率指标均有很大的变化，这说明企业经营遇到了问题，经营的环境正在发生变化，这个信号提醒管理者格外注意各种变化情况，及时调整经营战略和策略。在以后的年份中，各种费用的比例比较平稳，没有突变的情况，说明企业运营得比较正常。

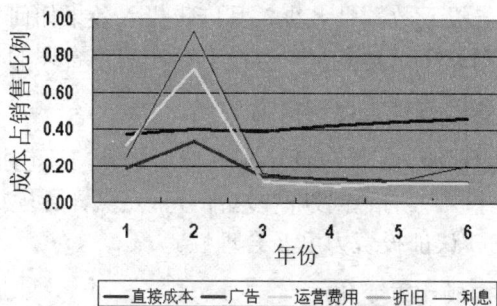

图 5-11　A 公司成本费用比例的变化

由图 5-12 所示可知，A 公司成本比重构成中，直接成本比重变化较大，其他成本较为均衡。

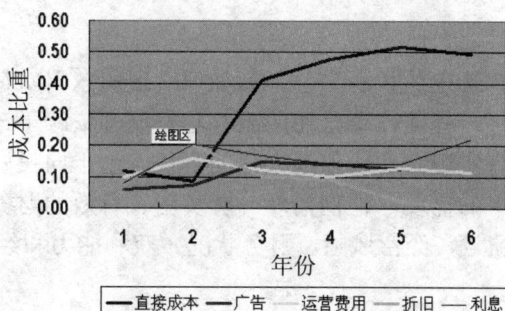

图 5-12　A 公司的成本比重变化

5.3.4　指导教师点评各模拟企业成本构成

指导教师在点评此部分时，要重点关注各模拟企业"开源节流"部分中的成本费用构成和控制情况。

1. 各模拟企业经常性费用占销售比例情况

在经常性费用构成中，管理费用不变，直接成本、广告投入以及利息费用所占比例较大。在 ERP 沙盘模拟演练过程中，各模拟企业都是制造性企业，其资金大多用在生产方面，如生产线的投资和厂房的购置、原材料的采购、直接人工等。因此，在各模拟企业成本费用构成比例中，直接成本所占比重最大，要高于其他间接成本和费用。除此之外，还要考虑：

（1）是否合理安排生产线的投建，使得折旧数额尽可能地少？

（2）各模拟企业广告投入数额是多少？其广告投入效果如何？

（3）各模拟企业的利息费用是多少？有没有存在着不合理的筹资现象？

2. 各模拟企业综合费用占销售比例情况

在全部综合费用构成比例中，除包括经常性费用之外，还包括产品开发和软资产投入（市场开发、ISO 认证投入）。指导教师在这部分重点点评各模拟企业的产品开发进展情况，以及市场开拓、ISO 认证投资力度及合理性。

3. 各模拟企业成本构成比重变化

重点考虑各模拟企业的成本构成比例变化是否合理？是否超出预警？

5.4 杜邦财务分析体系

财务管理是企业经营管理的核心之一，而如何实现股东财富最大化或公司价值最大化是财务管理的中心目标。任何一个公司的生存与发展都依赖于该公司能否创造价值。公司的每一个成员都负有实现企业价值最大化的责任。出于向投资者（股东）揭示经营成果和提高经营管理水平的需要，他们需要一套实用、有效的财务指标体系，以便据此评价和判断企业的经营绩效、经营风险、财务状况、获利能力和经营成果。

5.4.1 杜邦分析法

杜邦财务分析体系（The Du Pont System）就是一种比较实用的财务比率分析体系。这种分析方法最早是由美国杜邦公司创造出来的，故名杜邦分析法。

杜邦分析将涉及企业获利能力方面的各项指标（净资产收益率、销售利润率），也涉及营运能力方面的指标（总资产周转率），同时还涉及负债能力指标（权益乘数），有机联系起来，通过综合分析发现问题。可以说杜邦分析法是一个三足鼎立的财务分析方法，如图 5-13 所示。

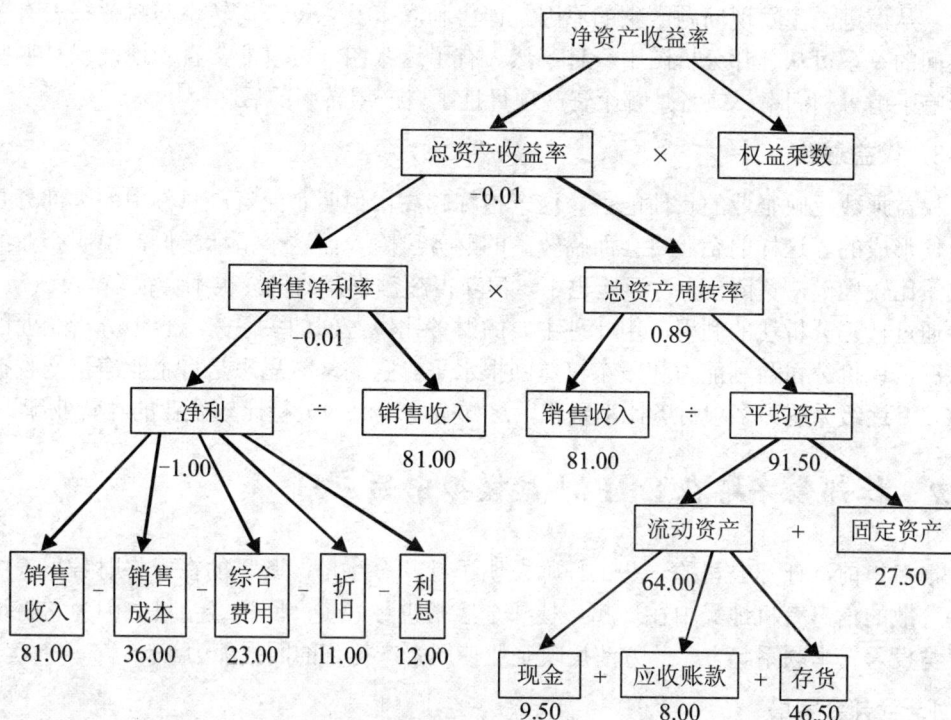

图 5-13 C 公司第三年杜邦分析图

1．净资产收益率

净资产收益率是杜邦分析的核心指标，这是因为任何一个投资人到某一特定企业，其目的都在于该企业能给我们带来更多的回报。因此，投资人最关心这个指标，同时，这个指标也是企业管理者制定各项财务决策的重要参考依据。通过杜邦分析，将影响这个指标的三个因素从幕后推向前台，使我们能够目睹它们的庐山真面目。所以在分析净资产收益率时，就应该从构成该指标的三个因素分析入手。

2．总资产收益率

分析总资产收益率水平高低的原因可类似地进行指标分解。总资产收益率低的原因可能在于销售利润较低，也可能在于总资产周转率较低。如果属于前一种情况，则需要在开源节流方面挖掘潜力；倘若属于后一种情况，则需要提高资产的利用效率，减少资金闲置，加速资金周转。

为了找出销售利润率及总资产周转率水平高低的原因，可将其分解为财务报表有关项目，从而进一步发现问题产生的原因。销售利润率及总资产周转率与财务报表有关项目之间的关系可从杜邦分析图中一目了然。有了这张图，可以非常直观地发现是哪些项目影响了销售利润率，或者是哪个资产项目扯了资产周转率的后腿。

3．权益乘数

权益乘数反映企业的负债能力。这个指标越高，说明企业资产总额中的大部分是通过负债形成的。这样的企业将会面临较高的财务风险。而这个指标越低，说明企业的财务政策比较稳健，负债较少，风险也小，但获得超额收益的机会也不会很多。

通过杜邦分析法的利用，用几种主要的财务比率之间的关系来综合地分析企业的财务状况，评价公司盈利能力和股东权益回报水平。它的基本思想是将企业净资产收益率（ROE）逐级分解为多项财务比率乘积，这样有助于深入分析比较企业的经营业绩。

5.4.2　杜邦金字塔在 ERP 沙盘模拟中的应用

很多年前，杜邦公司的一些工程师发明了杜邦金字塔。其目的在于将财务报表中的各种分散的信息有机地集中在一起。杜邦金字塔也称做资产回报金字塔。因为它将运行结果与投入资本联系起来，此方法反映企业使用资产得到的回报能力。

1．杜邦金字塔

在此处，各位学生可以看到杜邦分析法的另一个版本——杜邦金字塔在 ERP 沙盘模拟演练过程中的应用。资产回报率由利润率和资产周转率相乘得出，如图 5-14 所示，这个版本的杜邦金字塔将为各模拟企业展现如何能改善资产回报率。

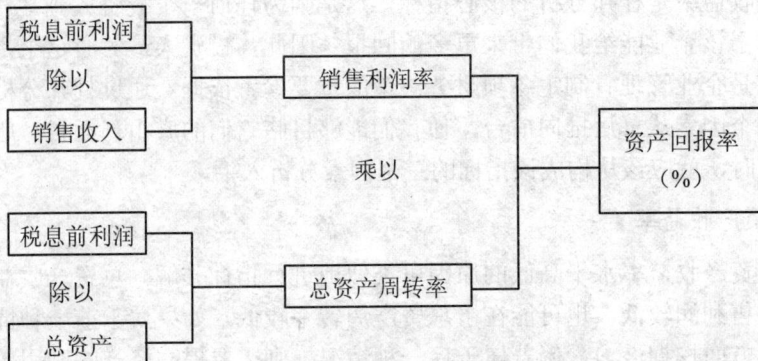

图 5-14　杜邦金字塔

如果改善了利润率，也就是说，如果你从每笔销售中得到更多利润或者因成本降低而致使利润率增加，或者改善了资产周转率，那么，在不再增加资本投入的前提下增加利润，都能提升企业的资产回报率。

2. 杜邦金字塔在 ERP 沙盘模拟中的展开

在 ERP 沙盘模拟演练中，各模拟企业可以根据自身实际经营把杜邦金字塔展开以计算其资产回报率，如图 5-15 所示。资产回报率反映了企业针对其投资所作回报的能力。在此，比较所得结果（在减去资金占用成本之前）与投入资产中的资本量。在资产负债表中列出的资产，就是在财务年度末企业所拥有的价值。除非这一项资产因为各种原因偏离了正常企业所申报的资产，它反映了为了经营该企业所需的资金投入。

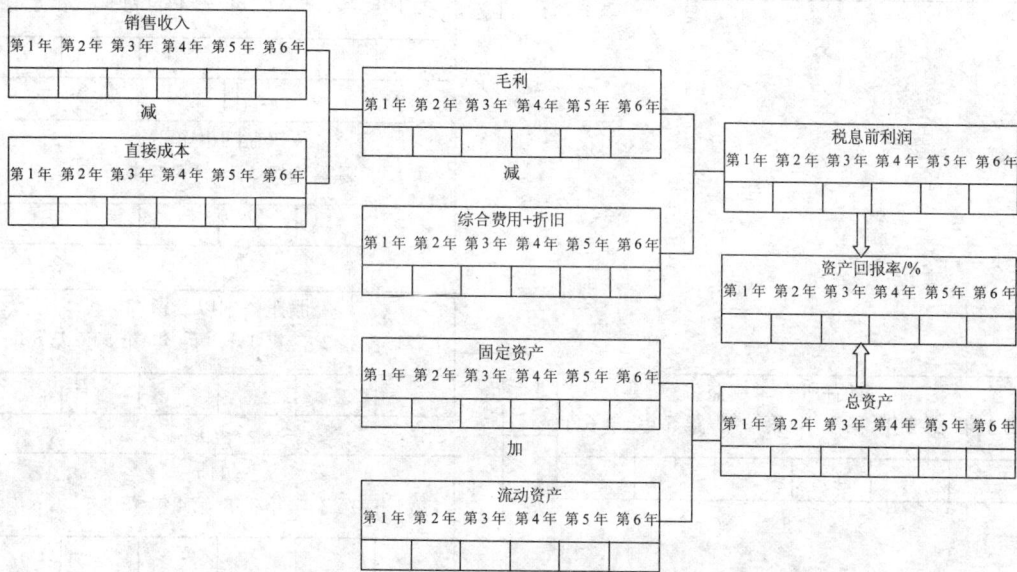

图 5-15　杜邦金字塔在 ERP 沙盘模拟演练中的应用扩展

这项比率是投资者最感兴趣的，它反映了投资回报的能力。作为投资企业的另一种理论上的选择，我们设想将企业所拥有的资产变现（售出），将所得资金投资在诸如股票、证券上。正因为企业经营中有相当的风险，因此必须要求各模拟企业以比较安全的投资方式进行投资，使得投资回报较高。具体的"风险溢价"是讨论的主题。如果投资在债券上的回报率达到每年 8%，那么资产回报率可能定在每年 12% 和 16%。然而在现实生活中存在着企业资产回报率抵不上其他相对更安全的投资回报⋯⋯

为进行杜邦分析，请记住往年的数据。针对一年的数据一次性完成，这样会容易些。

3. 杜邦金字塔扩展用于计算权益回报率

前述已经表明资产回报率反映的是企业从其资本（所有资产）中获利的能力。另一个针对股东兴趣的比率是权益回报率，也就是说，是企业由其股东所投入的资本中获利的能力。在ERP沙盘模拟演练过程中，可以用杜邦金字塔计算权益回报率，如图5-16所示。

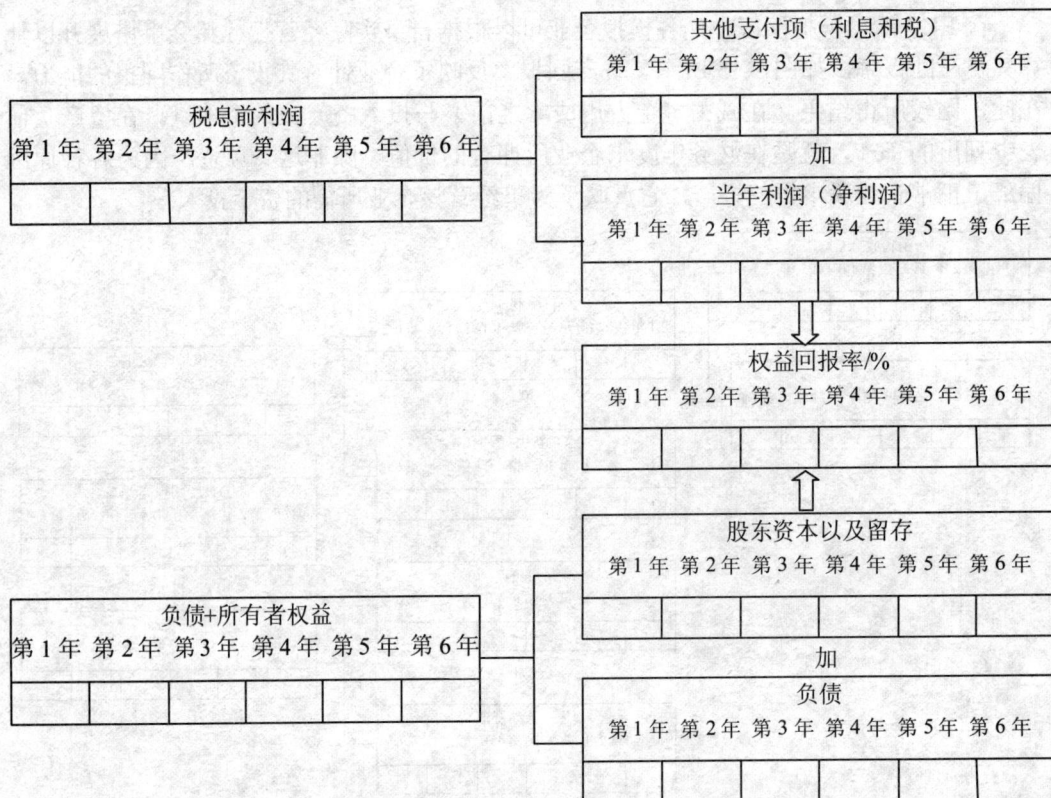

税息前利润					
第1年	第2年	第3年	第4年	第5年	第6年

其他支付项（利息和税）					
第1年	第2年	第3年	第4年	第5年	第6年

加

当年利润（净利润）					
第1年	第2年	第3年	第4年	第5年	第6年

权益回报率/%					
第1年	第2年	第3年	第4年	第5年	第6年

股东资本以及留存					
第1年	第2年	第3年	第4年	第5年	第6年

负债+所有者权益					
第1年	第2年	第3年	第4年	第5年	第6年

加

负债					
第1年	第2年	第3年	第4年	第5年	第6年

图5-16 杜邦金字塔在ERP沙盘模拟演练中计算权益回报率

权益回报率反映了企业就股东投资回报的能力。净利润（税后）是股东可得的回报，净利润分配可以有两种方案：一是全部或部分付给股东作为红利；二是全部利润留在企业内作为积累。

在对权益回报率与资产回报率进行比较（见图5-17）时，需要说明的是：哪种回报率股东才满意？因为股东承担了很大的风险，所以他们自然对回报的期望值高，然而不要过多地关注每年的权益回报，因为实际上在相当长的一段时间内分析这组数据才更有意义。

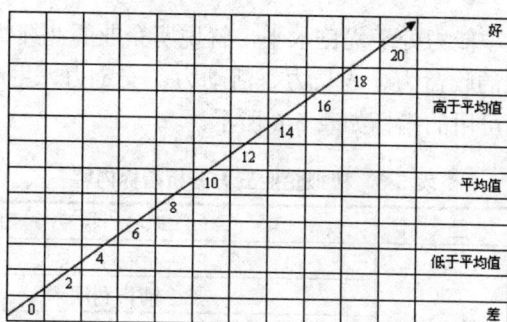

注：箭头代表发展方向，图中数字为百分率。

图 5-17　资产回报率以及权益回报率分析

5.5　模拟企业业绩评价的五力分析模型

　　五力分析模型是由迈克尔·波特于 20 世纪 80 年代初提出，他认为行业中存在着决定竞争规模和程度的五种力量，五力分别是供应商的讨价还价能力、购买者的讨价还价能力、潜在竞争者进入的能力、替代品的替代能力、行业内竞争者现在的竞争能力。这五种力量综合起来影响着产业的吸引力，它是用来分析企业所在行业竞争特征的一种有效的工具，可用于竞争战略的分析，可以有效地分析客户的竞争环境对企业战略制定产生全球性的深远影响。

　　通过借鉴波特的五力模型结构，在 ERP 沙盘模拟演练中可以从收益力、成长力、安定力、活动力、生产力五个方面对各模拟企业的业绩进行评价，如图 5-18 所示。

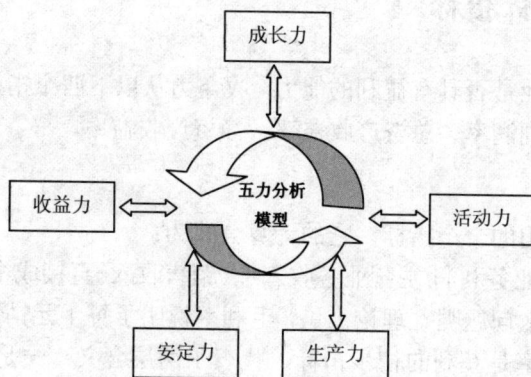

图 5-18　模拟企业业绩评价的五力分析模型结构

如果企业的上述五项能力处于优良水平，就说明企业的业绩优良。

为了测评模拟企业的收益力、成长力、活动力、安定力、生产力情况，需要对各项内容进行指标分解，其可用的指标如表 5-6 所示。

表 5-6　模拟企业五力分析指标内容

编　号	项　目	指　标
1	收益力	毛利率
		销售利润率
		总资产收益率
		净资产收益率
2	成长力	销售收入成长率
		利润成长率
		净资产成长率
3	安定力	流动比率
		速动比率
		固定资产长期适配率
		资产负债率
4	活动力	应收账款周转率
		存货周转率
		固定资产周转率
		总资产周转率
5	生产力	人均利润
		人均销售收入

5.5.1　收益力分析指标

收益力表明了企业是否具有盈利的能力。收益力从以下四个指标入手进行定量分析，它们是毛利率、销售利润率、总资产收益率、净资产收益率。

1. 毛利率

毛利率是经常使用的一个指标，它的计算公式为：

毛利率=主营业务利润/主营业务收入=（销售收入-直接成本）/销售收入

毛利率说明了什么问题呢？理论上讲，毛利率说明了每 1 元销售收入所产生的利润。更进一步思考，毛利率是获利的初步指标，代表了两层含义：一是对具体产品而言，代表一种产品的盈利能力；二是从整个企业层面上讲，根据利润表计算出来的毛利率代表了企业产品线的盈利能力。

2．销售利润率

销售利润率是毛利率的延伸，是毛利减掉三项费用后的剩余。它的计算公式为：

$$销售利润率=营业利润/主营业务收入$$

本指标代表了主营业务的实际利润，反映企业主业经营的好坏。两个企业可能在毛利率一样的情况下，最终的销售利润率不同，原因就是三项费用不同造成的结果。

3．总资产收益率

总资产收益率是反映企业资产的盈利能力的指标，它包含了财务杠杆概念的指标，它的计算公式为：

$$总资产收益率=税息前利润/资产合计$$

4．净资产收益率

净资产收益率反映投资者投入资金的最终获利能力，它的计算公式为：

$$净资产收益率=净利润/所有者权益合计$$

这项指标是投资者最关心的指标之一，也是公司的总经理向公司董事会年终交卷时关注的指标。但它涉及企业对负债的运用。根据负债的多少可以将经营者分为激进型和保守型。

负债与净资产收益率的关系是显而易见的。如果在总资产收益率相同时，其负债的比率对净资产收益率有着放大和缩小的作用。

例如，A、B 两公司总资产收益率相同，税息前利润均为 20 万元，总资产 100 万元，所得税率 30%。但 A 公司负债 70 万元，所有者权益 30 万元，负债年利率 10%；B 公司负债 30 万元，所有者权益 70 万元，负债年利率 10%。

因此，A 公司能获得的净利润为：

利润-负债息-所得税= 20-7-3.9=9.1（万元）。

净资产收益率=净利润/所有者权益= 9.1/30×100%=30.3%。

即股东投入 100 元，能获得 30.3 元。

同理计算 B 公司，虽然负债年利小，可以获得净利润 11.9 万元（20-3-5.1=11.9），但因所有者权益为 70 万元，净资产收益率只有 17%，即股东投入 100 元，只能得到 17 元。

5.5.2　成长力分析指标

成长力表示企业是否具有成长的潜力，即持续盈利能力。

成长力指标由三个反映企业经营成果增长变化的指标组成，分别是销售收入成长率、利润成长率和净资产成长率。

1．销售收入成长率

这是衡量主营业务收入增长的比率指标，以衡量经营业绩的提高程度，指标值越高越好。其计算公式为：

销售收入成长率=（本期销售收入-上期销售收入）/上期销售收入

销售收入成长率高，表明公司产品的市场需求大，业务扩张能力强。如果模拟企业能连续几年保持 30%以上的销售收入增长率，基本上可以认为这家公司成长空间大，可持续发展能力较强。

2．利润成长率

利润成长率是本期主营业务利润减去上期主营业务利润之差再除以上期主营业务利润的比值。这是衡量利润增长的比率指标，以衡量经营效果的提高程度，越高越好。其计算公式为：

利润成长率=（本期（利息前）利润-上期（利息前）利润）/上期（利息前）利润

一般来说，主营业务利润稳定增长且占利润总额的比例呈增长趋势的公司正处在成长期。一些公司尽管年度内利润总额有较大幅度的增加，但主营业务利润却未相应增加，甚至大幅下降，这样的公司质量不高，投资这样的公司，尤其需要警惕。这里可能存在着巨大的风险，也可能存在资产管理费用居高不下等问题。

3．净资产成长率

这是衡量净资产增长的比率指标，以衡量股东权益提高的程度。对于投资者来说，这个指标是非常重要的，它反映了净资产的增长速度。其计算公式为：

净资产成长率=（本期净资产-上期净资产）/上期净资产

5.5.3 安定力分析指标

这是衡量企业财务状况是否稳定，会不会出现财务危机的信息体系，该体系由四个指标构成，分别是流动比率、速动比率、固定资产长期适配率和资产负债率。

1．流动比率

流动比率的计算公式为：

流动比率=流动资产/流动负债

这个指标体现企业的偿还短期债务的能力。流动资产越多，短期债务越少，则流动比率越大，企业的短期偿债能力就越强。一般情况下，运营周期、流动资产中的应收账款数额和存货的周转速度是影响流动比率的主要因素。

2．速动比率

速动比率比流动比率更能体现企业的偿还短期债务的能力。其计算公式为：

速动比率=速动资产/流动负债=（流动资产−存货−待摊费用）/流动负债

从公式中可以看出，流动资产中尚包括变现速度较慢且可能已贬值的存货，因此将流动资产扣除存货再与流动负债对比，以衡量企业的短期偿债能力。一般低于 1 的速动比率通常被认为是短期偿债能力偏低。影响速动比率的可信性的重要因素是应收账款的变现能力，账面上的应收账款不一定都能变现，也不一定非常可靠。

3．固定资产长期适配率

固定资产长期适配率的计算公式为：

固定资产长期适配率=固定资产/（长期负债+所有者权益）

这个指标应该小于 1，说明固定资产的购建应该使用还债压力较小的长期贷款和股东权益，因为固定资产建设周期长，且固化的资产不能马上变现。如果用短期贷款来购建固定资产，由于短期内不能实现产品销售而带来现金回笼，势必造成还款压力。

4．资产负债率

这是反映债权人提供的资本占全部资本的比例，该指标也被称为负债经营比率。其计算公式为：

资产负债率=负债/资产

负债比率越大，企业面临的财务风险越大，获取利润的能力也越强。如果企业资金不足，依靠欠债维持，导致资产负债率特别高，偿债风险就应该特别注意了。资产负债率在 60%～70%比较合理、稳健，达到 85%及以上时，应视为发出预警信号，企业应引起足够的注意。

资产负债率指标不是绝对指标，需要根据企业本身的条件和市场情况判定。

5.5.4　活动力分析指标

活动力是从企业资产的管理能力方面对企业的经营业绩进行评价，主要包括四个比率指标，分别是应收账款周转率、存货周转率、固定资产周转率和总资产周转率。

1. 应收账款周转率（周转次数）

应收账款周转率是指定的分析期间内应收账款转为现金的平均次数。其计算公式为：

应收账款周转率（周转次数）=当期赊销净额/当期平均应收账款

=当期赊销净额/〔（期初应收账款+期末应收账款）/2〕

应收账款周转率越高，说明其收回越快。反之，说明营运资金过多呆滞在应收账款上，影响正常资金周转及偿债能力。

由于赊销的数据无法从利润表中取得，无法进行对比，所以取销售净额的数据。指标越高越好。周转率可以年为单位计算，也可以季、月、周计算。

2. 存货周转率

这是反映存货周转快慢的指标，它的计算公式为：

存货周转率=当期销售成本/当期平均存货

=当期销售成本/〔（期初存货余额+期末存货余额）/2〕

从指标本身来说，销售成本越大，说明因为销售而转出的产品越多，销售利润一定赚得越多，库存越小，周转率越大。

这个指标可以反映企业中采购、库存、生产、销售的衔接程度。衔接得好，原材料适合生产的需要，没有过量的采购，产成品（商品）适合销售的需要，没有积压。

3. 固定资产周转率

固定资产周转率的计算公式为：

固定资产周转率=当期销售净额/当期平均固定资产

=当期销售净额/〔（期初固定资产余额+期末固定资产余额）/2〕

这项指标的含义是固定资产占用的资金参加了几次经营周转，赚了几次钱，用以评价固定资产的利用效率，即产能能否充分发挥。

4. 总资产周转率

总资产周转率指标用于衡量企业运用资产赚取利润的能力。经常和反映盈利能力的指标一起使用，全面评价企业的盈利能力。其计算公式为

总资产周转率=当期销售收入/当期平均总资产

=销售收入/〔（初资产总额+期末资产总额）/2〕

该项指标反映总资产的周转速度，周转越快说明销售能力越强。企业可以采用薄利多销的方法加速资产周转，带来利润绝对额的增加。

5.5.5　生产力分析指标

生产力是衡量人力资源的产出能力的指标，通过计算人均利润、人均销售收入两个指标来衡量。

人均利润=当期利润总额/当期平均职工人数

=当期利润总额/［（期初职工人数+期末职工人数）/2］

人均销售收入=当期销售净额/当期平均职工人数

=当期销售净额/［（期初职工人数+期末职工人数）/2］

人均利润指标衡量人力投入与利润之间的关系，指标值越大越好；人均销售收入指标衡量人力投入与销售收入之间的关系，指标数值越大越好。总之，生产力指标旨在说明：企业规模扩大，员工数量增加，增加的这些员工生产是否有效率。

5.5.6　指导教师点评各模拟企业的财务状况

对于各模拟企业财务状况的点评，指导教师可以从以下几个方面进行：

1．各模拟企业投资计划与现金预算合理性

为保障有一个顺畅的现金流，各模拟企业都要进行投资计划的制订和现金流量的预算编制。主要点评各模拟企业对把握资金流的长期规划程度，预计现金的流入和流出的准确性如何，以及投资计划的实施是否会出现资金的缺口等问题。

另外，还要总结各模拟企业中，企业运用预算的情况如何。该企业的预算是如何制定出来的，参与制定及决策的主体有哪些，预算的执行情况如何，其结果如何，如果实际与预算之间的差异过大，原因在哪里等。

2．各模拟企业资金筹措渠道分析

现金流对于各模拟企业来说至关重要。为了生产，各模拟企业必须获取现金以支付各种成本和费用的开销。指导教师点评时可关注以下问题：

（1）各模拟企业现金来源于何处？有没有选择合理的融资方式？

（2）长期贷款、短期贷款等的时间是否合理？是否造成贷款资源的浪费？

（3）为获取现金，各模拟企业所采取的筹资渠道是否最为经济合理，使得支付的财务费用最低？

（4）为保证现金流的畅通，各模拟企业是否未雨绸缪？

3. 各模拟企业资金使用效果分析

在 ERP 沙盘模拟演练中，各模拟企业除应收账款到期外，为获取一定的现金，都要付出一定的代价，即利息、贴息或其他财务费用等。因此，企业获取现金后，应尽可能地充分发挥其作用，为企业创造较多的价值财富。

（1）各模拟企业所贷现金有没有出现闲置不用的现象？是否合理？

（2）有没有使用现金购买多余的原材料造成流动资金占用的现象？

（3）拥有的现金有没有进行合理的开支预算？

4. 各模拟企业财务报表及各项指标的应用程度

借助一些重要的财务指标，如毛利率、资产负债率、存货周转率等，使用一些财务分析方法，如杜邦分析法、五力分析和成本构成比重及变化分析等，都能对企业决策和内部诊断提供帮助，指导教师在点评时要考察一下各模拟企业是否会分析和使用财务报表、是否能够运用财务指标进行内部诊断，协助管理决策等。

5.6 模拟企业经营分析报告与诊断标准

5.6.1 模拟企业经营状况分析报告

企业经营状况分析也可以称为企业诊断，因为企业和一切有生命的机体一样，在成长运营过程中会发生各种各样的问题，即"疾病"。企业诊断就是一门诊治企业"疾病"的科学，对企业加强内部管理、提高运营效率等都有着重要的意义和作用。

企业经营状况分析报告是企业诊断的必要环节，是诊断人员对企业进行诊断中所了解的情况进行处理、分析、判断，并提出切实可行的改善方案后，归纳而成的书面材料。报告的内容因诊断内容和范围的不同而有所差异，主要应包括诊断概要、现状分析和存在问题、改善方案等几个方面。

撰写经营状况分析报告（诊断报告）应注意以下问题：

1. 主题要明确、突出

诊断报告书中所提出、论述和回答的问题以及解决问题的措施要明确，不能模棱两可。

2. 要有科学性，用事实说话

报告书要真实地反映企业经营管理中所存在的问题及其变化规律，使用的语言必须准确恰当，引用的数据必须准确无误，并且尽可能用数字来表明，这样才能使诊断报告具有说服力。

3．要多用图表

报告书应尽量多采用图表的形式来说明问题，看起来直观、方便。

4．注意措辞

报告书应尽可能实事求是，语言简洁明了，专业术语要贴近企业实际。少用生僻的理论术语。对重要的文字可进行修饰。

在完成 ERP 沙盘模拟演练之后，可以让学生对自己企业的经营状况做一个详尽的分析，并可着重就其所担任和扮演的角色进行分析，说明其在企业的经营管理过程中所做的成功地方、不足的地方，以及如果要做到科学合理的经营操作，应该怎么做，应该采用哪些方法等，未来应该注意哪些事项等内容。

5.6.2　企业经营分析内容与诊断标准

企业经营诊断是在对组织经营现状了解的基础之上，发现企业经营管理中存在的问题，并分析产生问题的原因，以寻找解决问题的途径。

1．确定经营组织问题，分析发生原因

在日常生活中，医生诊断疾病，首先要明确一个健康人的标准，然后再检查病人哪些部位不符合既定的标准，且造成这种毛病的原因是什么？医生的处方也是本着使病人恢复到健康人的水平。这里就有现状、标准和差距的概念，三者之间的关系是：差距=标准-现状。根据这一公式，用经营组织的现状同组织理论进行比较，同诊断人员根据企业任务所设想出的"标准组织"进行比较，从而确定企业经营组织在哪些方面存在问题。找出存在的问题后，就要分析产生问题的原因。在确定问题和分析原因时，可以按下列方面进行：

（1）任务分析

任务分析即对企业任务的分解过程和分解的结果进行逻辑分析，对企业任务分解的合理性做出判断。如果企业任务的分解是不合理的，那么依此建立起来的组织机构也就不可能是合理的。如果企业任务的分解基本合理，那么就要研究企业的组织机构和职位是否与任务相适应，有无负荷过重或过轻的部门和职位。

（2）权力分析

权力分析即对企业内部各级各部门的主要管理者的决策权力进行分析判断，也就是

对整个企业组织权力分配情况进行分析，看各个管理者是否拥有同他所承担任务、所需做出决策相适应的权力。就整个企业而言，是否有权力过分集中或过分分散的问题；就经营者个人而言，是否存在权力过大或过小问题。

（3）关系分析

关系分析即从企业经营组织全局的角度对各个局部组织之间的分工、协作关系及协调情况进行分析，对各个管理性职位之间的相互关系进行分析。看有无权力交叉、权力分裂和权力空当的情况，重点分析企业经营组织内部权力是否协调。

（4）人力分析

人力分析即根据企业任务、企业职位标准和企业诊断人员提出的标准，对企业内部所有现职经营者担任现职工作的能力和发展前途进行分析判断。看有无不胜任本职工作的经营者和其能力特点与本职工作不相适应的经营者。同时，也要考虑职位标准应否修改。

经过上述分析后，企业经营组织存在的问题及产生的原因基本了解清楚。

2. 确立诊断经营组织的标准

在对企业经营组织诊断时，必须有明确的诊断标准，即理想的组织结构。常用的诊断经营组织的标准多采用美国管理协会（A.M.A）的标准，具体内容如下：

（1）有效度的测定

有效度是指经营组织对企业目的的完成程度。它是衡量企业经营成果的尺度。包括利润额、资金利润率、市场占有率等指标。衡量各单项功能的有效度的尺度则由各从业人员人均产量或销售额，或者用从事该项功能的从业人员人均数额与全体从业人员人均数额之比来计算的。

（2）讲求效率

判断效率的标准是着眼于经营组织中有关个人达到什么目的的程度。例如，对于经营负责人来说，效率标准应该包括以下几个方面：

① 什么是适当的经营组织机构？

② 是否有责权明确的制度？

③ 参与制定经营方针的情况如何？

④ 是否有提出意见的权利？

⑤ 是否有充分发挥潜力的机会？

⑥ 能否使个人需求得到最大限度的满足？

本章小结

　　本章主要是以各模拟企业生产能力、营销策略、成本构成和费用比例以及五力分析为基础，对模拟企业进行了详细的分析。对于生产能力，本章主要对什么是生产能力、不同生产线的性能和产量作了分析，并就使用不同生产线生产不同产品作了投资回收期分析；关于营销策略，主要从市场占有率分析和广告投入产出比分析两个方面着手进行分析；还利用杜邦财务分析体系，使学生学会如何利用杜邦金字塔发挥其在 ERP 沙盘模拟中的作用；另外，还参照迈克尔·波特的五力模型对各模拟企业从收益力、成长力、安定力、活动力、生产力五个方面进行了评价。如果企业的上述五项能力处于优良水平，就说明企业的业绩优良。最后，形成企业经营状况分析与诊断报告，提升企业的经营管理水平。

第6章　ERP沙盘模拟企业的综合能力测评及感言分享

【学习目标】

✧　掌握模拟企业生存的前提条件

✧　掌握模拟企业不能参评的条件

✧　明确模拟企业的违规行为及扣分标准

✧　明确模拟企业综合能力评比准则和指标

✧　了解以往沙盘模拟各位主管感言及教师点评

各模拟企业经过 6 年的经营，都开拓了相应的市场、研发了不同的产品以及拥有了不同的生产线等，现根据各模拟企业的资产状况、产品研发水平、市场开发以及认证资格等对企业综合发展潜力进行相应评估。除此之外，为增强 ERP 沙盘模拟实验教学的针对性，在此基础之上，还可在做完 ERP 沙盘模拟实验后，每一个小组的每一位同学对自己所担任的角色进行总结发言，说明自己的经验和教训，对失败的地方进行详细分析并提出改进措施，并共同完成本企业的 ERP 沙盘模拟演练经营分析报告一份，由 CEO 转交指导教师，指导教师可根据实际情况确定所占成绩比例。

6.1　模拟企业的综合能力测评要求

6.1.1　模拟企业的生存与发展

模拟企业要想在市场上求得进一步的发展，首先就得在激烈的竞争中活下来。企业生存的基本条件有两个：一是以收抵债；二是到期还债。否则，企业将要面临破产的危险境地。

1．以收抵债

如果模拟企业所取得的收入不足以弥补其支出，资不抵债，导致所有者权益为负时，企业破产。

2．到期还债

企业为了扩大经营以及更新生产条件等，一般会举债经营。但如果模拟企业出现现金断流，负债到期无力偿还的话，企业破产。

在模拟经营演练过程中，如果一旦破产条件成立，请指导教师定夺。一般可能有三种处理方式：

（1）如果企业盘面能让股东/债权人看到一线希望，股东可能增资，债权人可能债转股。

（2）企业联合或兼并。

（3）破产清算。

6.1.2　不能参评企业条件

在对经营进行评估中，又有以下几种情况的企业将不能参加最后的评比。

（1）评比年份权益为负数的企业（破产企业）。

（2）在运行过程中股东进行过增资，即评比年份的股东资本与第一年的股东资本不一致的企业。

（3）评比年权益合计为零的企业。

企业破产后，该模拟小组企业可以选择继续运行下去，但不能参加最后的竞赛评比得分，名次为最后。

6.1.3　参评企业违规及扣分情况

1．不能得分情况

在加权系数中，以下情况不能在加权系数中加分：

（1）企业购入的生产线，只要没有生产出一个产品，都不能获得加分。

（2）结束年中，如果企业没有完成订单，则取消所在市场的老大资格，不能获得市场第一的加分。

（3）已经获得各项资格证书的市场、ISO、产品才能获得加分，正在开发但没有完成的，不能获得加分。

（4）在企业运行过程中，对于不能按照规则运行或不能按时完成运行的企业，在最终评定的总分中，给予减分的处罚。

2. 审核或上交的运行记录表

各模拟企业都必须严格按照任务清单中规定的业务流程来执行，即当执行完规定的任务后，CEO 都要在任务清单完成框中打钩。当到交易处（或指导教师处）进行贷款、采购原材料、交货、应收款兑现等业务时，必须携带运营手册或运营记录以及相关的登记表。在模拟演练过程中，必须填制管理所需的各种表格。

（1）借、还贷款记录

由财务总监填写"贷款登记表"，经监督员（指导教师）审查无误，带该表到银行处登记，领取或归还贷款。

（2）原材料订单及采购入库记录

原材料订单和采购入库必须填写"采购订单登记表"。当每季度采购入库时，携带现金和该表到交易处购买原材料，交易员（指导教师）核对订单并进行交易。同时，应将下期的原材料订单在交易处（指导教师处）进行登记。

（3）交货记录

交货时携带产品、订单、订单登记本（营销总监的运行手册）到交易处（指导教师处）交货，并收取应收账款，收到的应收账款放在企业盘面上应收区的相应账期处，并在"应收账款登记表"上作应收账款登记，监督员（指导教师）进行审核。

（4）应收兑现记录

当应收款到期时，在"应收账款登记表"的到期季度填写"到款"数，并注销原应收账款数，监督员（指导教师）对"应收账款登记表"作审核。

（5）产品、市场开发、ISO 认证记录

每年年末需填写"产品开发登记表"、"市场开发登记表"和"ISO 认证登记表"，对本年度的投资进行记录，并由监督员（指导教师）签字。

（6）生产状态记录

企业运行期间，每季度末需要对本季度生产和设备状态进行记录，生产总监必须如实填写"生产及设备状态记录表"，该表每年必须上交。

（7）现金收支记录

在运行手册的任务清单中，每一任务完成记录框右侧都有一记录数据的位置，这个位置就是用来记录现金收支数据的。

（8）上报报表

每年运行结束后，各公司需要在规定的时间内上报裁判组（指导教师处）5 张报表，这 5 张报表分别是"产品销售统计表"、"综合费用明细表"、"利润表"、"资产负债表"

和"生产及设备状态记录表"。前 4 张报表直接在运行手册上填写,"生产及设备状态记录表"为单独报表。

3.违规及扣分

竞赛最终是以评分为判别优胜标准,教学最终也是以评分作为分数高低的划分,在各模拟企业演练过程中,对于不能按照规则运行的企业和不能按时完成运行的企业,在最终竞赛总分中,给予减分的处罚。

(1)运行超时扣分

运行超时是指不能按时提交报表的情况。

处罚:按每超时 1 分钟(含 1 分钟内),罚分 1 分计算。最多不能超过 15 分钟。如果到 15 分钟后还不能提交报表时,由裁判组或指导教师强行平账,另外,参照报表错误进行罚分。

上报的报表必须是账实相符的报表,如果发现上交的报表有明显错误(如销售统计与利润表不符、资产负债表不平等),报表不平或者账实不符的,退回重新更正并罚 5 分。

(2)违规扣分

在运行过程中有颠倒任务执行顺序运行,不如实填写管理表单等以下情况的,都要从最后系统综合得分中扣除相应得分:

① 没有按照规定的流程顺序进行运作,罚总分 5 分/次。

② 违反规则运作,如新建生产线没有执行规定的安装周期、没有按照标准的生产周期进行生产等,属于严重违规行为,罚总分 20 分/次。

③ 不如实填写管理表单(采购订单、贷款、应收、生产线状况登记表)的情况,一经核实,按情节严重扣减总分 5~10 分/次。

(3)借高利贷扣分

借高利贷按照每桶 5 分的标准在综合得分中扣除。

有的同学可能会认为对违规行为或其他操作行为的扣分标准过于严格,其实不然,因为规则和标准是针对所有的模拟企业进行的,所有的学生在进行沙盘模拟演练过程中都必须遵循,因此,就不存在所谓的公不公平之说。

即便如此,具体的扣分要求和标准可由指导教师来制定。

6.2 模拟企业的综合能力测评

比赛结果以参加比赛各队的最后权益、生产能力、资源状态等进行综合评分,分数高者为优胜（不考虑经营分析报告情况下）。评分以最后年的权益数为基数，以生产能力、资源等为加权系数计算而得。

6.2.1　模拟企业的综合测评分数等级

在教学过程中，假设每个小组（模拟企业）提交的经营分析报告所占总成绩比例的20%；根据用友 ERP 沙盘模拟训练经营成果展示系统得出的综合测评分数占总成绩比例的80%，可把参加 ERP 沙盘模拟演练的学生的成绩分为 7 个等级，如表 6-1 所示。

表 6-1　模拟企业分数等级　　　　　　　　　　　　　　分

等　　级	综合测评分数	学 生 得 分
A 级	300 以上	95～100
B 级	150～300	90～94
C 级	80～150	85～89
D 级	50～80	80～84
E 级	20～50	75～79
F 级	0～20	70～74
G 级	0 以下	69 以下

6.2.2　参评企业的综合能力测评指标

《用友 ERP 沙盘模拟》院校版的分析工具是作为已购买用友 ERP 沙盘模拟的高校或其他单位提供给授课教师使用的。借助这套分析工具，可以及时记录模拟企业的经营结果，有效避免有意舞弊和无意差错的发生，保证训练的公平性；还可以利用其中存储的数据，以数字和图形的方式进行定量分析和企业经营业绩评价。

当训练结束时，系统提供对企业运行结果的综合评估总结。当竞赛时，可以作为评判优胜的最后结果。对企业的综合评估是以企业的硬设备和软资产两方面因素作为权重，以企业最终获得的权益为基数计算。此项评分可以在经营四年以后的各年中进行。

1．综合能力评比指标

各模拟企业经过几年经营，有关的评价指标有所有者权益、厂房、生产线、市场开发、产品研发、市场地位等，具体如图 6-1 所示。

Score	y	A	B	C	D	E	F	Score=权重系数×权益
→	Input y for computing							权重系数按下列条件计算
大厂房			1		1	1	1	+15
小厂房								+10
手工生产线		3	1	7	3	3	3	+5/条
半自动生产线		2	5	1	2	2	2	+10/条
全自动/柔性线		1		2	1		1	+15/条
区域市场开发		1	1	1	1	1	1	+10
国内市场开发		1	1	1	1	1	1	+15
亚洲市场开发		1						+20
国际市场开发								+25
ISO09000		1	1	1	1	1	1	+10
ISO014000			1	1				+10
P2产品开发		1	1	1	1	1	1	+10
P3产品开发		1		1	1	1		+10
P4产品开发		1		1				+15
本地市场地位				1				+15/第五年市场第一
区域市场地位				1				+15/第五年市场第一
国内市场地位				1				+15/第五年市场第一
亚洲市场地位				1				+15/第五年市场第一
国际市场地位								+15/第五年市场第一
高利贷扣分		1		3	3	1	1	请在左边空格中输入扣分次数，在右边的空格中输入每次扣分的分数 3
其他扣分		2		5	2			请在左边空格中直接输入扣除的总分

图 6-1 参评企业综合能力评价指标

2. 扣分

扣分是对违规企业的必要的处罚，可以认为是企业信誉降低带来的权益损失。本软件提供两种扣罚方法：一种是按照违规次数进行的扣分；另一种是直接扣除的分数总计。第一种扣分需要在左边的表格中输入违规次数，并在右边说明中指定的地方输入每次扣分的标准（如 3 分/次，则输入 3），此标准是教师在训练之前约定的，除了系统设定的高利贷扣分外，也可用此栏进行其他约定的扣分，如迟交报表扣除 3 分/次等。第二种扣分是直接在"其他扣分"项输入要扣除的总分数即可。

6.2.3 参评企业的综合能力评估

经营结束时，按照企业的综合实力评分，选出优胜队。综合实力评分是根据所有者权益、生产能力、资产状况、产品开发、市场地位等计算得出的。其计算公式为

总成绩=所有者权益×（1+企业综合发展潜力/100）

图 6-2 为某年 A、B、C、D、E、F 六个公司经过 6 年的模拟经营后的经营成果展示。

年份＼公司	起始年	1	2	3	4	5	6	7	8	总分
A	66	28	-26	-20	-6	8	15			30.25
	2	-38	-54	6	14	14	7			
B	66	56	33	22	44	59	61			140.3
	2	-10	-23	-11	22	15	2			
C	66	31	3		17	42	79			238.8
	2	-35	-28	-3	17	25	37			
D	66	46	16	-5		20	23			43.05
	2	-20	-30	-21	17	8	3			
E	66	43	10	18	14	17	9			17.25
	2	-23	-33	8	-4	8	-8			
F	66	58	30	4	11	23	22			50.9
	2	-8	-28	-26	7	12	-1			
本地		B	B	D	D	D	D			查看排名
区域			C	A	B	B	C			
国内				E	A	E	C			
亚洲					C	C	C			
国际										

图 6-2　生产经营成果展示

经营成果展示图中，每年展示的经营结果数据为两行，第一行是本年所有者权益，第二行为企业当年净利润数值，即当年对权益的贡献情况。如果当年对权益的贡献是负数（亏损），则用红字表示。当权益或净利润为零时，零值不显示；当权益为负数时，表示企业已经资不抵债，企业倒闭。另外，各年度各市场销售排名第一的公司，也将被展现在经营成果的表格中。每年年初订货会结束后，将各公司在各市场中的订单销售额作汇总统计，排除当年的市场地位，销售额第一的公司为市场老大。本年度的市场排名将作为下年度市场订货会时，排定选单顺序的一个条件。

从图 6-2 中，我们可以得出某次六个模拟企业每年的所有者权益、净利润、市场排名以及最后综合得分信息。

1．所有者权益

第 1 年，F 公司所有者权益最大，为 58M 元，A 公司所有者权益数额最小，为 28M 元；经过六年经营，第 6 年结束时，C 公司所有者权益数额最大，为 79M 元，E 公司所有者权益最小，为 9M 元。

2．净利润

第 1、2、3 年六个公司均亏损，第 4、5 年各公司开始逐步实现盈利，第 6 年 E、F 公司亏损。第 6 年结束时 C 公司净利润为 37M 元，盈利最大，E 公司亏损最多，净利润为 -8M 元。

3. 市场排名

（1）第 1 年，本地市场 B 公司为市场老大。

（2）第 2 年，B 公司仍为本地市场老大，区域市场 C 公司为市场老大。

（3）第 3 年，本地、区域、国内市场老大依次为 D、A、E 公司。

（4）第 4 年，本地、区域、国内、亚洲市场老大依次为 D、B、A、C 公司。

（5）第 5 年，本地、区域、国内、亚洲市场老大依次为 D、B、E、C 公司。

（6）第 6 年，本地、区域、国内、亚洲市场老大依次为 D、C、C、C 公司。

4. 总分

由图 6-2 中总分可知，C 公司排名第 1 位，总分为 238.8；E 公司排名最末，总分为 17.25。高校因为对成绩单要求比较严格，如果指导教师需要按照百分制上报成绩单时，可参照表 6-1 的模拟企业分数等级给出相应的成绩。

6.3　模拟企业各主管感言及点评

下面根据以往指导学生进行 ERP 沙盘模拟演练的情况，收集比较有特色的各位主管对沙盘模拟演练的感言，对其所担任的角色进行的工作任务进行反思，总结其经验和教训，给我们提供了有价值的借鉴意见。

6.3.1　总裁 CEO 感言及点评

1. 某模拟企业 CEO——陈刚感言

不得不承认，在本次实训开始之前，我对本次 ERP 实训并没有太多的热忱，因为之前仅听说过 ERP，并没有主动地深入了解过，也不知道自己能够做成什么样子，经过三天的实训之后，我对 ERP 的了解更加深入，也真正地喜欢上 ERP 了。总的来说，通过本次实训，我的收获主要由以下几点：

（1）温故知新，学以致用

本次实训实际运用了很多我们之前学过的知识，如财务会计、财务管理、市场营销学、市场预测与统计、广告学、税收学、技术经济学、物流管理等众多课程，通过本次实训可以将以前学到的理论知识融会贯通，学以致用。

（2）整合知识，团队配合

通过本次实训使我认识到在企业的实际经营管理中，资源的整合尤为重要。在此次实训中，我们要整合我们学到的知识、整合各位总监的才能和意见、整合市场信息、整合其他团队的生产经营信息，从而保证企业的正常运转。

（3）立足实际，放眼未来，统筹全局

企业在经营过程中要有明确的规划，知道自己现在拥有什么资源，想要达到怎样的效果和目标，如何筹划自己的目标，这就需要立足于企业实际情况，立足长远。

（4）稳中求发展

面对未知的市场和激烈的市场竞争，企业应一步一个脚印，稳中求生存、求发展。

点评：

本小组的 CEO 通过此次沙盘模拟演练，确实认识到了管理和经营一个企业的关键点所在：一是深刻体会了知识融会贯通在本次演练中的重要性；二是认识到团队配合以及人尽其才的效果；三是能够结合自身公司实际状况制定发展规划。然而，该小组在整个经营过程中却不能够真正地发挥所学过的管理方法和工具的灵活运用，在公司整个运营过程中，相对比较死板，且在公司发展规划制定以及做出决策时，没有考虑信息在整个过程中的重要性以及信息价值作用的体现。

2. 某模拟企业 CEO——尚慧亮感言

经过为期三天的 ERP 沙盘模拟演练，作为小组的 CEO，深感公司经营的艰辛，市场的无法预测，打广告的技巧，生产运营策略以及资金预算的重要性等。

第 1 年，在老师的带领下，从起始年很顺利地进入到第 1 年，首先为了企业以后的发展，我们在趁公司所有者权益最多时，贷了较多的长期和短期借款。主要把这些现金用于了扩大生产线、投放广告和公司日常现金支出等项目。并且，第 1 年还研发了 P2 和 P3 产品，开拓了区域市场、国内市场和亚洲市场，第 1 年总体的现金支出很大。

第 2 年是比较惊心动魄和充满危险、充满挑战的一年。记得当初第 2 年末总结当年利润和权益时，有一种濒临破产的感觉！当时权益只有 8M 元，既不能取得长期贷款，也不能获取短期贷款，资金链条随时可能面临断裂的危险。最后经过考虑，我们决定出售大厂房，这样可以有 40M 元现金，可以维持第 3 年的经营状况。于是，我们在第 2 年第一季度时出售了大厂房，这个决定最终挽救了我们公司资金链条的断裂。

第 3 年，公司的经营状况已经有了明显好转，现金流也跟上了。并且，在本地和区域市场均已经取得市场老大的地位，前景一片大好。但是，由于我们的市场信息员把我们的大部分信息透露给了其他小组，并且还和其他小组合作销售了一部分 P1 产品，现在觉得这个决定帮了别人，却损害了自己公司的利益。最终，我们在本年丢掉了市场老大的地位，总结这个教训，是我们心地太善良，以为拿到了市场老大，就得到了天下。

第4年，我们的亚洲市场已经开拓完毕，其他小组还没有进入这个市场。并且，第2年时，我们已经决定不再生产P1产品，主打P2和P3产品。这一年我们虽然丢掉了本地和区域市场老大的地位，但获得了亚洲市场老大，并且有ISO9000的认证，P2和P3的利润也比较高。另外，租用了小厂房，全力生产，为最后两年做准备。

第5年，本年的广告费和生产都跟上了，订单也较多，没有出现积压产成品这类现象。现金流也很充足，P2和P3的毛利比较高，我们公司决定再投资一条生产线，争取第6年多投广告，多拿订单。

第6年，本年感觉很不爽，因为我们打了比较多的广告，但订单却拿得很少，还失去了亚洲市场。归根结底，这一年的广告打得很烂。

总之，我们小组发生过许多争执，也有很多分歧，但我们最终挺了下来，合作得比较成功。收获的不仅是团队合作，更是策略的决定，还有和其他团队的合作。

点评：

本小组的CEO对自己公司经营的情况作了一个比较详尽的回顾和分析，也体会了生产运营策略和资金预算的重要性等，公司在已经取得本地市场和区域市场老大的情况下，下一年同时丧失两个市场的老大地位确实非常可惜，广告投放策略以及订单选取策略严重失误。另外，需要说明的是，和其他小组进行合作本身并没有错误，关键是要进行很好的协商和谈判，以实现共赢的局面。同时，在与其他企业进行合作交流时，要注意自身企业关键信息的保密性，以免损害企业自身利益。但是，归根结底在于CEO没有根据企业的实际情况，结合对竞争格局的全面分析，利用企业内外部信息制定企业自身的发展战略，没有一个明确的发展目标和方向，致使公司经营相对比较混乱，效果不太理想。

6.3.2 营销总监感言及点评

1. 某模拟企业营销总监——李艳感言

对于ERP，我是刚开始接触，所以感觉有些摸不着头绪，对整体的局势把握不准。在短短的三天时间里，经过老师的认真讲解，我终于明白了。这几天的学习让我充分地了解到一个生产企业的运营流程，从采购、生产、销售、财务，每个部门的工作都是紧密相连、环环相扣的。各个主管在独立完成自己工作任务的同时又要注意和其他部门主管的联系，每个主管都要发表自己的意见，相互沟通，发挥团队合作能力，有计划、有步骤、有目的地完成企业的战略目标。我在团队中担任营销总监的职务，负责做市场预测、投放广告、获取订单，做了营销总监之后，让我对这个职位有了重新的认识，销售不只是卖产品那么简单，还需要做更多的工作，具体体会如下：

（1）首要的工作是对市场分析要透彻

了解市场的动向以及未来的发展趋势，这时必须参考上年市场的各种产品的销售情况以及投放广告的情况，结合市场预测报告，分析不同产品在不同市场不同年份的价格和需求，要结合企业自己已开发的市场和已有的产品，寻找销售额最大化的产品市场。同时，也要考虑产品未来的发展变化，要制订好企业未来的发展计划，必要时可以适当地放弃一些营利少的产品。

（2）选择在合适的时间开发新产品

我们组在这方面做得有欠考虑，因此直接导致了我们小组未来三年的产品选择失误。我认为第 1 年必须投入资金研发 P2 和 P3 产品，因为通过逐渐的发展，P1 产品价格越来越低，市场份额也越来越少，最后两年必然会淘汰 P1 市场。

（3）第 2 年广告费的投放对于公司来说至关重要

老师也在刚开始时就着重强调了打广告的重要性，投放广告费，投得多不如投得巧，要避免恶性竞争。广告费一定要适当，我们要用有限的费用争取拿到足够的订单。之前，我们没有做充分的调查准备工作，因此投放广告时也没有目的，有点儿盲目地乱投入，浪费了资金。而且最主要的是我们一直都局限在自己的小组里，缺乏与其他小组的沟通，没有充分了解其他对手企业的产能和市场情况。第 1 年的广告费投入还算正常，我们获得的订单也算合理，因此我们花费 15M 元来打开区域市场，但是由于我们对自己第 2 年的产能估算失误，造成了第 2 年产能不足和违约，而且直接丧失了市场老大的地位，使市场公司的运营陷入了僵局，导致后几年恶性循环。

（4）要理性地获取订单

每年年初订单的选择直接关系到本年企业的运营状况，因此，我们一定要谨记，选取订单一定不能贪心只顾追求数量。如果订单数量和企业生产能力不匹配，很容易造成企业资金链断裂，账期短和账期长的订单相结合保证资金流的畅通，要做到这些的前提是生产主管能提供本年的产能表，结合账期，必须保证及时收回资金，弥补资金短缺。

短短的三天时间，但是感觉自己收获特别大，尤其是感受到团队合作的力量，只有每个人（每位主管）各司其职且相互协作沟通，才能发挥公司组织的真正作用。我对营销主管这一职务也有了很深刻的理解，也产生了极大的兴趣，对我以后的工作也产生了极大的影响。

点评：

该同学能够意识到一开始研究市场预测报告的重要性，并且分析不同市场不同年度不同产品的价格差异和需求差异，实为难得。然而，因为没有认识到信息的重要性，更没有分析整个市场的竞争格局状况，导致对其他小组的经营动向，尤其是广告投资策略意向把握有失偏颇，使得广告投入产出比不是很理想。除此之外，作为营销主管，还应该意识到品种发展策略对一个公司的至关重要性，公司要想求得更好的发展，必须在开发产品的基础上拓展市场，以争取更多更好的订单，与此同时，可以考虑与其他企业进行合作，从而扩大销售渠道。

2. 某模拟企业营销总监——柯逸然感言

三天的 ERP 沙盘模拟实训让我对 ERP 沙盘模拟有了深刻的认识。ERP 沙盘模拟生产企业的营运流程，要求采购、生产、销售和财务各部门沟通协作，根据市场预测、企业的生产能力来制订企业的生产计划，各部门密切合作，共同实现企业目标。

我在我们小组中担任营销总监角色，营销总监需要做好产品生产前的市场调查预测，分析本地市场、区域市场、国内市场上等各种产品的需求状况，同时分析其他竞争对手的经营策略。根据公司发展战略，辅助 CEO 在本地、区域、国内、亚洲和国际市场中选择符合企业战略的目标市场，制订市场开发和产品研发计划。在了解市场需求和竞争情况下，负责与各部门沟通，在保证资金运转正常的前提下，协助 CEO 确定下一年的广告投入费用。

首先，分析市场时要足够充分，应考虑经营环境的复杂性、多变性。P1、P2、P3 和 P4 四种产品在不同的市场上，其价格和需求量均不同，我们要放弃利润少的产品，开发新产品，在守住本地市场的情况下，开发区域市场、国内市场，我们企业从第三年盈利就得益于市场选择的合理。

其次，理性投放广告和选择订单。分析市场后，要制定合理的发展战略，企业的运营受企业发展战略的引导。广告投放要谨慎，不能盲目求多，一味为了获得市场老大地位过多地投放广告。广告投放要准确，恰到好处，争取不浪费任何资金。投放广告后，要合理地选择订单，考虑自己的生产效率、生产水平，考虑订单上产品的种类、数量、价格和账期，要保证资金的流动水平，争取零库存，同时不要冒险违约。

最后，产品交货时应结合订单账期。生产出的产品要交货时，同样也有学问。要认真分析交货订单的账期，根据企业现金流动情况选择合适的交货顺序，避免交货不合理，无法及时获取应收账款，导致现金短缺。当无法按照订单要求及时交货时，可以考虑向其他企业求助，从他人那里购买产成品，但要充分考虑对方的价格合理性，考虑违约成本，考虑市场老大地位，综合多种因素，做出最明智的决策。

点评：

该同学能够认识到充分研究市场预测的重要性，并且研究其竞争对手的经营策略，发挥信息的价值和作用，能够做到理性地投放广告和选择订单，必要时能够充分地与其他公司进行合作，以实现合作共赢的局面。但该同学有些混淆营销主管和 CEO 的职责，对自己担任的营销主管一职的主要职能并没有完全弄清楚。营销主管的职责是进行市场调查和分析，根据市场预测研究报告研究不同市场不同年度不同产品的价格、需求量和发展趋势，选择合适的市场进入策略，从而结合自己公司经营的实际情况，制定企业的广告投放策略和合理的销售计划，同时要做到每年结束后能够进行有效的绩效分析。

6.3.3　生产总监感言及点评

韩雪同学是某虚拟企业的生产总监，下面是她经过了六年模拟生产经营之后的感言。

第 1 年，我们组经过分析第 2 年、第 3 年、第 4 年的市场需求预测，决定研发 P2、P3 产品，同时生产 P1 产品。但由于第 1 年广告没有打好，订单很少，虽然材料实现了零库存，但是由于没有销路，造成 P1 产品大量积压，进一步导致第 2 年现金极度短缺。

第 2 年，我们改变生产策略，P2 研究成功后，立即利用新开发的全自动、柔性生产线生产 P2 产品，根据营销总监拿回来的订单组织生产。通过借高利贷，我们才得以勉强支撑度过第 2 年，材料也实现了零库存，但是 P1 产品仍然有积压。

第 3 年开始，订单数量有增多，但是由于生产能力过剩，产品依然面临积压的风险，这时想到了与其他小组的合作，将产品卖给生产力不足但订单较多的小组，利润适当分配，实现了双赢。这时，资金依然短缺，只能靠高利贷继续支撑。

第 4 年，在投放广告之前，我们决定与 C 组合作，他们是市场老大，但是生产能力不足，而我们生产能力较好，但是抢不到订单，现金也短缺。在这种情况下，我们公司利用 C 组市场老大的地位，由 C 组多拿订单，我们供给货源。这样 C 组既能不违约，又能保住市场老大的地位，同时获取一定的利润，而我们也可以解决库存积压，缓解现金短缺的局面。同时，在亚洲市场，C 小组帮我们代销 P1 产品（此时 C 组已经不生产 P1 产品），这样他们还可以保住市场老大的地位，我们也有收入，再一次实现双赢。

第 5 年，开始我们取得了两个市场老大的资格，订单也拿到很多，再加上产能较好，因此我们公司主要生产利润较高的 P2 和 P3 产品。不仅原材料实现了零库存，产品库存积压也很少。因此，今年的销售形势较好，净利润大幅度提升。

第 6 年，我们由于开发了国际市场，拿了不少该市场上的 P3 订单。两季度后，收回了大量的资金，紧接着又购买了小厂房。

总的来说，作为生产总监，经过咨询老师和自己研究，学会了利用生产计划及采购计划表组织每一季度的生产，不但每一季度的材料需求总量、生产资金总量一目了然，也可以清楚地看出每一季度上线、下线的产品。

点评：

该同学作为生产主管，做得比较突出的地方是在自己企业广告投放和订单选取不理想的情况下，能够积极地选择和其他企业进行合作，从而扩大自己的销售额，这是值得借鉴和表扬的地方。但是，该企业在第 1 年铺的摊子过大，同时研发各种产品，建设大量的生产线，且多为全自动生产线和柔性生产线，在企业资金预算做得不是很理想的情况下，致使第 2 年就开始借高利贷来维持资金流转。作为生产主管，她的主要工作就是根据营销总监反馈的市场信息报告，决定研发什么产品、何时开始研发这种产品以及决定建设什么样的生产线、何时开始建设生产线等一系列有关生产活动的决策，她应该把企业产品的研发管理和生产能力紧密结合起来，同时还要考虑编制生产计划对于后续的采购计划和财务计划、资金筹措的重要作用，平衡生产能力，做好产成品的库存管理。

6.3.4　采购总监感言及点评

王家明同学在某虚拟企业中担任采购总监一职，下面是他沙盘模拟演练之后的感言。

经过三天的实训，六年的经营，一次一次地濒临破产，又一次次地起死回生，惊心动魄，耐人寻味。后面，我将以一个采购总监的角度和眼光发表下自己对 ERP 沙盘模拟演练的感想。

ERP 沙盘模拟讲究的是战略、战术。团队内部协调合作、预测生产，做好广告拿订单，并且在整个市场上要顾及竞争对手的情况。原材料 R1 和 R2 要提前一个季度订货，原材料 R3 和 R4 需提前两个季度订货，这些情况千万不能含糊，否则就会延误生产，进而延误交货。如果延迟交货就得交违约金，市场老大的地位也极有可能不保。此外，我们还要与财务总监做好配合，财务总监每年都要做财务预算，所有款项都要一清二楚。另外，还要和营销总监联系非常密切，每年年初他们投放广告，拿订单，都会决定我们采购多少原材料，这些环节都是环环相扣的，牵一发而动全身。

实训中很棘手的一个问题就是什么时候下订单，什么时候购买，要购买多少量。我们小组开始主打 P1 和 P2 产品，后期随着 P1 产品价格的下降，我们逐步调整为 P3。在第 4 年，我们采取与其他小组合作，取得双赢，因此，竞合关系也是制胜的关键。

点评：

该同学担任采购主管一职的突出表现在于能够和生产主管、营销主管密切配合，根据公司的生产计划，根据原材料 R1、R2、R3 和 R4 的提前期下达采购订单，确保在合适的时间提供适当数量的原材料，使得企业在能够不出现"停工待料"的情况下，也不会因原材料库存积压而占用过多的资金。但是，采购主管在工作中过于被动，完全被生产计划牵着鼻子走，主要原因也在于沙盘模拟演练虽说很好地结合了实际企业的运营流程和操作等，但毕竟只是模拟，很多因素都得以简化，如原材料价格不变、原材料随时都充足供应待售等，这些都简化了采购主管的工作。但在实际中，原材料的价格会有波动，应根据对原材料价格波动情况决定是否需要留有存货等，这些工作也需和财务主管进行沟通协作等。

6.3.5　财务总监感言及点评

1．某模拟企业财务总监——李明感言

为期三天的 ERP 沙盘模拟实训结束了，下面我将对我们小组的这次全过程进行经营分析。在此次模拟中，我担任财务总监这一角色，主管整个小组的财务分析，包括现金需求计划、长期贷款和短期贷款的使用，尤其是对现金的运用，保证现金流稳定，是使整个过程稳定运行的重要保障。

起始年是由老师带着做，感觉并不是太难，但到后来做起来，发现越来越举步维艰。在第 1 年，我们主攻 P1 产品，通过长期贷款和短期贷款，开发区域市场、国内市场和亚洲市场，投资获取 ISO9000 资格，开发 P2 和 P3 产品，但是放弃了更新生产线，造成了第 2 年现金匮乏，产能提不上，P1 产品积压过多。这一经营做法造成了后面现金资源的匮乏，P1 产品积压过度的现状，第一年亏损 28M 元。

第 2 年，由于第 1 年的过于激进和偏颇的决定，直接造成第 3 年现金跟不上，短期贷款无法偿还。因此，通过讨论，公司决定在第 2 年把厂房卖掉，为第 3 年的运营提供足够的现金。由于本年广告投放的失误，造成拿到的订单极少，产品积压过多，而且每年还要投资进行产品的研发、市场的开拓等，造成流动资金周转困难。总体来说，是因为公司考虑不够周全，不能完全熟悉业务运营流程，尤其是在以后几年，财务报表总是做不平，错误频频出现。在对账方面花费了大量的时间，而且在这一年，企业到了生死存亡的关头，此时亏损达到 30M 元。

第 3 年，由于出售厂房的资金回收后，现金能够维持正常运营。这一年，汲取前两年的教训，我们在本年精心筹划，考虑如何投放广告，并最终拿到比较理想的订单，将积压的库存全部售出，盘活资金，最终开始扭亏为盈，净利润为 10M 元。所有者权益也开始逐渐上升，而且在这一年我们拿到了本地市场和区域市场老大地位，前景一片见好，并且做出了投资新生产线的决定。

第 4 年，在本年的生产当中，市场扩大，产品种类增多。我们用较少的广告费获取

了较多的订单,广告投入产出比非常理想。并且,通过合理的现金预算,每个季度的现金需求量均能满足,销售收入达到历年最高 161M 元,净利润达到了 39M 元。

第 5 年,广告费的投放越来越理性,拿到了销售总额为 315M 元的订单,并取得了亚洲市场老大地位。并且,最近两年,逐步淘汰了 P1 产品,主攻 P2 和 P3 产品。在今年的业务运营中,心情非常紧张,连续两个季度现金几乎断流。但是,通过合理的现金预算和资金筹措,最后能够保障现金的需求。

第 6 年,由于广告投放失误,失去了市场老大的地位,产品虽然全部卖出去了,但是很多生产线停工。通过贷款,买回了大厂房和小厂房,生产线全面铺开,但是已不能再继续生产,现金剩余过多。

在这六年的经营里,我们的企业从濒临破产到最后稳步发展,而且最后拥有 10 条生产线和大、小厂房,以后的发展势头一定会更好,发展潜力比较大。通过这次实训,我了解了企业管理和经营的难度,尤其是现实中面临更多不确定性因素,难度将会更大,这次演练让我学到了很多,以后有机会一定会再次参加,更好地进行理论和实际的结合。

点评:

该同学通过此次 ERP 沙盘模拟演练,深刻认识到了现金预算和资金筹措对于公司的至关重要性,对于其在以后的工作中会有着很大的帮助。但是,对于此次的沙盘模拟实训而言,明白的有些过晚。作为财务主管,在公司中的职责任务非常繁重,在没有财务助理的情况下,往往工作更容易顾此失彼。从该小组的运营状况可以看出,财务主管仅仅完成了财务会计的任务,仅仅是对日常发生业务的记录和年末资产负债表和利润表的制作,然而财务报表却总是不能满足会计恒等式的要求,操作失误较多。其实,作为财务主管,另一个更为重要的职能就是要完成财务管理的工作,首先就是每年年初的现金预算,根据预算明确资金需求,从而能够完成企业融资策略的制定,如贷什么样的款、贷多少款项、何时贷款等一系列决策,杜绝出现资金断流的现象。另外,作为财务主管,每年还应及时地进行财务分析,把有用的信息反馈给各部门主管,进行更为合理的决策和成本费用的有效控制。

2. 某模拟企业财务总监——迟伊宁感言

我在企业中担任财务总监一职,掌管现金与记账。

现金的流转是一个很大很重要的问题,我们在第 1 年没有贷足够的款,再加上第 1 年和第 2 年又在极力扩大生产线,提高产能,导致资金短缺,一直处于被动的地位,被迫放弃了两条全自动生产线的开发,同时也暂时放弃了 P2 产品的研发。在第 3 年,让我们看到了一点儿曙光,我们由于生产了较多的 P3 产品,在别的小组开始全力竞争 P2 产品订单时，我们投放了不多的广告费便拿到了较多的 P3 产品订单，使得第 3 年内的销售收入大幅度增长，让我们看到了希望。但在第 4 年，由于资金不足，同时也由于产品过于单一，我们没有拿到足够的订单，使我们的产能过剩，收入急剧下滑，还承担着高昂的利息费用。就是在这一年，我们亏损极为严重，最终导致了破产。

在财务记账上一直比较顺利，没有为报表不平而烦恼过，省去了很多麻烦。总结我们破产的原因，有四个：第一，在第 1 年能贷到款时没有贷足够的款，后来资金短缺，想贷款却已无法贷款。一直受到资金短缺的困扰，畏首畏尾，想开发新产品、开拓市场、投资新生产线都受到限制。第二，产品过于单一，由于没有资金，P2 产品的研发只能暂停，导致后来拿不到更多的订单，没有足够的销售收入。第三，生产线的建设不太合理，在第 1 年开始投资一条全自动生产线和一条柔性生产线，第 2 年又投资了两条全自动生产线，资金压力大，让我们的财务状况雪上加霜。第四，广告投放过于保守，估计乐观，忽视了市场竞争很激烈，也很残酷的现实。

通过这三天的学习，我们早已把结果看淡。但在沙盘演练过程中，我们一直把这个模拟企业看作是我们自己的企业，对它也付出了很多。每一个决策、每一步生产，我们都小心翼翼，竭尽全力使它能成长扩大。但可能缺乏经验，结果不尽如人意。真的是学到了很多，在老师的指导下，我们真切地明白了共赢的重要性。

点评：

该模拟企业在第 3 年时就破产了，但是有一点需要表扬的是：该组同学在财务学习和经验极度匮乏的情况下，通过指导教师讲解，财务报表每年都能做正确也实属难得。从该同学作为财务主管的感言可以看出，其现金预算和融资筹措能力做得不好，致使资金一直处于极度短缺地位，直至现金断流破产。作为财务主管，很重要的一个职能就是在每年年初根据你公司的各项计划做出四个季度的现金预算，以此为依据，进行资金的筹措。那么，何时贷款、贷什么样的款、贷多少金额等一系列问题即可解决。如果说第 1 年贷足够多的贷款，但如果只是放在现金库里而不加以投资使用，只是给银行做贡献交利息的话，则绝对不是明智之举。

本章小结

本章主要是对各学生组成的模拟企业进行综合能力测评，说明综合能力评比的一些要求和条件。首先让学生明白模拟企业要想在市场上求得进一步的发展空间，就得在激烈的竞争中生存下来，企业生存的基本条件有两个：一是以收抵债；二是到期还债；否则，企业将要面临破产的危险境地。为了综合能力测评的公平性，我们对经营中出现破产等情形的企业，可以继续模拟演练，但将不能参加最后的评比，另外，还对违规企业的一些处罚措施做了说明，介绍了模拟企业综合能力评估的一些指标及分数等级的划分，并表述了在各模拟企业经营演练中所出现的问题。最后，根据 ERP 沙盘模拟演练情况，请各位同学就所担任的不同角色进行了感言分享，指导教师做了点评，希望能对将来要做 ERP 沙盘模拟实训的同学有所经验的借鉴和教训的汲取。

第7章 ERP沙盘模拟演练要点分析

【学习目标】
   ◇ 掌握沙盘模拟演练的关键点
   ◇ 掌握提升教学或培训效果的指导要点
   ◇ 明确模拟企业易犯的错误事项
   ◇ 掌握提升教学或培训效果的方法或技巧
   ◇ 总结提炼教学效果提升的经验和方法

许多指导教师和学生都是第一次接触ERP沙盘模拟课程，由于ERP沙盘模拟课程的综合性以及特殊性，使得在沙盘模拟演练过程中往往有许多疑问，且部分指导过程做得不够完善。下面就结合多年的ERP沙盘模拟演练指导经验，对在沙盘模拟演练中应该做到的一些关键点进行分析和介绍，同时对于在沙盘模拟演练中指导教师的注意事项以及学生容易犯的错误进行剖析，并给出相应的建议或办法，从而提升ERP沙盘模拟实训课程的教学或培训效果。

7.1 模拟演练关键点分析

7.1.1 团队组建、沟通与协作的重要性

ERP沙盘模拟演练虽然说是模拟企业六年的经营，但在盘面上运作只有短短三天的时间。作为一个临时组成的管理团队，能否尽量缩短磨合时间，立即进入角色，并且在CEO的统一指挥下，各司其职，协调有效地运作非常重要。这就要求受训者既要积极向前，又要听从指挥；既要勇挑重担，又不厚此薄彼；既要各抒己见，又彼此尊重。这样才能既发挥大家的作用，又不至于互不服气、各行其是，影响企业的经营运作。

让合适的人做合适的事，这是基本的准则！

1. 组建团队的重要性

有这样一则寓言故事，它会告诉你为什么要组建团队。

有一位神父天天传教布道，教人一心向善。

有一天，一个人向神父唱反调："神父，你天天说天堂、地狱一念间，你去过吗？你说天堂好过地狱，我认为地狱好过天堂。你说呢？反正你没有去过！"

神父确实没有去过天堂和地狱，不知道怎么回答。只好向上帝祈祷："上帝，请您告诉我天堂和地狱有什么不同，不然弟子没有办法帮您传教啊！"

上帝看到自己的业务员（神父）遇到困难，竟然显灵说："天堂和地狱的区别是天机不能泄露。这样吧，我带你去看看，你自己去感悟吧。"

哗的一声到了地狱，只见个个面黄肌瘦，愁眉苦脸，原来他们围着一口大锅要喝汤，但是勺子太长了，自己怎么喝也喝不到。又哗的一声到了天堂，只见个个红光满面，有说有笑，原来他们也围着一口大锅喝汤，虽然同样是长勺，但是你勺给我喝，我勺给你喝，不亦乐乎。

神父恍然大悟：原来天堂和地狱的区别就在于能不能、会不会、愿不愿意去付出，去帮助别人，形成一个团队。

2. 人尽其才组建团队

虚拟企业要想把企业经营得有声有色，需要组建一个高效有力的团队。当组建团队时，最主要的一个任务就是设立各个主管，如图 7-1 所示。

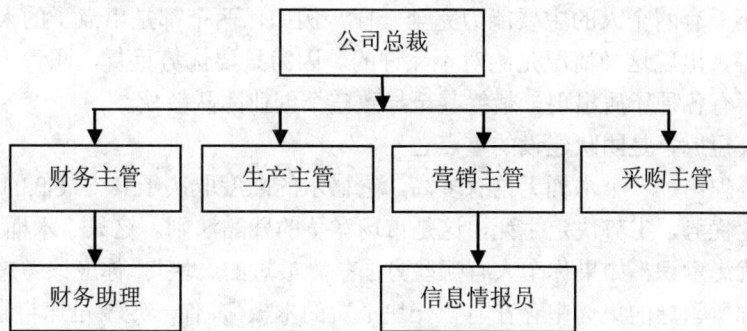

图 7-1　虚拟企业团队主管设立

在 ERP 沙盘模拟演练过程中，团队的核心成员一般为 5 人，多则 6~7 人。如此小的团队成员从企业管理角度来看，实在是不足为虑。但关键的是，这几个为数极少的团队成员 CEO、财务总监、采购总监、生产总监、营销总监等是任何一个企业都至关重要的角色，担当着不可或缺的任务与责任。因此，团队若组建不好的话，则极有可能导致企业不断举债生存，拆东墙补西墙，或连年亏损，严重情况下可能会致使企业破产。因此，我们对创业团队中的每个成员都不能抱以轻视的态度。

然而，起初很多同学并不互相认识，在这种情况下，学生需要相互介绍，并说明自己的优势和劣势所在，然后再根据人尽其才，发挥学生最大优势才能的原则，分别充当和扮演不同角色。主要遵循的要点有以下两个：

（1）知己知彼、优势互补的团队成员

优秀的创业团队的所有成员都应该知己知彼。在组建团队之前，每一个人都要能客观地、清醒地认识自己的优势和劣势；成立团队时，对其他成员的长处和短处也要一清二楚。这样组建的团队各有各的长处，大家结合在一起，正好是相互补充，相得益彰。

相对来说，一个优秀的创业团队必须包括以下几种人：一个创新意识非常强的人，这个人可以决定公司未来的发展方向，相当于公司战略决策者，可担当 CEO；一个策划能力极强的人，这个人能够全面周到地分析整个公司面临的机遇与风险，考虑成本、投资、收益的来源及预期收益，可担当财务总监；一个执行能力较强的成员，这个人具体负责下面的执行过程，包括联系客户、接触终端消费者、拓展市场等，可担当营销总监；一个头脑清醒，具备过硬的生产运营知识的人，能够负责企业整个生产计划的制订和排产、生产线更新或改造等，可担当生产总监；一个做事谨慎、不乱花钱，能够根据生产计划合理安排企业采购计划的人，可担当采购总监。

需要补充一点的是，在一个创业团队中，不能出现两个核心成员位置重复的可能性，也就是说，不能有两个人的主要能力完全一样，例如，两个都是出点子的人，两个都是做市场的人等，出现这种情况是绝对不允许的。因为只要优势重复，职责重复，那么今后必然少不了有各种矛盾出现，最终甚至导致整个创业团队散伙。

（2）"补短板"是团队建设的重点之一

传统木桶理论：一个木桶无论有多高，它盛水的高度取决于其中最低的那块木板。

劣势决定优势，劣势决定生死，这是市场竞争的残酷法则。这只"木桶"告诉我们，领导者要有忧患意识，如果你个人有哪些方面是"最短的一块"，你应该考虑尽快把它补起来；如果你所领导的集体中存在着"一块最短的木板"，你一定要迅速将它做长补齐，否则它带给你的损失可能是毁灭性的。

在这里，我们先要明确一个概念：短板不单单指团队中的人，也指团队缺失的核心能力。构成企业团队竞争力的有品质控制能力、新品研发能力、客户服务能力、财务控制能力、市场营销能力等"木板"，作为团队的管理者，我们必须让这些能力均衡发展，当有某项能力太弱，阻碍企业的发展，在竞争中暴露出来时，我们必须下力度及时地给予补上，因为在某一时段该能力的缺失就可能给企业致命的打击。

当然，理论是死的，而人是活的！一个团队在不同的阶段，它要补的短板是不一样的。而一个团队在某一阶段，它可能要均衡地提升各项能力，此时我们就不能去钻"补短板"的牛角尖了。我们也可以反其道而行之，采用反木桶理论。

反木桶理论：即便木桶存在短板，为什么一定要补齐那块短板呢？你可以把最短的那块木板去掉，从而组成一个新的没有短板的木桶。

3. 各主管相互沟通与协作

当学生们开始正式经营一个虚拟企业并和其他五个虚拟企业相互竞争时，各位主管们要充分意识到团队协作的重要性，否则，极有可能发生生产、销售等一系列决策失误，致使公司破产。各部门主管协作关系示意图如图 7-2 所示。

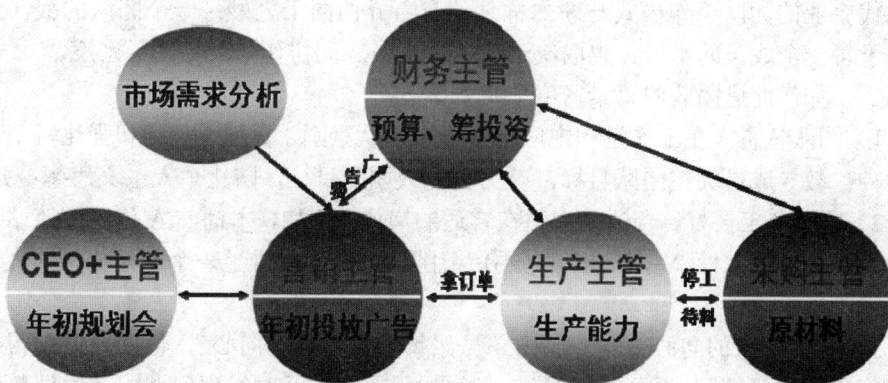

图 7-2　各部门主管协作关系图

作为营销主管，每年年初，要想科学合理地做出广告投放策略，就需要事先对市场需求预测报告做一个详尽的分析，明确每一个市场每一种产品的需求量、价格以及其未来发展趋势。广告费投放完毕之后，营销主管在拿订单时一定要结合生产主管的生产计划，因为只有生产计划对虚拟企业的生产能力有一个完全的认识，订单选取需要和生产能力相匹配，否则就有可能无法按时交单，致使公司违约，上缴巨额罚金，甚至丧失市场老大的地位。采购主管要想实现零库存，最主要的依据就是生产主管提供的生产计划，采购主管再依据各项原材料的提前期，从而下达采购订单，避免"停工待料"现象，并避免库存积压而造成流动资金的占用。财务主管要想避免资金断流，给企业提供一个充足的资金需求，就需要依据营销主管的营销策略、生产主管提供的生产计划和产能建设投资情况、采购主管提供的采购计划和资金需求计划等来进行现金预算以及资金的筹措，如果所贷款项过多不用，只是给银行上缴利息，则势必给企业造成严重损失；但如果所贷款项不够，则极有可能使得企业发生资金断流，从而造成破产的危险。财务主管工作质量的好坏，与营销主管、生产主管、采购主管等的工作密切相关，因此，在虚拟企业经营过程中，需要他们密切合作，必要时，为了顾全公司整体利益，需要牺牲部门局部利益。

4. 如何促进团队成员间的"紧密度"

新木桶理论：一只沿口不齐的木桶，盛水的多少，不在于木桶上最长的那块木板，而在于最短的那块木板。要想提高水桶的整体容量，就要下工夫依次补齐最短的木板；此外，一只木桶能够装多少水，不仅取决于每一块木板的长度，还取决于木板间的结合是否紧密。如果木板间存在缝隙，或者缝隙很大，同样无法装满水，甚至一滴水都没有。

现代企业的团队工作模式与新木桶理论有着异曲同工之妙：一个团队的战斗力，不仅取决于每一个成员的水平，也取决于成员与成员之间协作与配合的紧密度。

那么，如何促进团队的"紧密度"呢？

（1）团队负责人在工作过程中应善于营造团队氛围，提倡、鼓励和强化每个人员的团队精神；教导成员关注团队目标，努力去完成团队目标，防止个人主义思想蔓延。

（2）团队分工要好，合适的人站在合适的岗位。例如，木桶的 A 位置应该站一个足够胖的人，才能使木桶"密不透水"、不留缝隙，可是你安排了一个骨瘦如柴的人，即使他再高也不管用。

（3）强化团队的向心力和控制力。虽然每个成员都"向心"，但由于联结得不紧，成员之间就出现了缝隙。因此，领导者必须加强控制，及时发现问题，及时调整队伍，规范各项流程与制度，强化考核与激励，确保团队成员能紧密地结合在一起。

（4）建设优秀的团队协作机制，强化团队的协同作战与互相支持。使不同成员积累的经验能成为团队共同的财富，促进团队成员的沟通交流。

另外一个值得注意的问题就是不能搞一团和气、没有原则的团结。例如一个公司的财务三年都不能平账，运行到第三年了连利润留存还搞不懂，也不换人，严重影响了企业的运营。这不是真正的团结，更谈不上团队协作。

没有好的桶底，木桶就像"竹篮打水一场空"；没有好的平台，团队成员的才能就会被扼杀，团队的战斗力将荡然无存。因此，我们首先要为团队成员搭建能力发挥的舞台——授权。

既然是团队，不同的成员就应该具备不同的能力，发挥着不同的作用，作为团队的领导者，即使能力再强也不可能大包大揽。团队领导 CEO 一旦不懂得授权，一方面自己会力不从心，另一方面团队成员会因为无用武之地而选择不发表意见或看法。团队是一个系统，各团队成员组成的模拟企业更是一个系统，因此，团队成员之间的工作模式应遵循系统的方式或方法。

7.1.2　模拟企业经营的本质分析

1.　资本的构成

虚拟企业经营之初要筹集资本，也就是图 7-3 的右边部分，左边部分代表企业的资产构成。

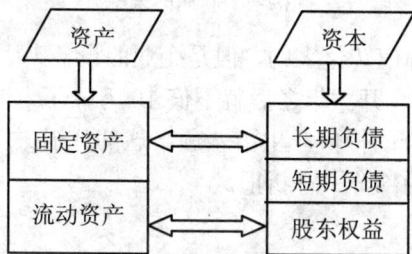

图 7-3　企业的资本构成

企业资本的构成有以下两个来源：

（1）负债：一是长期负债，一般是指企业从银行获得的长期贷款；二是短期负债，一般是指企业从银行获得的短期贷款。

（2）权益：一般是指企业创建之初时，所有股东的集资。以后也代表股东投资。

在企业筹集了资本之后，要采购厂房和设备，引进生产线、购买原材料、生产加工产品等活动，余下的资本（资金）就是企业的流动资金了。

可以这么说，企业的资产就是资本转化过来的，而且是等值地转化。所以在财务的资产负债表中，左边与右边一定是相等的。

企业通过运作资产，包括生产产品、组织销售、拿到销售收入等诸项活动，来为股东产生收益。

2.　利润从哪里来

利润的来源如图 7-4 所示。

由图 7-4 可知，利润来自于销售，但销售额不全都是利润。在拿回销售款之前，必须要采购原材料、支付工人工资，还有其他生产加工时必需的费用，最终生产出产品。当把产品卖掉，拿回销售额时，收入中当然要抵扣掉这些直接成本；而收入中还要抵扣掉企业为形成这些销售支付的各种费用，包括产品研发费用、广告投入费用、市场开拓费用、设备维修费用等。这些费用也是在拿到收入之前已经支付的。

	扣除项目	第1年数额/M元
销售收入11M元	直接成本	4
	综合费用	28
	折旧	2
	财务收入/支出	−2
	其他收入/支出	1
	所得税	0
	净利润	−24

图7-4　利润的来源

另外，资产是由资本等值转化来的，但是企业的设备、厂房等在生产运作后会贬值。就好比10万元的一辆汽车，开三年之后就不值10万元了，能值5万元就不错了！资产缩水了，与资本转换成资产的价值产生了差额，这部分损失应当从销售额中得到补偿。也就是销售额中应当抵扣的部分——折旧。

3．利润归谁所有

利润还不全是股东的。

道理很简单：资本中有很大一块来自银行的贷款，企业在一定程度上是靠银行的资金产生利润的；而银行之所以贷款给企业，当然需要收取利息作为回报。所以利润中需要划拨给银行一部分。企业盈利后，还要给国家纳税，最后的净利润才是股东的。

4．如何增加企业的利润

根据企业的利润计算我们可知，要想增加企业的利润，就要"开源节流"。

所谓开源，就是使得销售额增加，因此，如何增加销售额才是我们考虑的重要问题。增加销售额的途径如图7-5所示。

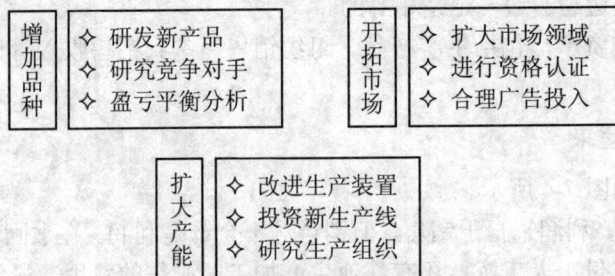

增加品种	✧ 研发新产品 ✧ 研究竞争对手 ✧ 盈亏平衡分析	开拓市场	✧ 扩大市场领域 ✧ 进行资格认证 ✧ 合理广告投入
扩大产能	✧ 改进生产装置 ✧ 投资新生产线 ✧ 研究生产组织		

图7-5　如何增加销售额

增加利润不能只考虑扩大销售，还要节流。如果不能有效地控制成本，利润的增加同样是非常有限的。节流的途径如图 7-6 所示。

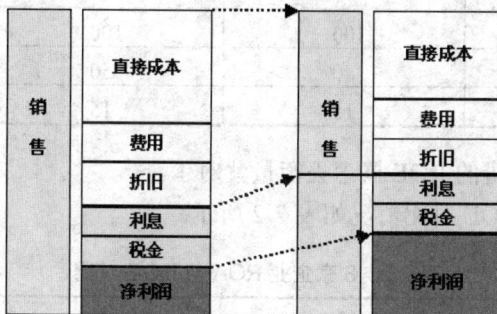

图 7-6 如何节流

5. 衡量企业经营的优劣

问题 1：两个企业 A 和 B，A 企业盈利 100 万元，B 企业盈利 1 000 万元，谁经营得好？

答案：利润越大越好，当然是 B 企业经营得好！（错误）

原因：如果 A 企业的资产是 100 万元，B 企业的资产是 10 亿元呢？

问题 2：如果资产情况如上面所述，A 企业每 1 元钱的资产盈利 1 元钱；而 B 企业 1 元钱的资产只盈利 1 分钱。谁经营得好呢？

$$ROA = 净利润/总资产 = （净利润/销售额）×（销售额/总资产）$$
$$= 销售利润率×资产周转率$$

可知，企业是否赚钱，还不是唯一的衡量指标。目前通常用资产报酬率 ROA 来度量。这个指标看的是：企业平均 1 元钱资产能赚多少钱，赚得多的，才叫经营得好。是这样吗？企业经营得好坏不是与股东有直接关系吗？大家都在想这个问题。

股东关心的是自己的收益，他的投资究竟产生了多少回报？如何衡量其实很简单！

权益回报率公式如下：

$$ROE = 净利润/权益$$
$$= （净利润/总资产）×（总资产/权益）$$
$$= ROA×［1/（1-资产负债率）］$$

权益就是股东的投资，ROE 叫做权益报酬率，它衡量的是股东平均每 1 元钱投入，产生了多少利润，非常类似股票市场上的每股收益的概念。

举例：有 3 家企业，它们的资产、负债及利润情况如表 7-1 所示，如果你是股民，会买谁的股票呢？

表 7-1　3 家企业资产负债对比　　　　　　　　　　　　　　　　万元

企　　业	A	B	C
资产	100	100	100
负债	0	50	90
净利润	15	15	4

其实，用刚才我们讲的 ROE 概念去衡量就对了。

3 家企业 ROA 与 ROE 对比情况如表 7-2 所示。

表 7-2　3 家企业 ROA 与 ROE 对比

企　　业	A	B	C
资产/万元	100	100	100
负债/万元	0	50	90
净利润/万元	15	15	4
ROA/%	15	15	4
ROE/%	15	30	40

C 企业股东投资只有 10 万元，利润 4 万元，每 1 元钱的投资回报是 0.4 元。而其他情况都小于这个数值。

7.1.3　信息的价值和作用

信息时代，企业信息化已成为不可阻挡的趋势。很难想象一个闭塞的企业在今后的市场环境中还可以继续生存下去。信息技术的广泛应用为企业进一步提升其价值提供了可能性，企业通过实施信息系统，使企业在实现管理与技术的结合，达到信息价值作用的放大，使企业获得价值增值。在当今这个充满激烈竞争和环境多变的市场中，企业要想获得持续竞争优势，就应该进行企业信息化的建设，以获取更多、更有价值的信息。

我们应当认识到：信息化确实可以给我们提供准确及时的数据，但我们必须挖掘数据背后的真实含义。信息化只是一种手段，或者说是获取准确及时数据的手段。信息化的真正含义应当是：从获取的数据中，找出企业运作的不足和原因，为管理层提供改进的方案，最终还是服务于企业的经营决策。

信息就像新的石油，正在以高速性和越来越强大的业务影响力为实时的业务决策提供能源信息，和人、财、物一样，也是企业的生产要素之一，能够给企业带来价值和效益的提高。然而，在沙盘模拟过程中，不少同学根本就没有意识到信息的价值，不会或者没有利用信息做出相关的决策，下面就说明如何在沙盘模拟中充分发挥信息的价值作用。

1．利用内、外部信息制定广告投放策略

每年年初，模拟企业都要参加订货会，最主要的任务就是投放广告，即决定每年不同市场区域不同产品的广告费是多少？

要想完成这样一个任务，需要获取以下信息内容：

（1）不同市场不同产品的单价、需求量以及发展趋势

在进行沙盘模拟演练之前，指导教师都会提供一份由一家权威的市场调研机构所提供的对未来六年各个市场的需求的预测报告。为了想要制定合理的广告投放费用，学生必须深入和透彻地研究这份市场需求预测报告，分别列出公司在本地市场、区域市场、国内市场、亚洲市场、国际市场上 P1、P2、P3、P4 产品的单价、平均需求量以及未来的发展趋势，从而制定出有效的广告投放策略。

（2）企业发展战略规划信息

每年年初，在 CEO 的带领下，虚拟企业会召开年初规划会议，制定企业的发展战略规划，而广告费的投放也必须要结合本年发展规划以及企业未来的发展规划等确定，不能盲目投放。

（3）竞争对手的相关信息

虚拟企业在进行广告费投放前，需由市场信息情报员收集其他五个竞争企业的相关信息，如企业发展规划信息、市场开拓情况、产品研发情况、广告费投放等。在充分了解竞争对手市场信息情况下，有的放矢地制定自己的市场开发策略和广告费投放策略。

2．结合生产部门和竞争对手信息筛选订单

营销主管每年年初投放完广告之后，接下来的一项很重要的工作就是选订单。一般而言，营销主管工作的好坏主要看他今年拿多少订单、订单总额是多少。但是，在 ERP 沙盘模拟过程中，订单的选取一定要结合虚拟企业的生产产能。也就是说，一般情况下，指导教师放单时，营销主管和生产主管均会在场。营销主管在选取不同市场 P 系列产品订单时，往往会咨询生产主管 P 系列产品产能是多少、还能生产几个等一系列有关产品生产的问题。这样做法的一个最直接的好处就是能够避免公司订单和产能不匹配现象的出现，以免完成不了订单，从而造成 25%的违约金，甚至丧失市场老大地位。而在某个市场上占据市场老大地位，则无论是在广告投放、订单选取以及综合成绩评定等方面都具有明显优势。

3．生产部门决策的信息来源

生产部门的职能在 ERP 沙盘模拟过程中主要有以下两个：

☆ 研发产品：研发 P1、P2、P3、P4 产品的哪一种？何时开始研发比较合适？

☆ 投资生产线：投资新建什么生产线，柔性生产线、全自动生产线、半自动生产线、手工生产线？什么时候开始建设生产线？是否出售手工生产线？

要想完成上述任务，则需要学会运用 ERP 系统中的主生产计划，主生产计划与其他计划层次之间的关系如图 7-7 所示。

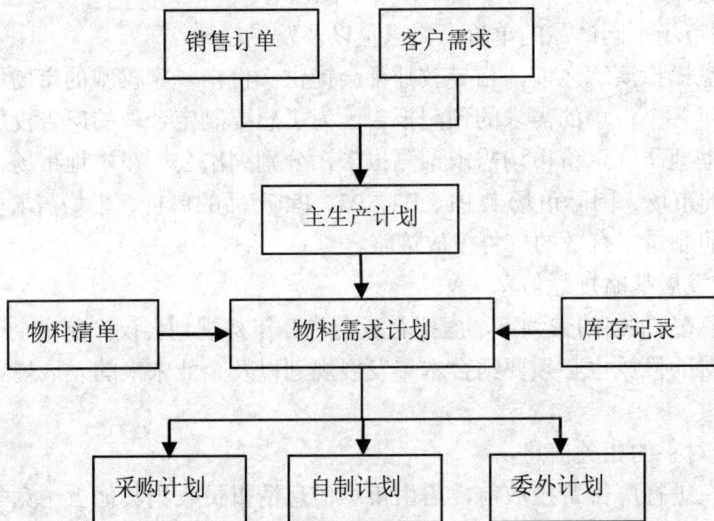

图 7-7 主生产计划与其他计划层次之间的关系

粗略地说，主生产计划将生产计划的内容作进一步细分，是关于"将要生产什么"的一种描述。它起着承上启下、从宏观计划向微观计划过渡的作用。主生产计划是以生产计划、预测和客户订单为输入，安排将来各周期中提供的产品种类和数量，将生产计划转换为产品计划，它是一个详细的进度计划，其制订与执行的周期视企业的情况而定，必须是可以执行、可以实现的，它应该符合企业的实际情况，平衡物料和能力的需要，解决优先度和能力的冲突。主生产计划项目还应确定其在计划期内各时间段上的需求数量。

主生产计划着重于要被制造的产品，而且通过详细的计划系统，识别所需资源（物料、劳力、工厂设备与资金）及其所需要的时机，并且确定其在计划期内各时间段上的需求数量。主生产计划要回答的问题是：

☆ 要制造什么产品？制造多少？何时制造？

☆ 需要什么其他物料？需要多少？何时需要？

☆ 存在什么能力制约？

☆ 存在什么物料约束？

企业的物料需求计划、车间作业计划、采购计划等均来源于主生产计划，即先由主生产计划驱动物料需求计划，再由物料需求计划生成车间作业计划与采购计划。同时，主生产计划又是联系客户与企业销售部门的桥梁，所处的位置非常重要。由此可知主生产计划的重要性，它是产销协调的依据，是 ERP 系统运作的核心，是所有作业计划的根源。制造、委外和采购三种活动的细部日程，均是依据 MPS 的日程加以计算而得到的。如果主生产计划日程不够稳定，或可行性不高，那么它将迫使所有的供应活动摇摆不定，造成极大的浪费。ERP 的使用成功，一半以上的因素应归于企业能有效掌握主生产计划的运作。

4．利用有关信息制订各项财务计划

财务总监要根据营销总监、生产总监、采购总监等给出的相关规划计划作出每年的现金预算表，从而再做出融资决策。

（1）营销总监提供的信息

☆ 市场广告投入。

☆ 市场开拓费用。

☆ ISO9000 和 ISO14000 认证投资。

（2）生产总监提供的信息

☆ 生产线投资。

☆ 产品研发投资。

☆ 转产费用。

☆ 工人工资。

☆ 是否租赁厂房。

（3）采购总监提供的信息

☆ 采购费用。

☆ 委外加工费用。

（4）财务费用以及需偿还的贷款

☆ 贴现费用。

☆ 长期和短期贷款利息。

☆ 到期的长期和短期贷款。

☆ 到期应收账款。

（5）其他日常经营和管理费用

☆ 生产线维护费。

☆ 每季度管理费。

5．利用物料需求计划实现原材料的零库存

要想在 ERP 沙盘模拟演练中实现原材料的零库存管理，则采购主管需要明确 ERP 系统中两个最基本的原理。

（1）物料需求计划解决问题

物料需求计划是根据主生产计划和库存资源，制订出产品所需要的采购计划。

☆　要生产什么？生产多少？（来源于主生产计划）

☆　要用到什么？（来源于物料清单）

☆　已经有了什么？（根据库存记录）

☆　还缺什么？

☆　什么时候下达采购订单？

根据在第 1 章所阐述的有关物料需求的基本原理和计算方法，则可以计算出不同原材料的需求量以及采购订单的下达时间。

（2）物料需求计划制定数据来源

MRP 运算与制订的基本原理是：

☆　由最终产品的主生产计划导出有关物料（组件、材料）的需求量与需求时间。

☆　根据物料的提前期确定投产或订货时间。

因此，MRP 是用于解决料品之间数量、时间的连动关系问题的，其目标是要达成供需平衡，做到"数量刚好、时间及时"。

MRP 所需要的需求方面的数据来源有以下两个：

☆　主生产计划数据。从 MPS 中得到在何时、应产出何种产品及数量是多少。这是根据较高层的物品或成品的需求派生出来的需求。

☆　独立需求数据。在极少数情况下，由于一些原因，对零部件的独立需求不包括在主生产计划中，如维修、服务用的备件与特殊目的的需要等。

其业务流程图如图 7-8 所示。

制订 MRP 依据的关键信息有：

（1）主生产计划（MPS）。物料需求计划由 MPS 推动。

（2）物料清单（BOM）。由于最终产品结构中的各个子件加工周期不同，即对同一 BOM（同一产品）中的物料需求时间不同，因此，MRP 要根据产品的 BOM 对 MPS 进行需求展开（数量与提前期），用时间坐标的关系来表达 BOM 的结构。

（3）库存信息。依据物料库存信息确定各个物料的需求量。

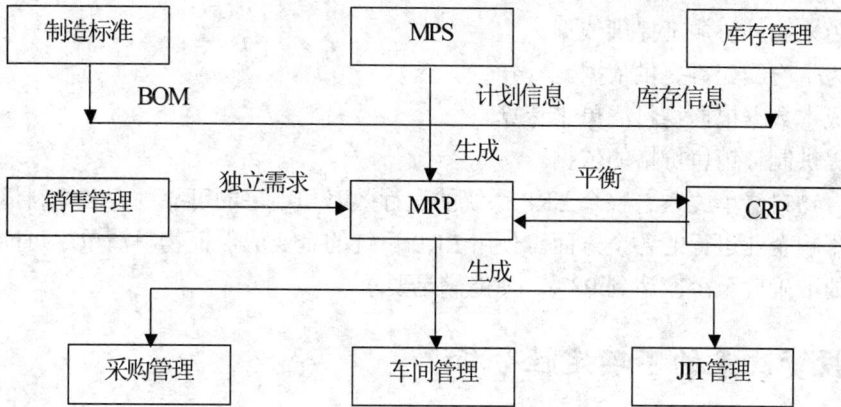

图 7-8　物料需求计划业务流程图

下面还要介绍下需要用到的物料清单的内涵。

物料清单（Bill of Material，BOM）是指组成某个制成品所需要的原材料、零部件或半成品等的组成结构关系。物料清单反映了产品的组成结构，表明了产品组件、子件、零件直到原材料之间的结构关系，以及每个组装件所需要的各下属部件的数量，表明了产品各个层次物料的从属关系和数量关系，是产品结构的技术性描述文件。物料清单是一种树型结构，因此也称为产品结构树。在 ERP 系统中，物料清单是生产制造模块的核心文件。同时 ERP 系统许多模块的运行也都离不开物料清单。物料清单在 ERP 系统中起着以下重要作用（见图 7-9）：

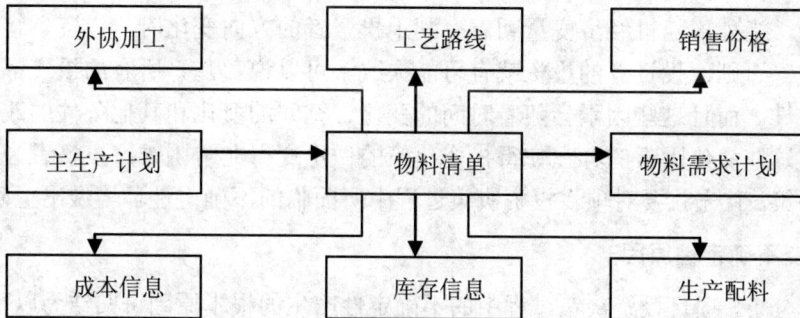

图 7-9　ERP 系统中物料清单的作用

☆　物料清单是生成 MRP 的基本信息，是联系 MPS 与 MRP 的桥梁。

☆　物品工艺路线可以根据物料清单来生成产品的总工艺路线。

☆　在 JIT 管理中，反冲物料库存必不可少，而且要求 100% 的准确率。

☆　为采购外协加工提供依据。

☆　为生产线配料提供依据。

☆　成本数据根据物料清单来计算。

☆　提供制订销售价格的依据。

可见，物料清单关系着整个 ERP 系统的运行效率和结果的可靠性。若物料清单不够准确，会影响企业运行的各个方面。使用 ERP 系统的企业应保证物料清单尽可能准确，物料清单的准确度至少应达到 98%，才能满足要求。

7.1.4　投资决策的不确定性分析

广义的企业投资活动，包括其内部的资金配置和外部的资金投放。企业内部的资金配置是指现金、有价证券、应收账款、存货等流动资产和以固定资产为主的非流动资产的金额占用。由此会引起各项资金的使用效益和企业的整体影响问题。企业外部的资金投放即对外投资，是指以收回现金并取得收益为目的而发生的现金流出。对外投资一方面会带来收益，另一方面也会带来风险。

1．投资的不确定性

投资的不确定性是指投资者在当前并不能够确切地知道将来的投资收益状况，投资的未来收益状况是投资者所不能完全控制的，是由投资者所处的外部经济环境的随机变量决定的，理性的投资者只可能知道其投资未来收益状况的主观概率分布。不确定性就意味着风险，当外部随机经济变量朝着有利于投资者的方向变化时，投资者将来就会获得正的收益；否则，投资者的投资就有可能失败。可以说，几乎所有的投资都面临着未来的不确定性。而且这些因素会随着时间的变化、空间的变化和其他条件的改变不断地发生变化。这些变化因素的存在使得投资决策的做出变得非常困难。投资者为了做出正确的投资决策，首先就要对项目投资决策过程中所面临的不确定性环境做出正确的分析。

2．投资不确定性原因

进一步分析，项目投资决策过程中的不确定性产生的根本原因可归结为以下两方面：

☆　信息传递过程中的失误，或者是成本问题导致项目投资者在投资决策时所收到的信息失真，或不全面，或是由于取得这些信息成本过高，有时甚至是因为根本无法取得所需的信息。

☆　决策者不能很好地预测、控制事物的未来发展。

3．投资不确定性因素

传统的对外投资决策中将不确定性因素按性质归类，一般可归为以下四类：

（1）随机性的不确定

由于投资条件、项目性质所提供的信息不充分或受偶然因素的干扰，使得几种人们已经知道的投资结果呈现偶然性，如价格波动、市场状况、开工率不足等，使得已知的对外投资结果出现若干可能性，这时人们所获得的信息就称为随机信息。

（2）模糊性的不确定

这是由于事物界限不分明，使其概念不能给出确定的描述，也就不能给出确定的评定标准，这种情况下人们所获得的信息称为模糊信息，如技术经济方面对外投资方案的优劣评价、产品质量的好坏、市场的需求状况等都是定性表达为合格或不合格、满意或不满意等，这些都是模糊的概念。

（3）突变性的不确定

它是由于客观过程中一种状态向另一种状态突变，信息传递的中断造成对外投资决策的不确定，如自然灾害、战争、金融危机、政治动荡等都会使预期的对外投资效果发生质的突变，使得对外投资决策呈现不确定状态。

（4）灰色性的不确定

由于信息传播过程中各种因素的干扰和信息接收系统的接收能力，包括人的辨识能力的限制，人们只能获得有关投资项目的部分信息或信息量的大致范围，而无法获取其全部信息或确切信息。这种依据部分已知、部分未知信息所做的对外投资决策，称为灰色的不确定性决策，如对外投资的各经济指标的量化数据，由于种种原因，我们不能获得有关该指标的全部数据，所获得的数据也只能反映某时刻的大致状态，这种情况就是灰色的不确定。

4．投资决策内容

（1）流动资金的投放与管理，主要解决合理配置各项流动资金，协调保持良好偿债能力和提高盈利能力两方面的矛盾。

（2）固定资产投资决策，以确定建立在现金流量表基础之上的固定资产投资方案。

（3）对外投资决策，以确定在投资报酬与风险程度合理平衡前提之下的对外投资方案。

各模拟企业练习：

☆　投资收益分析：投资方案的选择上必须以投资收益的大小来取舍，要以投资收益具有确定性的方案为选择对象，要分析影响投资收益的因素，并针对这些因素及其对投资方案作用的方向、程度，寻求提高投资收益的有效途径。

☆ 投资风险识别以及投资管理和控制能力分析。

7.1.5 制定企业发展战略规划

发展战略是指企业在对现实状况和未来趋势进行综合分析和科学预测的基础上，制定并实施的长远发展目标与战略规划。企业作为市场经济的主体，要想求得长期生存和持续发展，关键在于制定并有效实施适应外部环境变化和自身实际情况的发展战略。

1. 策略、目标与战略

中国很多企业，尤其是一些民营企业，往往缺乏明确的发展战略或发展战略实施不到位，在战略规划上常常表现为"有战无略"，结果导致企业盲目发展，难以形成竞争优势，丧失发展机遇和动力；也有些企业发展战略过于激进，脱离企业实际能力或偏离主业，导致过度扩张、经营失控甚至失败；还有一些企业发展战略频繁变动，导致资源严重浪费，最后危及企业的生存和持续发展。

另外，还有很多人把策略、目标与战略混为一谈。很多企业都把策略当成了战略，就是把做什么、怎么做当成了战略，把具体的操作步骤、流程当作战略了。我们的企业经常是先确定要做什么事情，在这个既定的前提下，将怎么组织人，怎么组织钱，怎么来打市场作为企业的战略。这么做，实际上意味着企业没有战略，而是直接到了策略层面。还有一些企业，如已经投资布局了几个行业，它们的战略观就是把这几个领域做大做强。这不是战略，这是把目标替代为战略了。

战略的核心其实就是定位，即选择企业的发展方向。选择就意味着"取舍"，迈克尔·波特在《什么是战略》一文中指出："战略就是在竞争中做出取舍，其实质就是选择不做哪些事情。"那么，企业面对各种看起来有利可图的发展方向时该如何进行取舍？答案是，基于核心竞争力来取舍——有助于企业培养其核心竞争力的"取"，对培养企业核心竞争力没有帮助，甚至会损害企业核心竞争力的"舍"。由此可见，战略首先是一种选择、一种取舍。战略要解决的问题是一件事该不该去做、值不值得去做和有没有能力去做。再往细一点说，战略主要决定不做什么，而不是要做什么。舍了这个最重要的环节，企业是很容易步入陷阱的。因此，对于企业而言，进行战略规划的制定具有十分重要的价值和意义。

2. 企业战略规划框架内容

企业战略规划是指依据企业外部环境和自身条件的状况及其变化来制定和实施战

略，并根据对实施过程与结果的评价和反馈来调整制定新战略的过程。一个完整的战略规划必须是可执行的，它包括两项基本内容：企业发展方向和企业资源配置策略。

许多优秀的企业都非常重视战略规划，但许多企业往往没有一个规范的战略规划流程，或战略规划中忽略了一些关键的思考环节，导致所制定的战略经不起推敲或在后续的展开中遇到挫折。采用战略规划框架、流程和模板指导企业和企业内各职能部门进行战略规划，是麦肯锡、埃森哲等许多著名的咨询机构和成功企业常用的战略规划方式。战略规划是将"事业理论"转化为行动的过程，企业使命和愿景是企业战略决策的立足点，企业的使命、愿景、价值观和企业的战略与执行层面的框架如图 7-10 所示，这个战略规划框架是综合了卓越绩效模式标准的要求以及成功企业的经验提出的。

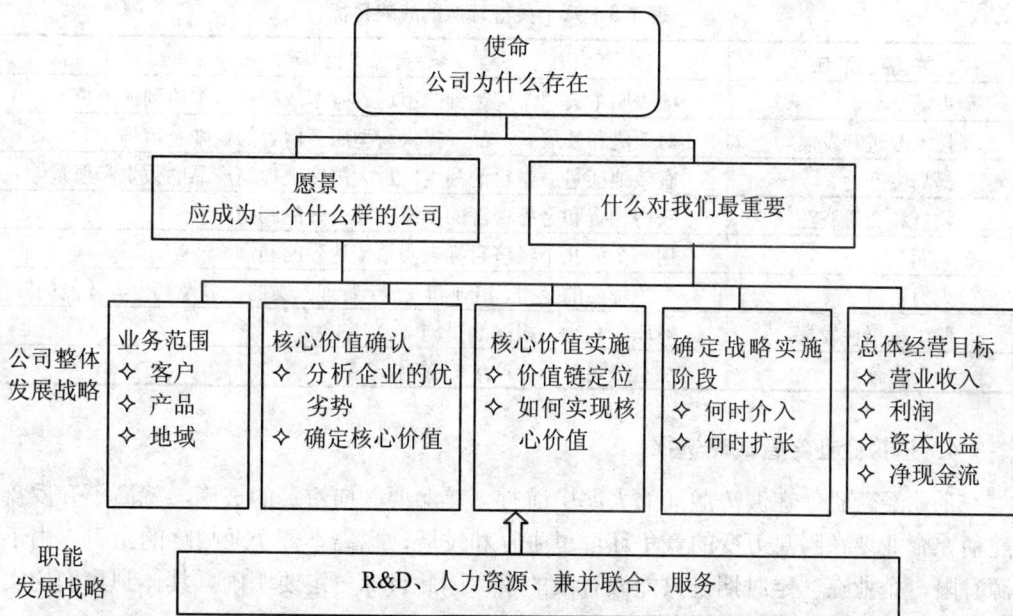

图 7-10　战略规划框架

由此可见，企业战略规划就是一个长远的设想，其重要性在于应对变化。企业领导者在追求美好未来的过程中，必须思考将来会遇到什么；必须领会变革的驱动力及其对企业经营的可能影响；必须当机立断，领导应该对战略规划流程以及最终结果负责任。

对于一个企业，在制定战略规划时首先应考虑的问题是企业的使命和愿景。所谓企业使命是指一个组织的整体功能，使命所回答的是"组织致力于完成的是什么"这一问题。在使命中可以界定所服务的顾客或市场、所具有的独特能力或所应用的技术。企业愿景是指组织所追求的未来状态。此愿景描述了组织正在向何处去，希望未来成为什么或被视为什么。

3. 企业发展战略目标

企业发展战略目标是指组织应对主要的变化或改进、竞争或社会事务，以及经营优势而明确阐述的打算或对策。制定战略目标时企业通常要兼顾组织的外部和内部，涉及有关顾客、市场、产品、服务或技术方面的重要的机会和挑战。战略目标确立了组织的长期方向，引导着资源的分配和调整。

彼得·德鲁克在《管理实践》一书中提出了八个关键领域的目标，如表7-3所示。

表 7-3　八个关键领域的战略目标

关 键 领 域	具 体 目 标
市场	应表明本公司希望达到的市场占有率或在竞争中达到的地位
技术改进和发展	对改进和发展新产品，提供新型服务内容的认知及措施
提高生产力	有效地衡量原材料的利用，最大限度地提高产品的数量和质量
物资和金筹资源	获得物资和金筹资源的渠道及其有效的利用
利润	用一个或几个经济目标表明希望达到的利润率
人力资源	人力资源的获得、培训和发展，管理人员的培养及其个人才能的发挥
职工积极性发挥	对职工激励，报酬等措施
社会责任	注意公司对社会产生的影响

4. 模拟企业经营战略选择

企业经营犹如在波涛汹涌的大海中航行，航船要驶向希冀的彼岸，就离不开罗盘和舵柄。企业要在瞬息万变的竞争环境里生存和发展，也离不开企业战略的指引。由于资源有限，企业在一定时期里只能做有限的事，因此目标一定要明确。具体到我们的实训中，就是要思索回答以下几个问题：

（1）我们想成为什么样的公司

例如，规模，是大公司还是小公司；生产产品，是多品种还是少品种；市场开拓，是许多市场还是少量市场；市场地位，是努力成为市场领导者还是追随者。

（2）我们倾向何种产品和何种市场

企业目前在本地市场经营，新市场包括区域、国内、亚洲、国际市场。在资源有限的约束条件下，面对很多情况时，放弃比不计代价地开发更明智。你不可能全面开花、面面俱到，因此要选取你的重点市场和重点产品。

（3）我们计划怎样拓展生产设施和生产能力

手工、半自动、全自动和柔性四种生产线，购置价格、生产效率和转产灵活性等各不相同，为有效扩大生产能力，你将购置什么样的生产线，什么时候购买，购买多少。

（4）我们计划采用怎样的融资策略

现金流是企业生存的命脉，企业现金流中断将意味着企业的倒闭破产。融资的方式有很多，长期贷款、短期贷款、应收款贴现、出售厂房和设备等，还有高利贷（但高利贷方式应尽量避免使用）。每种融资方式的特点和适用性都有所不同，要根据企业的发展规划做好融资计划，以保证企业的正常运转，切不可因小利而影响到整个规划的实施。

在开始实际操作前，每个管理团队都应对上述问题进行深入探讨并达成共识。每一年经营下来，需要反思我们的行为，聆听指导教师根据现场数据所做的点评，分析实际与计划的偏差及其原因，并对战略做出必要的修正。

5．利用信息及时调整经营战略

各模拟企业在经营之处都会制定一个企业发展战略规划。然而，需要说明的是，模拟企业的发展战略并不是一成不变的。每年企业业务经营完毕之后，CEO 都应该带领各部门主管进行经营成果分析，从而发现问题，找出应对的策略。当然，要想制定更为合理的发展策略，除了考虑企业内部信息之外，更为重要的是信息情报员获取的外部信息。模拟企业一定要根据竞争对手的信息及时调整自身的发展战略和策略，从而获取竞争优势，充分发挥信息的价值和作用。

7.1.6　竞争和合作

从前，有一长者听到五个手指在议论：

大拇指说：我最粗，干什么事都离不开我。别的四个手指都没用。

食指说：大拇指太粗，中指太长，无名指太细，小拇指太短，它们都不行。

中指说：我的个子最高，只要我一个人就能做很多事。

无名指说：真讨厌，大家都不给我一个名字，我真不愿意和它们在一起。

小拇指说：它们长得那么长、那么粗，有什么用？我是小而灵，我的作用最大。

长者听了它们的对话，语重心长地对它们说：你们都说自己最有用，那么我就请你们来比一比，看看到底谁的作用大。于是，这位长者拿出两只碗，其中一只里面放了一些小豆子，要求五只手指分别把这些小豆子拿到另一只碗里。结果可想而知，没有一只手指能完成这件事，五只手指只有互相合作才能完成任务。

1. 竞争和合作关系定义

竞争合作（或合作竞争）一词首先出现在美国耶鲁管理学院的拜瑞·J. 内勒巴夫和哈佛商学院的亚当·M. 布兰登勃格合著的《合作竞争》一书中。作者认为："合作竞争是一种超越了过去的合作以及竞争的规则，并且结合了两者优势的一种方法。合作竞争意味着在创造更大的商业市场时合作，在瓜分市场时竞争。

所谓竞争合作关系，施锦华认为是企业之间既包含竞争，又存在合作的一种现象，是核心企业与伙伴间存在着的合作程度不同的伙伴关系的总称。值得注意的是，这里的竞争合作关系并没有摒弃竞争，它的竞争体现在以下多个方面：

第一，极端情况是两个企业提供同一产品，存在天生的竞争关系。

第二，核心企业的合作伙伴在将来有可能成才竞争对象，存在潜在的竞争关系。

第三，核心企业的合作伙伴同时为竞争对手服务，也间接存在竞争关系。

竞争合作关系是指企业与所处的外部环境（企业）之间的一种新型企业关系，是在目标一致性原则下，以差异化、互补性、相关性为基础，通过市场需求驱动的一种以竞争来促进合作、以合作来提升企业竞争力的资源优化配置的动态过程。其内在动力是共同的利益，外在动力是市场需求，其实现方式是双方的诚信，目标是找到一种实现"双赢"的途径。其特殊点是根据内外在动力的差异，企业与所处的外部环境（企业）之间的竞争合作程度不同。从传统企业间的竞争关系演变到现代企业间的竞争合作关系，这是市场发展的必然结果。随着全球化市场的形成、科学技术的发展以及顾客需求的个性化，单个企业已不能适应市场环境，为了获得竞争优势和增大市场份额，企业和企业之间的关系逐步由竞争、合作，转变为竞争合作关系。

2. 竞争合作关系的特征

作为适应市场的一种新的企业关系，竞争合作关系有以下几个显著特征：

（1）差异化竞争合作

传统理论对企业间关系的研究认为企业间或是纯粹的竞争关系，或是纯粹的合作关系，核心企业与伙伴企业之间的关系并无差异。但是在多变的市场环境下，企业间不单存在着合作关系，而且存在着竞争关系，并且由于交易特性、战略相关度、信息共享度等的差异，企业间的竞争合作程度也不同。核心企业与少量伙伴企业间的合作远远大于竞争，而与大量的伙伴企业间的竞争远远大于合作，这是竞争合作关系最显著的特征。

（2）竞争合作期限的不确定性

在竞争合作关系下，企业间的合作期限是不确定的。企业间的合作程度越高，则合作期限越长；反之，企业间的竞争程度越高，则合作成为一种短期行为。

（3）不完全的信息共享

传统的理论研究认为合作企业间的信息完全共享，然而由于企业对自身利益最大化的追逐必然导致企业会隐蔽部分私有信息，因此企业间不可能达到信息完全共享。竞争合作关系即表达了这一观点，根据企业间合作程度的差异，企业间的信息共享度也不同。企业间合作程度越高，则信息共享度越高，企业间达到完全合作（纵向一体化），则企业间的信息完全共享；反之，企业间的竞争程度越高，则信息共享度越低，企业间达到完全竞争（市场交易），则企业间信息不共享。

（4）高层次的竞争

传统的竞争是一种零和博弈，结果往往导致两败俱伤。在竞争合作关系下，企业之间不单存在着竞争，而且还有合作。大量的企业实践证明，在既定利益冲突上建立起的合作关系，可以给双方带来整体更大的收益，即可以实现"双赢"。

（5）全方位的竞争

竞争合作既是竞争中的一种方式，也是诸多竞争方式的集大成者。一方面，它吸纳多种竞争方式之长处，有利于企业科技进步和消费者需求的更好满足；另一方面，它又抛弃了那些竞争方式所存在的缺陷，可避免竞争的负面影响，从而使竞争合作方式更完善、更有效，既能使企业获得更多的利润，又能提高企业的知名度和美誉度。因此，竞争合作关系是一种全方位的竞争方式。

3. ERP 沙盘模拟中竞争与合作的必要性

在 ERP 沙盘模拟演练中，是由六个小组组成六个相互竞争的模拟企业，虽然相互竞争，但合作也非常重要。一个企业本身具有的内部资源是很有限的，如有的企业有强大的技术开发优势，但没有完善的市场销售策略；有的企业在品牌推广方面经验丰富，但缺乏快速反应的产能。在激烈的市场竞争中，一个企业必须充分地利用其他企业的资源，达到竞争优势的极大化。那么，"资源外划"是很重要的一种实现途径，即到企业之外寻求所需的资源。作为一种管理模式，它具有协同、整合利用其外部最优秀的专业化资源，从而达到降低成本、提高效率、增强竞争能力、寻找机会、提高质量、提高效益和开拓市场的目的，是企业获得和保持竞争优势的重要工具。

7.2 指导教师主要指导要点分析

7.2.1 教会学生制订并实施经营计划

为了使制订的战略计划能够实际执行，我们应考虑为了实现目标，应该从哪里入手？要启动哪些项目？哪些是关键计划？如何做出第一年的实施计划？如何衡量目标是否达成等问题。

1．制订第一年实施计划

无论多么宏伟的战略，不论是长期还是中期战略，如果没有执行计划，战略将成为一纸空文，制订战略实施计划是让我们的战略"落地"的一个重要过程。因此，当我们完成一个战略规划后，应着手制订企业和企业内部各部门的第一年实施计划。

（1）制订今后 12 个月的工作实施计划要点。

（2）明确定出今年的业务考核指标和实施策略。

（3）根据今年的实施策略，定出行动计划的具体内容。

（4）为每一项行动计划明确完成时间。

（5）责任到人。

（6）设置评审战略的适宜性和执行效果的里程碑。

（7）做出预算。

2．销售部门的第一年计划

（1）分析市场、客户及竞争对手。

（2）选好行业和地域。

（3）确定并量化年度销售任务目标。

（4）预估实现毛利指标。

（5）确定人力资源投入及组织机构。

（6）找出关键性成功因素。

（7）定位急待解决的问题。

（8）确定市场销售策略。

（9）根据策略制订详细实施计划。

（10）得到完整资源计划及检查时间表。

结束语：美国前总统艾森豪威尔曾说："A plan is nothing, planning is everything."战略规划是一个动态的过程，能够审时度势，在执行中依据经营环境的变化和执行的效果等做出调整，最终达到目标的战略才是成功的。

7.2.2　如何进行事前成本控制

对于模拟企业来说，进行全成本核算非常重要。首先要进行成本分摊比例的核算，例如：

成本分摊比例=成本额/总销售额

如图 7-11 中的 1 代表销售额，图形中每一个柱体代表在 1 个销售额中分摊的成本比例。我们将所有的成本比例累加到一起；当总高度低于 1 时，企业就赚钱，就有利润；而当总高度高于 1 时，企业就亏损。

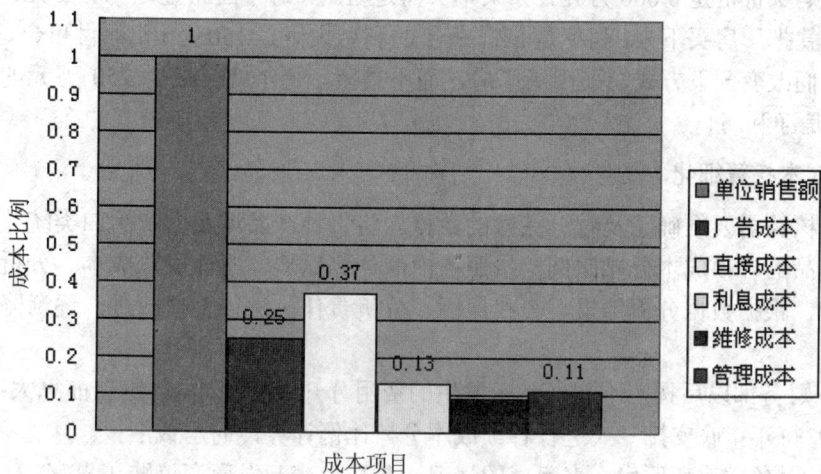

图 7-11　各项成本分摊比例

可是需要注意的是，这些数据都是在各项业务发生之后计算出来的。如何进行事前成本控制呢？

1. 如何控制直接成本

采购原材料的费用、加工费用都要控制。例如，手工线生产 P3 的加工费是 300 万元，而自动生产线生产时加工费只有 100 万元。如果用自动生产线生产 P3，成本就下降 200 万元。

安排生产时可以让手工线生产低端产品 P1，让自动生产线生产高端产品 P2、P3、P4。

另外，直接成本与销售价格也有关联。例如，P1 产品在某些市场上销售价格只有 300 万元，而在其他市场上可以卖到 600 万元，而 P1 的制造成本是 200 万元。当 P1 卖到 300 万元时，直接成本分摊比例是 2/3，大概是 0.67；而卖到 600 万元时，成本分摊比例只有 1/3，也就是 0.33。因此，拿取订单时除考虑销售总额之外，还要考虑单价。

2. 如何控制维修成本

目前手工生产线 3 条，全自动生产线 3 条。各种生产线的维修费用都是 100 万元，不管是手工线还是自动线。手工线的产能每年只能生产 1 个产品，自动线每年的产能是 4

个产品。所以，手工线生产的产品中，一个产品就要分摊 100 万元的维修费用，而自动线生产时，4 个产品才分摊 100 万元的维修费用。

3. 如何控制厂房租金成本

厂房购买价格是 3 000 万元，如果不买而是租用，每年的租金是 400 万元。如果我们借长期贷款把厂房买下来，利率是 5%，每年的利息大概是 150 万元；而付租金是每年 400 万元。我们改变一下方式，采用买厂房，而不是租，每年就会减少 250 万元的费用。这 250 万元是净利润！

4. 成本核算细化

成本核算需要准确、及时、完整的数据。将每种产品涉及的费用归类统计，并计算出每个产品的各项成本分摊比例，按照前面的计算原理，累计成总成本。分析数据不是最终目的，根据数据分析结果，查找原因，分析责任，进行管理改进，逐渐降低成本才是目的。

（1）财务部以后按照不同产品所发生的费用分开进行统计，杜绝以前算大账的做法。
（2）每年年底安排专人进行各项成本分摊比例计算，向总裁汇报。
（3）财务部改变厂房一直租用的情况，与房地产开发商商议购买事宜。
（4）今后的考核将按照财务部门统计数据计算结果进行。

7.2.3 明确财务会计和财务管理应用

1. 财务会计工作

财务会计指通过对企业已经完成的资金运动全面系统的核算与监督，以为外部与企业有经济利害关系的投资人、债权人和政府有关部门提供企业的财务状况与盈利能力等经济信息为主要目标而进行的经济管理活动。财务会计对外提供的信息反映了企业与投资者、债权人等有关方面的利益关系，受到这些信息使用者的普遍关注；他们往往要以财务会计提供的会计信息为主要依据，作出有关经济决策。财务会计是现代企业的一项重要的基础性工作，通过一系列会计程序，提供决策有用的信息，提高企业经济效益，服务于市场经济的健康有序发展。

对于 ERP 沙盘模拟演练来说，经过指导教师的培训和讲解之后，大部分学生都能够完成资产负债表和损益表的编制。然而，作为财务主管，除了完成财务会计工作之外，更为重要的应是财务管理的工作。

2. 财务管理工作

财务管理是在一定的整体目标下，关于资产的购置（投资）、资本的融通（筹资）和经营中现金流量（营运资金）以及利润分配的管理。财务管理的功能主要是基于会计核算的数据，再加以分析，从而进行相应的预测、管理和控制活动。它侧重于财务计划、控制、分析和预测，强调事前计划、事中控制和事后反馈。

为确保战略及策略计划能够得以足够的资金支持、有效的投资回报以及高效的执行等，企业就需要编制财务预算计划、估计投资回报情况以及把预算控制等工作落实到位。

（1）财务预算的编制、执行与控制

企业财务预算就是以货币形式表现，反映企业财务目标，控制企业财务活动，保障企业财务目标顺利实现的各种具体预算的有机整体。企业财务预算管理是当前现代企业管理行之有效的管理手段，现代企业制度的建立和规范运作必须强化企业财务预算管理和控制，使企业从物流到资金流，从数据处理到信息管理控制，按照规范的企业财务预算管理机制，全面、规范、有序地进行流动。其中，企业财务预算的编制、执行和控制是企业财务预算管理的关键环节，主要包括以下几方面的内容。

☆ 营运收支预算综合反映企业生产经营过程和财务成果。

☆ 资本性收支预算反映企业统一核算范围的技术改造、小型基建、固定资产及无形资产购置和对外投资、偿还长期负债等的资金筹集和运用情况。

☆ 现金流量预算反映企业现金收入、支出、余缺和融通情况，是以现金流量方式对营运收支预算、资本性收支预算的综合反映。

☆ 资产负债预算是对实施营运收支预算、资本性收支预算、现金流量预算后企业资产负债情况的预计和综合反映。

由财务部综合营运收支预算、资产性收支预算、现金收支预算，对预算年度末的资产、负债、权益情况进行预计编制。

各模拟企业练习：

☆ 编制财务预算计划。

☆ 如何借助一些工具，如 Excel 编制现金预算表等。

☆ 思考如何执行与控制财务预算，并落实到位。

（2）筹资管理

企业的筹资活动指企业经营所需资金的筹集。企业筹集资金的量和时间取决于对资金使用的需要，但资金的筹集结果又影响和制约着资金的使用。筹资决策的关键在于确定合理平衡财务杠杆的正面效应（提高盈利）和负面效应（增加风险）的最优资本结构。

按筹集资金使用期限长短可把企业筹集资金的方式分为两种：一是短期资金（一年

内偿还）的筹集方式发行短期债券、短期银行借款、商业信用等；二是中长期资金（一年后偿还）的筹集方式，吸收直接投资、发行股票、发行长期债券、长期银行借款、筹资租赁等。

各模拟企业筹资时，应该将资金来源与资金运用结合起来，合理进行期限搭配。例如，用长期资金来满足固定资产、无形资产、长期占用的流动资产的需要，用短期资金满足临时波动的流动资金的需要。

下面对比一下高利贷与贴现的利率高低，按分季比较的方法。

假如按 1:7 贴现

贴现（按季）×=利率

第一季度应收账款贴现：$6×(1+x)=7x=16.7\%$。

第二季度应收账款贴现：$6×(1+x)(1+x)=7x=8.01\%$。

第三季度应收账款贴现：$6×(1+x)(1+x)(1+x)=7x=5.27\%$。

第四季度应收账款贴现：$6×(1+x)(1+x)(1+x)(1+x)=7x=3.93\%$。

高利贷的利率（按季）：$20×(1+x)(1+x)(1+x)(1+x)=24x=4.66\%$。

由此可以看出，高利贷也并不是不可以使用，在没有第四期应收账款的情况下，企业也可以使用高利贷来进行融资。这打破了传统概念上大家宁可贴现也不愿借高利贷的思维定式。

各模拟企业练习：

☆ 分析企业生产经营情况，合理预测现金需要量。

☆ 合理安排资金的筹集时间，适时取得所需资金。

☆ 了解筹资渠道和资金市场，认真选择资金来源。

☆ 研究各种筹资方式，选择最佳的资金筹资结构。

7.2.4 根据资产负债表设定初始状态

参加 ERP 沙盘模拟的许多学生都不具备完整的财务会计知识体系，更不具备财务管理的能力。因此，在参加 ERP 沙盘模拟演练的同时往往会犯很多低级的错误，如在资产负债表做平方面浪费绝大多数的精力和时间。模拟演练中，很多扮演财务主管的学生觉得只要把财务报表做平，那么他的工作任务就完成了。为了让学生腾出更多的时间进行现金预算、资金合理筹划等财务管理工作，指导教师在沙盘模拟授课过程中进行初始状态设置时，可以按照给定的资产负债表来设定。这样，就可以让学生明白资产负债表以及利润表各科目的具体含义，做到账实相符。具体操作可参照第 3 章 3.1 节的内容。

另外，指导教师在带领同学们做完起始年的业务时，年末进行结账时再按照盘面状态进行资产负债表的编制，再次做到账实相符。通过这两种方式，实践表明，担任财务主管的同学们在财务报表做平方面基本不会存有问题，可以腾出更多的时间和精力胜任财务管理人员一职。

7.2.5　每年年末进行点评主要内容

根据多年的 ERP 模拟演练指导经验，如果模拟企业每经营完一年，指导教师都要进行详细的点评，则在短短的三天时间里可能不能完成相应的任务。因此，下面就每一年指导教师需要点评的主要内容进行列举。

1. 第 1 年

指导教师第 1 年点评的主要内容有以下三项：
（1）点评各模拟企业的广告投入产出比是否合理。
（2）告诉学生如何衡量企业经营的优劣。
（3）帮助学生分析如何增加企业的利润。

2. 第 2 年

指导教师第 2 年点评的主要内容有以下三项：
（1）询问模拟企业的商业间谍或者信息情报员或信息主管的价值作用是否发挥。
（2）查看采购主管采购的原材料有无实现"零库存"。
（3）询问和点评各模拟企业的 CEO 是否有切实可行的战略定位。

3. 第 3 年

指导教师第 3 年点评的主要内容有以下两项：
（1）点评各模拟企业的融资费用是否最为经济

点评的主要内容是财务主管在第 1 年和第 2 年时所进行的资金筹措工作，如长期贷款是多少、短期贷款是多少，还需要点评的是未来的贴现、高利贷、企业间资金拆借以及其他融资情况，看是否实现了融资费用的经济性。

（2）询问财务主管是否应用现金预算表并说明现金预算表重要性

随着虚拟企业业务越来越多和越来越复杂，为避免企业出现资金断流这一现象，指导教师需要点评各财务主管是否本着图 7-12 的流程编制现金预算表。

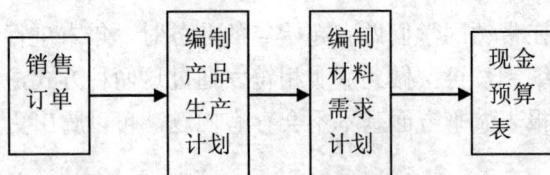

图 7-12　现金预算表编制流程

4．第 4 年

指导教师第 4 年点评的主要内容有以下三项：

（1）信息管理及其价值作用是什么？

（2）什么是 ERP？ERP 思想和方法在沙盘模拟过程中是否加以应用？

（3）手工沙盘模拟和电子沙盘模拟的区别是什么？

5．第 5 年

指导教师第 5 年点评的主要内容有以下两项：

（1）利用杜邦财务分析对各模拟企业进行点评

根据各模拟企业经营情况，由指导教师对各模拟企业根据杜邦财务分析分别进行点评。某虚拟企业杜邦财务分析如图 7-13 所示。

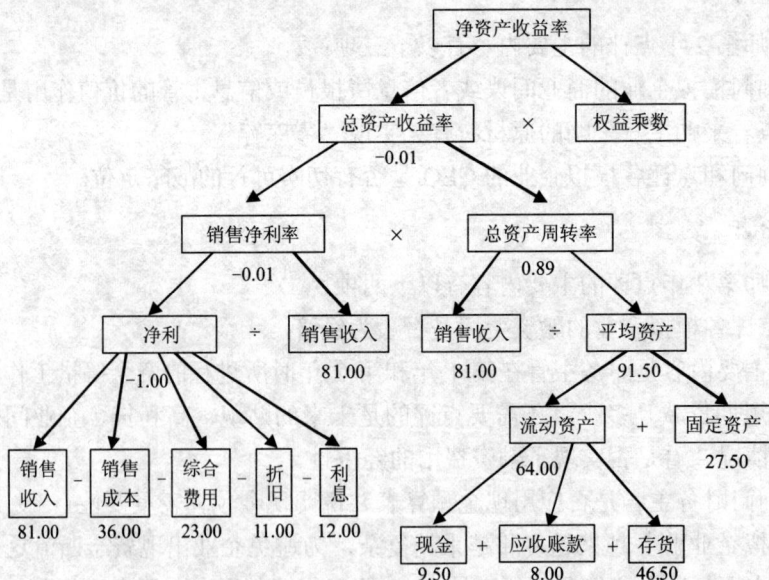

图 7-13　某虚拟企业杜邦财务分析

（2）利用五力分析模型对各模拟企业进行点评

指导教师主要点评企业的收益力、成长力、活动力、安定力和生产力五项主要内容，特别是模拟企业的收益力和成长力两项内容，可做深入的分析。

6. 第6年

指导教师第6年点评的主要内容有以下三项：

（1）各模拟企业经营成果展示

通过工具软件，各模拟企业每年的净利润、所有者权益可以很清晰地展现出来，指导教师可根据这些模拟企业的经营状况进行点评。

（2）指导教师综合点评各模拟企业

此部分非常关键，对指导教师的要求非常高。虽然 ERP 沙盘模拟演练是以学生为中心的，但并不代表指导教师除了解答疑问之外就没有其他事情可做，对于指导教师而言，更为重要的是在六个模拟企业经营的过程中，及时发现和总结如下问题：

☆ 各模拟企业经营的特色之处。

☆ 各模拟企业经营的策略。

☆ 各模拟企业哪些地方做得非常成功。

☆ 各模拟企业不足之处有哪些地方。

☆ 哪位主管表现比较突出，突出在哪里。

☆ 哪位主管表现不佳，不佳的原因是什么。

☆ 其他问题。

指导教师需要仔细地观察每一个模拟企业经营的情况，并把这些问题详细地记录下来，结合已学过的一些管理理论、管理方法和管理工具等，把各模拟企业经营的一些思路和方法进行升华，并进行详细的点评。

（3）指导教师引导学生总结发言

此部分也是整个 ERP 沙盘模拟演练的精彩所在，沙盘模拟结束后，由各模拟企业的总裁 CEO 上台发言，阐述和分享自己公司经营和管理的整个状况。另外，可在这些小组中选取有特色的（做得非常好的和做得非常不好的）财务主管、生产主管、市场主管、采购主管进行总结发言，分享他们的心得和失败的教训。当然，如果时间允许的话，最好每一位学生都可以分享自己的感想。

7.2.6 ERP 沙盘模拟授课最佳流程

为了避免授课过程中的混乱和无序性，使得沙盘模拟初始状态设定工作既快又清晰，指导教师在正式授课之前可在盘面事先放置如下物品：

☆ 95 个灰币。

☆ 10 个 R1 红币。

☆ 3 条手工生产线。

☆ 1 条半自动生产线。

☆ 4 个 P1 产品标识牌。

☆ 1 个 P1 生产资格牌。

☆ 1 个本地市场准入证。

☆ 若干个空桶。

1. 用友 ERP 沙盘模拟简介

此部分主要介绍的内容有以下三项：

（1）基本情况介绍

主要介绍目前国内外 ERP 软件公司基本情况、ERP 基本原理简单介绍、沙盘的来历、ERP 沙盘模拟简要介绍。

（2）ERP 沙盘模拟优点

介绍 ERP 沙盘模拟优点，即教学方法和教学模式的根本性的转变，并综合利用所学过的知识，如战略管理、生产运营管理、财务会计、财务管理、市场营销、ERP 原理与实施、物流管理等。

（3）ERP 沙盘模拟局限

虽然 ERP 沙盘模拟演练有诸多优点，但毕竟是模拟企业进行业务管理和操作，为规范经营操作，我们又规定了一些规则，和实际情况难免有些不符之处，如折旧方法、所得税率、不考虑其他税金等。

2. 分组及各位总监主要职能介绍

让大家本着自愿的原则进行分组，每组 5～6 个人（具体可根据人数多少来进行分配）。小组分设完毕之后，可让组员自我介绍，本着人尽其才的原则进行角色扮演。

（1）CEO 职责

虚拟企业的 CEO 带领团队共同做出决策，当团队成员意见相左实在不能统一时，可由 CEO 拍板决策。

（2）营销总监职责

营销总监主要有三项职能：一是负责开拓哪些市场；二是销售管理，投放广告费用拿订单；三是深入研究市场预测报告及明确客户需求。

（3）生产总监职责

生产总监对生产负全责，主要有两项内容：一是负责新产品开发；二是负责生产线更新改造。

（4）采购总监职责

采购总监负责编制采购供应计划，使原材料既不库存积压又不发生短缺，主要利用物料需求计划来实现。

（5）财务总监职责

财务总监肩负财务会计和财务管理两项职能任务，在能够完成资产负债表和损益表基本工作上，进行现金预算和资金筹划，如决定是进行长期贷款、短期贷款、高利贷、应收账款贴现，还是向同行拆借。

在沙盘模拟经营过程中，可以进行角色互换，从而体验角色转换后考虑问题的出发点的相应变化，也就是换位思考。

3．沙盘盘面简单介绍

（1）营销与规划中心：战略规划和市场营销

☆　市场开拓规划：确定企业需要开发哪些市场，可供选择的有区域市场、国内市场、亚洲市场和国际市场。市场开拓完成换取相应的市场准入证。

☆　产品研发规划：确定企业需要研发哪些产品，可供选择的有 P2、P3、P4 产品。产品研发完成换取相应的产品生产资格。

☆　ISO 认证规划：确定企业需要争取获得哪些国际认证，包括 ISO9000 质量认证和 ISO14000 环境认证。ISO 认证完成换取相应的 ISO 资格证。

（2）生产中心：生产组织

☆　厂房两种：沙盘盘面上设计了大厂房和小厂房，大厂房内可以建 6 条生产线，小厂房内可以建 4 条生产线。已购置的厂房由厂房右上角摆放的价值表示。

☆　生产线标识：共有手工、半自动、全自动、柔性生产线，不同生产线生产效率及灵活性不同。手工和柔性不需要转产。表示企业已购置的设备，设备净值在"生产线净值"处显示。

☆　产品标识四种：P1、P2、P3、P4 产品。表示正在生产的产品。

（3）物流中心

☆　采购提前期：R1、R2 原料的采购提前期为一个季度；R3、R4 原料的采购提前期为两个季度。避免作弊，未下订单直接入库。

☆　原材料库四个：分别用于存放 R1、R2、R3、R4 原料，每个价值 1M 元。

☆　原料订单：代表与供应商签订的订货合同，用放在原料订单处空桶数量表示。

☆　成品库四个：分别用来存放 P1、P2、P3、P4 产品。

（4）财务中心：会计核算和财务管理

☆　现金库：用来存放现金，现金用灰币表示，每个价值 1M 元。

☆　银行贷款：用放置在相应位置上的空桶表示，每桶表示 20M 元。长期贷款按年，短期贷款按季度。

☆　应收/应付账款：用放置在相应位置上装有现金的桶表示。应收/应付账款都是分账期的。

☆　综合费用：将发生的各项费用置于相应区域。

4．初始状态设定

（1）固定资产 53M 元

☆　土地和建筑——大厂房，价值 40M 元：财务总监 CFO 将等值资金用桶装好放置于大厂房价值处。

☆　机器与设备——生产线价值 13M 元：企业创办三年来，已购置 3 条手工生产线和 1 条半自动生产线，扣除折旧，目前手工生产线账面价值 3M 元，半自动生产线账面价值 4M 元。请财务总监取 4 个空桶，分别置入 3M 元、3M 元、3M 元、4M 元，并放置于生产线下方的"生产线净值"处。

（2）流动资产 52M 元

☆　现金——20M 元：财务总监拿出 20M 元放置于现金库位置。

☆　应收账款——15M 元：财务总监拿出一个空桶，装 15 个灰币，置于应收账款 3 期位置。

☆　在制品——8M 元：手工生产线有 3 个生产周期，靠近原料库的为第 1 周期，3 条手工生产线上的 3 个 P1 在制品分别位于第 1、2、3 周期；半自动生产线有 2 个周期，P1 在制品位于第 1 周期。每个 P1 产品成本由两部分构成：P1=R1+1M。生产总监拿 1 个空桶，采购总监拿 1 个红色的 R1 币，财务总监拿 1M 元灰币，由生产总监放置在生产线上的相应位置。

☆　成品——6M 元：成品库 3 个 P1。生产总监拿 3 个空桶，采购总监拿 3 个红色的 R1 币，财务总监拿 3M 元灰币，制作 3 个 P1，由生产总监放在成品库。

☆　原料——3M 元：原料库有 3 个 R1，由采购总监取 3 个空桶，每个空桶中分别放置 1 个 R1 原料，并摆放到 R1 原料库。

除以上需要明确表示的价值之外，还有已向供应商发出的采购订货，预订 R1 原料两个，采购总监将两个空桶放置到 R1 原料订单处。

（3）负债 41M 元

长期负债——40M 元：企业有 40M 元长期借款，分别是 5 年期和 4 年期。请财务总监将 2 个空桶分别置于第 5 年和第 4 年期位置。

（4）所有者权益

由股东资本、利润留存和年度净利计算得出。

5. 运营规则分析

此部分已在第 3 章 3.2 节阐述，此处不再赘述。

7.3　模拟演练中学生易犯问题及解决方法

虽说学生对该门课程非常感兴趣，投入的精力也比较多，但由于这门课程涉及所学过的综合的经营管理知识，学生缺乏实际的经验，再加上部分专业学生在财务会计和财务管理以及 ERP 原理与实施专业知识方面的不足，导致在 ERP 沙盘模拟演练过程中，各模拟企业在经营模拟演练时多多少少都会出现一些问题，主要表现在以下几个方面：

7.3.1　各项主管职责不清晰

在 ERP 沙盘模拟演练中，学生通过扮演不同角色担任某虚拟企业的不同总监或主管，如财务主管、生产主管等，各主管的职责所在在沙盘模拟一开始组建团队时就已经很清楚地阐述了。然而，在实际的业务操作过程中，学生扮演的各位主管往往把任务混淆在一起，如采购主管帮助上线生产、营销主管帮助财务主管贷款和还款等一系列问题，经常导致业务不清，致使现金库的现金和账面对不上，报表无法做平等一系列问题。

为了避免此种情况的出现，指导教师一定要在授课过程中严格要求每位学生各司其职，当然并不是要求他们互不配合，沙盘盘面上的不同颜色币子、不同任务必须要明确分配，使得企业的经营业务操作明确、清晰。

7.3.2　盲目的广告投放策略

通过研究市场竞争对手，即其他五个模拟企业的经营和广告投放情况，制定科学合理的广告投放策略是营销总监的一个重要职责。然而，在沙盘模拟演练过程中，一旦广告费投放完毕，订单选取完之后，好像营销总监的任务就结束了，只是在旁边进行"观战"。等到这一年结束时，财务总监把财务报表上交之后，指导教师说过些时间要上交广告单时，营销总监才开始关注广告费用，指导教师开始催交广告单时，有些营销总监就靠"拍脑袋"方式制定投放的广告费用。

作为营销总监，其职责可以说非常重大，因为其销售预测和销售订单是整个生产计划，进而是采购计划的源泉，也是财务计划制定的重要依据。因此，其广告费用的投放是非常谨慎的，应研究透彻市场需求预测报告并分析其他模拟企业的市场信息，进而制定自己的广告投放策略，而不是盲目地说投放 1M 元、2M 元或其他金额。

7.3.3 现金预算管理不善

根据以往的沙盘模拟演练可以得知，大多数模拟企业的财务总监都没有在每年年初进行现金预算表的编制，有的甚至在每年年末业务结束后，咨询指导教师是否需要编制年初的现金预算表。由此可见，有些同学根本不明白现金预算表的作用和意义所在。还有的是财务主管的现金预算做得不好，不能够做到事先控制，经常会出现资金断流或者是到期不能偿还债务的情况，致使公司破产。

主要问题可归结为以下三类：

☆ 没有编制现金预算表。

☆ 编制现金预算表不正确，和实际脱节较为严重。

☆ 企业没有严格按计划进行经营，导致实际严重脱离预算。

为了避免上述情况出现，使得企业可能会出现现金断流的危险，现金预算表的价值作用及其编制方法可参照第 3 章 3.3 节的内容。

7.3.4 财务报表频频出错

在 ERP 沙盘模拟演练中，普遍现象是许多模拟企业不能把账做平。

主要原因是财务总监没有经验或财务知识不充分、不会实际应用、一些会计科目含义理解不清，部分发生的业务和费用不知道该怎样记账等因素影响致使做账时思路混乱，逻辑不清，最终做错或账表不能平衡；但有很多情况也是因为各角色没有严格按照企业运营流程去运作，各自为政，致使账目混乱不清；更有甚者拿着沙盘用具玩，或多拿一个币子，或少拿一个币子，或从地上捡起来一个币子等现象都会致使账实不符，致使资产负债表无法平衡。还有一些情况是营销总监与生产总监沟通不够，要么出现大量库存，要么是订单接了却生产不出来。对于该课程所涉及的部分知识不能充分理解，致使财务报表尤其是资产负债表总是不平。

因此，作为指导教师在进行初始状态设定时、起始年业务操作完毕进行财务报表编制时需按照 7.2.4 节内容要求来授课，则绝大多数担任财务总监的同学都能够顺利地编制资产负债表和损益表。

7.3.5　筹资决策管理比较随意

企业资金的合理筹集离不开企业的高效管理和决策，决策的合理性就是要组织好人力、物力、财力、信息等资金，充分发挥资金效益，获取最合理的投入产出率的过程。在此过程中，对企业财务的管理是极为重要的一部分，同时也是企业运营的关键环节之一。ERP 沙盘企业经营模拟的过程，可以看到有效的筹资决策会使运营企业敏锐洞悉资金短缺前兆，以最佳方式筹措资金，最终将资金成本控制到较低水平，管好、用好资金。此外，筹资决策还会为运营企业的重大决策，如设备投资、产品开发及 ISO 认证等提供财务信息支持，是筹资决策在 ERP 沙盘模拟中重要作用的体现。

然而，财务管理知识的欠缺使得学生不能够合理地筹划资金，没有一个详细的规划，如什么时候该长期贷款、短期贷款、应收账款贴现以及高利贷等，使得筹融资管理带有很大的随意性。为了合理地进行筹资决策，财务总监可采取如下步骤：

☆　年初编制现金预算表，进行财务预测，合理确定资金需要量。

☆　合理选择融资方式。

☆　合理确定资金成本。

☆　合理确定筹资比例及数额。

☆　确定企业最佳的融资方案，合理规划资本结构。

下面是 ERP 沙盘模拟中不同融资方式资金成本与风险比较一览表，如表 7-4 所示。

表 7-4　不同贷款类型资金成本及其财务风险

贷 款 类 型	资 金 成 本	财 务 风 险
高利贷	最高	较高
资金贴现	较高	较低
短期贷款	最低	最高
长期贷款	较低	最高（偿还期最长）

在准确地预测出企业资金需要量的基础上，通过对不同融资方式的定性与定量分析，明确企业可选择融资方式的筹资数额及占总筹资额的比例，制订出最佳的筹资方案，构建科学的资本结构。

7.3.6　无 ERP 方法和原理应用

ERP 是企业资源计划的简称。企业资源包括厂房、设备、物料、资金、人员，甚至还包括企业上下游的供应商和客户等。企业资源计划的实质就是如何在资源有限的情况下，合理组织生产，力求做到利润最大，成本最低，可以说，企业的生产经营过程也是对企业资源的管理过程。它利用信息科学的最新成果，根据市场需求对企业内部和其供需链上各环节的资源进行全面规划、统筹安排和严格控制，以保证人、财、物、信息等各类资源得到充分、合理的应用，实现信息流、物流、资金流、增值流和业务流的有机集成，从而达到提高生产效率、降低成本、满足顾客需求、增强企业竞争力的目的。

ERP 沙盘模拟课程的展开就是针对一个模拟企业，把该模拟企业运营的关键环节：战略规划、资金筹集、市场营销、产品研发、生产组织、物资采购、设备投资与改造、财务核算与管理等几个部分设计为 ERP 沙盘模拟课程的主体内容，把企业运营所处的内部环境抽象为一系列的规则，参与者组成六个相互竞争的模拟企业，通过模拟企业六年的经营，使参与者在分析市场、制定战略、营销策划、组织生产、财务管理等一系列活动中参悟管理规律，提升管理能力。ERP 知识方面的不足使得部分专业的学生不能够很好地制订主生产计划、物料需求计划和采购计划，最终使得模拟企业的经营效果欠佳，分数不理想。因此，学生需充分理解 ERP 的意义所在，具体计划的编写可参照第 1 章内容。

7.3.7　各总监配合不力

本章在一开始就分析了模拟企业中团队配合的重要性，并详细阐述了生产主管、营销主管、采购主管以及财务主管的沟通和协作的必要性。然而，在实际操作演练过程中，许多模拟企业的各个主管仍然配合不力，致使企业经营操作出现一系列问题。

（1）订单违约

扮演市场营销总监的学生在拿订单时与生产总监配合得不好，致使生产剩余或者不能按订单交货，给企业的经营带来一定的影响等。

（2）现金断流

现金断流的原因主要在于现金预算没有做好，基于此，所以许多模拟企业的各个主管则很自然就把责任归咎于财务主管。其实不然，如果生产主管、营销主管、采购主管等没有提供一个清晰的广告投放策略和计划、主生产计划以及物料需求计划的话，则财务主管不可能做到"无米之炊"，不可能做出一个比较完善的现金预算，则势必会影响到财务主管的筹资管理工作。

（3）各主管之间的矛盾时有发生

虽然我们一开始在讲解 ERP 沙盘模拟基础知识时，就已经强调过我们并不赞扬"个人英雄主义"的发生。然而，在实际演练中，仍有一些同学过于盲目地强势和独断专行，或是相互指责和埋怨，致使团队不和谐，矛盾仍时有发生。在这种情况下，指导教师除了授课之外，还仍应有耐心地帮助学生排解问题，督促他们完成相应的工作任务。

7.3.8　可能存在各种违规经营操作

在 ERP 沙盘模拟演练过程中，绝大部分都是由 1～2 名教师进行指导，而六个模拟企业的业务经营并不完全同步，所以，在模拟企业演练过程中，要想仅仅依靠指导教师来进行监督和规范业务的操作实属不易。因此，在监督不到位的情况下，在进行业务操作时可能会存有各种各样的违规现象，如许多采购主管并未根据主生产计划、物料清单、库存记录编制详细的物料需求计划，有时没有考虑到或者忘记下达采购订单，在原材料不到位的情况下，模拟企业极有可能出现"停工待料"的情况，而采购主管为了不影响生产，则往往在监督不到位的情况下直接购买原材料。

然而，要想给每一个小组配备一名监督人员（仅指授课和培训，比赛除外）也不是很现实，则经营模拟的结果势必会影响到竞争的公平性。在这种情况下，指导教师就应尽可能给学生详细讲解规则要求，并给出处罚和奖励措施，从而让学生自愿遵守规则行为和要求。

因此，在以后的 ERP 综合模拟实验授课中，作为指导教师，还应更加积极探索《ERP 沙盘模拟演练》课程的教学方式，实现企业经营管理实验教学形式的多样化，真正实现以学生为中心的开放式教学思想，授课中应更加督促学生对 ERP 沙盘模拟演练进行整体把握和全面理解，使学生真正地深刻体会到如何借助于 ERP 的管理思想和理念来提升企业竞争力。

本章小结

本章主要对 ERP 沙盘模拟演练过程中的关键点内容进行了详细的阐述和分析。首先，分析了模拟演练中的关键点，指明了团队组建、沟通与协作的重要性，分析了模拟企业经营的本质，阐述了信息的价值和作用、投资决策的不确定性，并说明了利用信息及时调整企业的经营发展策略，同时强调了竞争和合作的重要性。其次，对指导教师在进行沙盘模拟指导过程中的要点进行了剖析，指导教师应教会学生制订并实施经营计划，如何进行事前成本控制，并明确财务会计和财务管理应用的区别和联系，另外，指导教师还应根据资产负债表设定初始状态，给出 ERP 沙盘模拟授课最佳流程，并给出了指导教师每年年末进行点评的主要内容。最后，总结了在 ERP 沙盘模拟演练中学生经常犯的错误，如各项主管职责不清晰、盲目的广告投放策略、现金预算管理不善、财务报表频频出错、筹资决策管理比较随意、无 ERP 方法和原理应用、各总监配合不力、可能存在各种违规经营操作等一系列问题，并给出了相应的解决办法和措施。通过本章的撰写，希望给没有经验的指导教师提供有价值的借鉴参考，提升其 ERP 沙盘模拟的教学效果，同时给参加沙盘模拟的各位同学有用的意见，提升模拟企业的经营效果和业绩。

第 8 章　ERP 沙盘模拟对抗演练资料

8.1　商业预测报告

这是由一家权威的市场调研机构对未来六年里各个市场的需求的预测，应该说这一预测有着很高的可信度。但根据这一预测进行企业的经营运作，其后果将由各企业自行承担。

P1 产品是目前市场上的主流技术，P2 产品作为对 P1 产品的技术改良产品，也比较容易获得大众的认同。

P3 和 P4 产品作为 P 系列产品里的高端技术，如图 8-1 所示，各个市场上对它们的认同度不尽相同，需求量与价格也会有较大的差异。

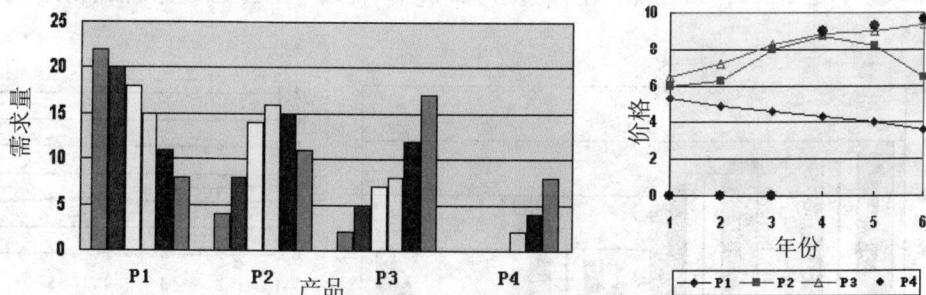

图 8-1　本地市场 P 系列产品需求量与价格预测

本地市场将会持续发展，客户对低端产品的需求可能要下滑。伴随着需求的减少，低端产品的价格很有可能会逐步走低。后几年，随着高端产品的成熟，市场对 P3、P4 产品的需求将会逐渐增大。同时随着时间的推移，客户的质量意识将不断提高，后几年可能会对厂商是否通过了 ISO9000 认证和 ISO14000 认证有更多的要求。

区域市场的客户对 P 系列产品的喜好相对稳定，因此市场需求量的波动也很有可能会比较平稳。因其紧邻本地市场，所以产品需求量的走势可能与本地市场相似，价格趋势也应大致一样，如图8-2所示。该市场的客户比较乐于接受新的事物，因此对于高端产品也会比较有兴趣，但由于受到地域的限制，该市场的需求总量非常有限。并且这个市场上的客户相对比较挑剔，因此在后几年客户会对厂商是否通过了 ISO9000 认证和 ISO14000 认证有较高的要求。

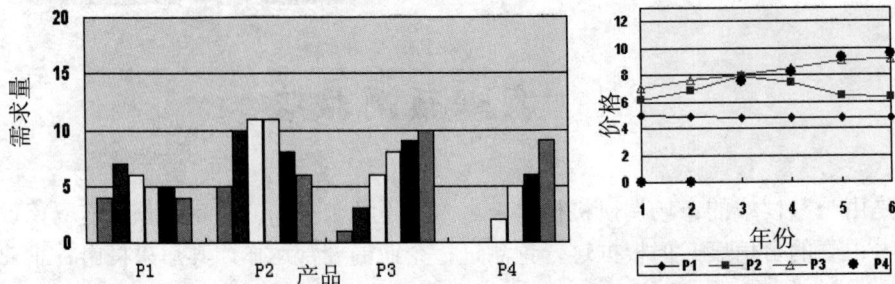

图 8-2　区域市场 P 系列产品需求量与价格预测

因 P1 产品带有较浓的地域色彩，估计国内市场对 P1 产品不会有持久的需求，但 P2 产品因为更适合于国内市场，所以估计需求会一直比较平稳。如图 8-3 所示，随着对 P 系列产品新技术的逐渐认同，估计对 P3 产品的需求会发展较快，但这个市场上的客户对 P4 产品却并不是那么认同。当然，对于高端产品来说，客户一定会更注重产品的质量保证。

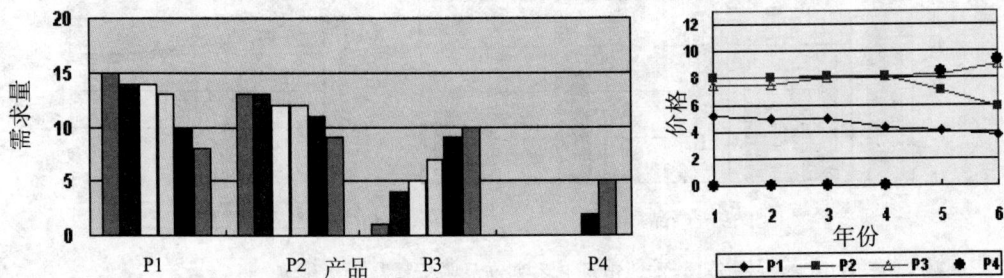

图 8-3　国内市场 P 系列产品需求量与价格预测

这个市场上的客户喜好一向波动较大，不易把握，所以对 P1 产品的需求可能起伏较大，估计 P2 产品的需求走势也会与 P1 相似。但该市场对新产品很敏感，因此估计对 P3、P4 产品的需求会发展较快，如图 8-4 所示，价格也可能不菲。另外，这个市场的消费者很看中产品的质量，所以在后几年里，如果厂商没有通过 ISO9000 和 ISO14000 的认证，其产品可能很难销售。

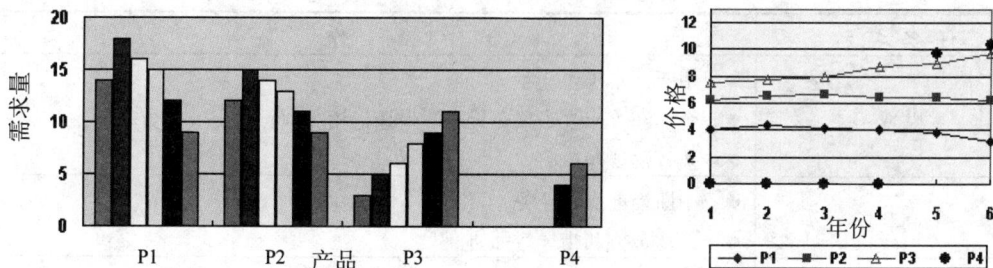

图 8-4 亚洲市场 P 系列产品需求量与价格预测

进入国际市场可能需要一个较长的时期。有迹象表明，目前这一市场上的客户对 P1 产品已经有所认同，如图 8-5 所示，需求也会比较旺盛。对于 P2 产品，客户将会谨慎地接受，但仍需要一段时间才能被市场所接受。对于新兴的技术，这一市场上的客户将会以观望为主，因此对于 P3 和 P4 产品的需求将会发展极慢。因为产品需求主要集中在低端，所以客户对于 ISO 的要求并不如其他几个市场那么高，但也不排除在后期会有这方面的需求。

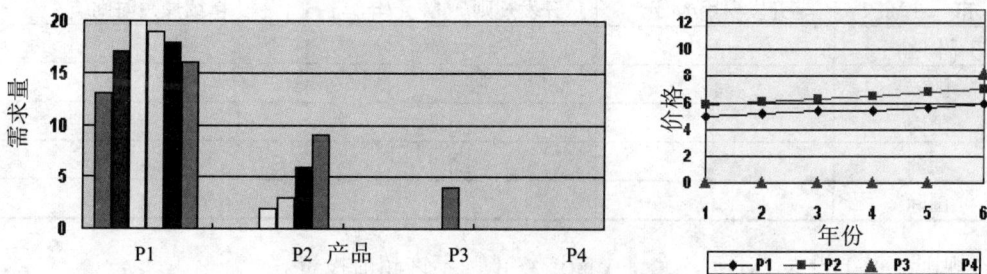

图 8-5 国际市场 P 系列产品需求量与价格预测

8.2 ERP 沙盘模拟演练对抗规则

在实际的 ERP 沙盘模拟演练中，各模拟企业必须严格按照 ERP 沙盘模拟经营手册中的经营流程操作，否则视同违规经营。

在运行过程中若有如表 8-1 所示的任务，可以随时进行操作。

表 8-1　运营中可随时进行的任务

任务名称	操作
贴现	● 中断正常操作任务 ● 企业在"应收账款登记表"中登记相关项目，交监督员审查 ● 执行贴现操作
高利贷	● 中断当前操作任务 ● 贷款金额和指导教师协商
卖厂房	● 中断当前操作任务 ● 所卖金额计入"应收账款登记表"中，计入 4Q 应收账款

一、市场划分与市场准入规则

企业目前在本地市场经营，新市场包括区域、国内、亚洲、国际市场。
各公司可在如表 8-2 所列诸市场中选择开发。

表 8-2　市场分布

市　　场	开发费用/M 元	开发规则/（M 元/年）	持续最短时间/年
本地	无		无
区域	1	1	1
国内	2	1	2
亚洲	3	1	3
国际	4	1	4

规则：每年投入 1M 元，允许中断或终止，不许超前投资。

二、产品规则

1. 产品研发规则

P1 产品是各公司本身拥有的，其他产品需要进行开发。具体开发时间和经费如表 8-3
所示。

表 8-3　具体开发时间和经费

产品	P2	P3	P4
研发时间/季度	6	6	6
研发投资/M 元	6	12	18

注：① 开发投入分期进行，每季度进行一次，投入 1、2、3M 元不等。

② 开发中可以随时中断和延续，不允许超前或集中投入。

③ 投资不能回收。

④ 开发完成之后，才能上线生产。

⑤ 开发的产品不能转让。

2．产品生产规则

产品研发完成后，模拟企业可开始接单生产。开始生产时按产品结构要求将原料放在生产线上并支付加工费，各条生产线生产产品的加工费均为 1M 元。

P1=R1+1M 元　　　　　　　　P2=R1+R2+1M 元

P3=2R2+R3+1M 元　　　　　　P4=R2+R3+2R4+1M 元

3．产品生产用原材料采购规则

根据上季度所下采购订单接受相应原料入库，并按规定付款或计入应付账款。用空桶表示原材料订货，将其放在相应的订单位置上，如表 8-4 所示，R1、R2 订购必须提前一个季度订货；R3、R4 订购必须提前两个季度订货。

表 8-4　采购订单

原　材　料	采购订单提前期/季度
R1（红色）	1
R2（橙色）	1
R3（蓝色）	2
R4（绿色）	2

注：① 没有下订单的原材料不能入库。

② 原材料订单不得违约反悔，所有下订单的原材料到期必须入库。

三、ISO9000、ISO14000 开发规则

无形资产的获得包括 ISO9000 和 ISO14000 的认证，ISO9000 需要 2 年完成，ISO14000

至少需要 3 年完成，分期投入，每年一次，每次 100 万元。可以中断投资，但不允许集中或超前投资。

只有开发完成后，才能在市场竞单中投入广告费，只有投入 ISO 的广告费，才有资格获取具有 ISO 要求的特殊订单。

四、厂房买卖规则

企业目前拥有自主厂房——大厂房，价值 40M 元。另有小厂房可供选择使用，有关各厂房购买、租赁、出售的相关规则如表 8-5 所示。

表 8-5　有关各厂房购买、租赁、出售的相关规则

厂　　房	买价/M 元	租金/（M 元/年）	售价/M 元	生产线容量/条
大厂房	40	5	40	6
小厂房	30	4	30	4

（1）年底决定厂房是否购买，购买厂房时，将等值的现金放置在厂房价值处，厂房不提折旧。

（2）年末时，如果厂房中有一条生产线，不论状态如何，都算占用。如果占用的厂房没有购买，必须付租金。

（3）对于已经购买的厂房可随时按原值出售，出售厂房的款项计入 4Q 的应收款。

五、机器设备

不同类型生产线投资及转产规则如表 8-6 所示。

表 8-6　不同类型生产线投资及转产规则

生　产　线	购买价/M 元	安装周期/季度	生产周期/季度	转产周期/季度	转产费用/M 元	维护费用/(M 元/年)	残值/M 元
手工线	5	无	3	无	无	1	1
半自动	8	2	2	1	1	1	2
全自动	16	4	1	2	4	1	4
柔性线	24	4	1	无	无	1	6

（1）生产线只能购买，不能公司间转让。

（2）购买生产线必须按照安装周期分期支付，只有实现支付，才能计算安装期；支付不一定需要持续，可以在支付过程中停顿，安装期顺延。

（3）只有当投资全部完成后，才算安装完成。

（4）生产线卖出时，只能按残值出售，实际价值继续参加折旧，直到折完为止。

① 如果生产线净值≤残值，将生产线净值直接转到现金库中。

② 如果生产线净值＞残值，从生产线净值中取出等同于残值的部分转化为现金，将差额部分作为费用处理，置于综合费用"其他"处。

（5）当年建成的生产线不参加折旧。

（6）生产线每年提取维修费，在建的生产线不交维修费，但一旦建成，不论是否生产，必须交纳维修费，转产的生产线也需交纳维修费。

（7）生产线一经安装不允许移动位置。

（8）有再制品的生产线不允许出售和转产处理。

（9）生产线上的格子代表加工工期，所以生产线上只能有一个在制品。

六、融资规则

融资规则如表8-7所示。

表8-7　融资规则

融资方式	规定贷款时间	最高额度	财务费用	还款方式
长期贷款	每年年末	上年所有者权益×2-已有长期贷款+一年内到期的长期贷款	年息10%	年底付息，到期还本
短期贷款	每季度初	上年所有者权益×2-已有短期贷款-一年内到期的长期贷款	年息5%	到期一次还本付息
高利贷	任何时间	与指导教师（银行）协商	年息20%	到期一次还本付息
贴现	任何时间	应收账款额度6/7取整数	贴现金额1/7	贴现时收取贴现费用

（1）长期贷款额度：各自为上年权益总计的2倍，必须为20的倍数申请；如果上年权益为11M～19M元，只能按10M元来计算贷款数量，即贷款额度为20M元。低于10M元的权益，将不能获得贷款。

（2）期限：长期贷款最多可贷5年，短期贷款为4个季度。

（3）利息及还款：长期贷款每年支付利息，到期还本；短期贷款到期时还本并支付利息。

（4）贴现：按 6:1 提取贴现费用，即从任意账期的应收账款中取 7M 元，6M 元变为现金，1M 元支付贴现费用（只能贴 7 的倍数），只要有应收账款，可以随时贴现。

（5）高利贷：20%利息/年，以 20M 元为单位放贷，最长期限为 1 年，到期还本付息。发放额度应与银行协商。

七、费用规则

（1）综合管理费：每季度支付 1M 元。
（2）广告费（市场营销费）：为每年拿订单时的广告投入。
（3）折旧：采用余额加速折旧，每次按固定资产净值的 1/3 取整折旧，少于 3M 元时，每次折旧 1M 元，直到提完为止。当年新建成的生产线不提折旧，厂房不提折旧。

八、市场订单规则

1．广告费用与获得订单的机会

1M 元广告投入，获得一次拿单的机会，另外，获得拿单机会需要 2M 元/机会，每个机会可以拿一张订单，如 7M 元广告费表示：有 4 次拿单的机会，最多可以拿 4 张订单。

2．广告填写

（1）将广告费填写在每个市场的相应产品栏中。
（2）要保持市场准入时，最少每市场投放 1M 元广告。
（3）如果要拿取 ISO 标准的订单，首先要开发完成 ISO 认证，然后在每次的竞单中，要在广告登记单上的 ISO 位置填写 1M 元的广告。

3．选单排名顺序

订单按市场、产品发放，如本地市场的 P1、P2、P3、P4，区域市场的 P1、P2、P3、P4 等次序发放。

各公司按照排定的顺序来选择订单，选单顺序是根据如下原则排定。
（1）第一次以投入某个产品广告费用的多少产生该产品的选单顺序。
（2）如果该产品投入一样，按本次市场的广告总投入量（包括 ISO 的投入）进行排名。

（3）如果市场广告总投入量一样，按上年的该市场排名顺序排名。

（4）如果上年排名相同，采用竞标方式选单，即把某一订单的销售价、账期去掉，按竞标公司所出的销售价和账期决定谁获得该订单（按出价低、账期长的顺序发单）。

4．销售排名及市场老大规则

（1）每年竞单完成后，根据某个市场的总订单销售额排出销售排名。

（2）排名第一的为市场老大，下年可以不参加该市场的选单排名而优先选单。

（3）其余的公司，仍按选单排名方式确定选单顺序。

5．放弃原则

（1）本地市场不允许放弃（每次最少在一个商品上投入 1M 元）。

（2）其他市场可以放弃，但若要再次进入，必须再次开发（已开发的投入将被收走）。

6．订单放单原则

（1）按总需要量放单：如对某个产品总需要量为 6 张订单，市场有 7 张订单，则只放 6 张。

（2）按供应量放单：如果订单总数超过需求总数，拿出全部订单。

（3）如果只有独家需求，全部放单。

7．选单流程

（1）按选单顺序先选第一轮，每公司一轮只能一次机会，选择 1 张订单。

（2）第二轮按顺序再选，机会用完的公司则退出选单，如老大只投了 1M 元广告，第 2 轮选单，老大退出，由投 2 次机会最靠前的公司选单。

8．订单种类

（1）普通订单：一年之内任何交货期均可交货。

（2）加急订单：第一季度必须交货。

（3）ISO9000 或 ISO14000：要求具有 ISO9000 或 ISO14000 资格，并且在市场广告上投放了 ISO9000 或 ISO14000 广告（1M 元）的公司，可以拿单。

9．交货规则

必须按照订单规定的数量交货。

10. 违约处罚规则

所有订单必须在规定的期限内完成（按订单上的产品数量交货），即加急订单必须在第一季度交货、普通订单必须在本年度交货等；如果订单没有完成，按下列条款加以处罚：

（1）下年市场地位下降一级（如果是市场第一的，则该市场第一空缺，所有公司均没有优先选单的资格）。

（2）下年必须先交上违约的订单后，才允许交下年正常订单。

（3）交货时扣除订单额 25% 的违约金，如订单总额为 20M 元，交货时只能获得 15M 元的货款。

九、对抗结果评比

经营结束时，按照企业的综合实力评分，选出优胜队。综合实力评分是根据所有者权益、生产能力、资产状况、产品开发、市场地位等计算得出的。

8.3　ERP 沙盘模拟职位分配表

ERP 生产经营沙盘模拟职位分配表

专业班级：_____

小组：　　　　　　公司名称：

职　位	人　数	姓　名	备　注
总裁 CEO	1		
营销总监	1		
生产总监	1		
财务总监	1		
采购总监	1		
财务助理			
信息情报员			

第 8 章　ERP 沙盘模拟对抗演练资料

8.4　广告登记表

表中各年度（第 1 年～第 6 年）按市场分为：本地、区域、国内、亚洲、国际，每个市场设"产品、广告、9K、14K"栏，产品行为 P1、P2、P3、P4。

第 1 年本地	产品	广告	9K	14K
	P1			
	P2			
	P3			
	P4			

第 1 年区域	产品	广告	9K	14K
	P1			
	P2			
	P3			
	P4			

第 1 年国内	产品	广告	9K	14K
	P1			
	P2			
	P3			
	P4			

第 1 年亚洲	产品	广告	9K	14K
	P1			
	P2			
	P3			
	P4			

第 1 年国际	产品	广告	9K	14K
	P1			
	P2			
	P3			
	P4			

（第 2 年～第 6 年各市场表格结构相同，均为空白登记表。）

8.5 ERP 沙盘模拟演练手册

起始年

企业经营流程 请按顺序执行下列各项操作。	每执行完一项操作，CEO 请在相应的方格内打钩。 财务总监（助理）在方格中填写现金收支情况。			
新年度规划会议				
参加订货会/登记销售订单				
制订新年度计划				
支付应付税				
季初现金盘点（请填余额）				
更新短期贷款/还本付息/申请短期贷款				
更新应付款/归还应付款				
原材料入库/更新原料订单				
下原料订单				
更新生产/完工入库				
投资新生产线/变卖生产线/生产线转产				
向其他企业购买原材料/出售原材料				
开始下一批生产				
更新应收款/应收款收现				
出售厂房				
向其他企业购买成品/出售成品				
按订单交货				
产品研发投资				
支付行政管理费				
其他现金收支情况登记				
支付利息/更新长期贷款/申请长期贷款				
支付设备维护费				
支付租金/购买厂房				
计提折旧				（ ）
新市场开拓/ISO 资格认证投资				
结账				
现金收入合计				
现金支出合计				
期末现金对账（请填余额）				

起始年订单登记表

订单号										合计
市场										
产品										
数量										
账期										
销售额										
成本										
毛利										
未售										

起始年产品核算统计表

产品	P1	P2	P3	P4	合计
数量					
销售额					
成本					
毛利					

起始年综合管理费用明细表 百万元

项 目	金 额	备 注
管理费		
广告费		
保养费		
租金		
转产费		
市场准入开拓		□区域 □国内 □亚洲 □国际
ISO 资格认证		□ISO9000 □ISO14000
产品研发		P2（ ） P3（ ） P4（ ）
其他		
合计		

起始年利润表

项　　目	上　年　数	本　年　数
销售收入		
直接成本		
毛利		
综合费用		
折旧前利润		
折旧		
支付利息前利润		
财务收入/支出		
其他收入/支出		
税前利润		
所得税		
净利润		

起始年资产负债表

资　　产	期　初　数	期　末　数	负债和所有者权益	期　初　数	期　末　数
流动资产：			负债：		
现金			长期负债		
应收账款			短期负债		
在制品			应付账款		
成品			应交税金		
原料			一年内到期的长期负债		
流动资产合计			负债合计		
固定资产：			所有者权益：		
土地和建筑			股东资本		
机器与设备			利润留存		
在建工程			年度净利		
固定资产合计			所有者权益合计		
资产总计			负债和所有者权益总计		

第一年

企业经营流程 请按顺序执行下列各项操作。	每执行完一项操作，CEO 请在相应的方格内打钩。 财务总监（助理）在方格中填写现金收支情况。			
新年度规划会议				
参加订货会/登记销售订单				
制订新年度计划				
支付应付税				
季初现金盘点（请填余额）				
更新短期贷款/还本付息/申请短期贷款				
更新应付款/归还应付款				
原材料入库/更新原料订单				
下原料订单				
更新生产/完工入库				
投资新生产线/变卖生产线/生产线转产				
向其他企业购买原材料/出售原材料				
开始下一批生产				
更新应收款/应收款收现				
出售厂房				
向其他企业购买成品/出售成品				
按订单交货				
产品研发投资				
支付行政管理费				
其他现金收支情况登记				
支付利息/更新长期贷款/申请长期贷款				
支付设备维护费				
支付租金/购买厂房				
计提折旧				（　）
新市场开拓/ISO 资格认证投资				
结账				
现金收入合计				
现金支出合计				
期末现金对账（请填余额）				

第一年现金预算表

	第 一 季 度	第 二 季 度	第 三 季 度	第 四 季 度
期初库存现金				
支付上年应交税				
市场广告投入				
贴现费用				
利息（短期贷款）				
支付到期短期贷款				
原料采购支付现金				
转产费用				
生产线投资				
工人工资				
产品研发投资				
收到现金前的所有支出				
应收款到期				
支付管理费用				
利息（长期贷款）				
支付到期长期贷款				
设备维护费用				
租金				
购买新建筑				
市场开拓投资				
ISO 认证投资				
其他				
库存现金余额				

要点记录

第一季度：_____

第二季度：_____

第三季度：_____

第四季度：_____

年底小结：_____

_____

第一年订单登记表

订单号								合计
市场								
产品								
数量								
账期								
销售额								
成本								
毛利								
未售								

第一年产品核算统计表

产品	P1	P2	P3	P4	合计
数量					
销售额					
成本					
毛利					

第一年综合管理费用明细表   百万元

项　　目	金　　额	备　　注
管理费		
广告费		
保养费		
租金		
转产费		
市场准入开拓		□区域　　□国内　　□亚洲　　□国际
ISO 资格认证		□ISO9000　　□ISO14000
产品研发		P2（　）　　P3（　）　　P4（　）
其他		
合计		

第一年利润表

项　　目	上　年　数	本　年　数
销售收入		
直接成本		
毛利		
综合费用		
折旧前利润		
折旧		
支付利息前利润		
财务收入/支出		
其他收入/支出		
税前利润		
所得税		
净利润		

第一年资产负债表

资　　产	期　初　数	期　末　数	负债和所有者权益	期　初　数	期　末　数
流动资产：			负债：		
现金			长期负债		
应收账款			短期负债		
在制品			应付账款		
成品			应交税金		
原料			一年内到期的长期负债		
流动资产合计			负债合计		
固定资产：			所有者权益：		
土地和建筑			股东资本		
机器与设备			利润留存		
在建工程			年度净利		
固定资产合计			所有者权益合计		
资产总计			负债和所有者权益总计		

第二年

企业经营流程 请按顺序执行下列各项操作。	每执行完一项操作，CEO 请在相应的方格内打钩。 财务总监（助理）在方格中填写现金收支情况。			
新年度规划会议				
参加订货会/登记销售订单				
制订新年度计划				
支付应付税				
季初现金盘点（请填余额）				
更新短期贷款/还本付息/申请短期贷款				
更新应付款/归还应付款				
原材料入库/更新原料订单				
下原料订单				
更新生产/完工入库				
投资新生产线/变卖生产线/生产线转产				
向其他企业购买原材料/出售原材料				
开始下一批生产				
更新应收款/应收款收现				
出售厂房				
向其他企业购买成品/出售成品				
按订单交货				
产品研发投资				
支付行政管理费				
其他现金收支情况登记				
支付利息/更新长期贷款/申请长期贷款				
支付设备维护费				
支付租金/购买厂房				
计提折旧				（　　）
新市场开拓/ISO 资格认证投资				
结账				
现金收入合计				
现金支出合计				
期末现金对账（请填余额）				

第二年现金预算表

	第 一 季 度	第 二 季 度	第 三 季 度	第 四 季 度
期初库存现金				
支付上年应交税				
市场广告投入				
贴现费用				
利息（短期贷款）				
支付到期短期贷款				
原料采购支付现金				
转产费用				
生产线投资				
工人工资				
产品研发投资				
收到现金前的所有支出				
应收款到期				
支付管理费用				
利息（长期贷款）				
支付到期长期贷款				
设备维护费用				
租金				
购买新建筑				
市场开拓投资				
ISO 认证投资				
其他				
库存现金余额				

要点记录

第一季度： _____

第二季度： _____

第三季度： _____

第四季度： _____

年底小结： _____

第二年订单登记表

订单号									合计
市场									
产品									
数量									
账期									
销售额									
成本									
毛利									
未售									

第二年产品核算统计表

产品	P1	P2	P3	P4	合计
数量					
销售额					
成本					
毛利					

第二年综合管理费用明细表　　　　　　　　　　　　百万元

项　目	金　额	备　注
管理费		
广告费		
保养费		
租金		
转产费		
市场准入开拓		□区域　　□国内　　□亚洲　　□国际
ISO资格认证		□ISO9000　　□ISO14000
产品研发		P2（　）　P3（　）　P4（　）
其他		
合计		

第二年利润表

项　　目	上　年　数	本　年　数
销售收入		
直接成本		
毛利		
综合费用		
折旧前利润		
折旧		
支付利息前利润		
财务收入/支出		
其他收入/支出		
税前利润		
所得税		
净利润		

第二年资产负债表

资　　产	期　初　数	期　末　数	负债和所有者权益	期　初　数	期　末　数
流动资产：			负债：		
现金			长期负债		
应收账款			短期负债		
在制品			应付账款		
成品			应交税金		
原料			一年内到期的长期负债		
流动资产合计			负债合计		
固定资产：			所有者权益：		
土地和建筑			股东资本		
机器与设备			利润留存		
在建工程			年度净利		
固定资产合计			所有者权益合计		
资产总计			负债和所有者权益总计		

第三年

企业经营流程 请按顺序执行下列各项操作。	每执行完一项操作，CEO 请在相应的方格内打钩。 财务总监（助理）在方格中填写现金收支情况。			
新年度规划会议				
参加订货会/登记销售订单				
制订新年度计划				
支付应付税				
季初现金盘点（请填余额）				
更新短期贷款/还本付息/申请短期贷款				
更新应付款/归还应付款				
原材料入库/更新原料订单				
下原料订单				
更新生产/完工入库				
投资新生产线/变卖生产线/生产线转产				
向其他企业购买原材料/出售原材料				
开始下一批生产				
更新应收款/应收款收现				
出售厂房				
向其他企业购买成品/出售成品				
按订单交货				
产品研发投资				
支付行政管理费				
其他现金收支情况登记				
支付利息/更新长期贷款/申请长期贷款				
支付设备维护费				
支付租金/购买厂房				
计提折旧				（　）
新市场开拓/ISO 资格认证投资				
结账				
现金收入合计				
现金支出合计				
期末现金对账（请填余额）				

第三年现金预算表

	第 一 季 度	第 二 季 度	第 三 季 度	第 四 季 度
期初库存现金				
支付上年应交税				
市场广告投入				
贴现费用				
利息（短期贷款）				
支付到期短期贷款				
原料采购支付现金				
转产费用				
生产线投资				
工人工资				
产品研发投资				
收到现金前的所有支出				
应收款到期				
支付管理费用				
利息（长期贷款）				
支付到期长期贷款				
设备维护费用				
租金				
购买新建筑				
市场开拓投资				
ISO 认证投资				
其他				
库存现金余额				

要点记录

第一季度：＿＿＿＿＿＿＿＿＿＿＿＿＿＿＿＿＿＿＿＿＿＿＿＿＿＿＿＿

第二季度：＿＿＿＿＿＿＿＿＿＿＿＿＿＿＿＿＿＿＿＿＿＿＿＿＿＿＿＿

第三季度：＿＿＿＿＿＿＿＿＿＿＿＿＿＿＿＿＿＿＿＿＿＿＿＿＿＿＿＿

第四季度：＿＿＿＿＿＿＿＿＿＿＿＿＿＿＿＿＿＿＿＿＿＿＿＿＿＿＿＿

年底小结：＿＿＿＿＿＿＿＿＿＿＿＿＿＿＿＿＿＿＿＿＿＿＿＿＿＿＿＿

＿＿＿＿＿＿＿＿＿＿＿＿＿＿＿＿＿＿＿＿＿＿＿＿＿＿＿＿＿＿＿＿＿

第三年订单登记表

订单号									合计
市场									
产品									
数量									
账期									
销售额									
成本									
毛利									
未售									

第三年产品核算统计表

产品	P1	P2	P3	P4	合计
数量					
销售额					
成本					
毛利					

第三年综合管理费用明细表　　　　　　　　　　　　　　百万元

项　目	金　额	备　注
管理费		
广告费		
保养费		
租金		
转产费		
市场准入开拓		□区域　　□国内　　□亚洲　　□国际
ISO资格认证		□ISO9000　　□ISO14000
产品研发		P2（　）　P3（　）　P4（　）
其他		
合计		

第三年利润表

项　　目	上　年　数	本　年　数
销售收入		
直接成本		
毛利		
综合费用		
折旧前利润		
折旧		
支付利息前利润		
财务收入/支出		
其他收入/支出		
税前利润		
所得税		
净利润		

第三年资产负债表

资　　产	期　初　数	期　末　数	负债和所有者权益	期　初　数	期　末　数
流动资产：			负债：		
现金			长期负债		
应收账款			短期负债		
在制品			应付账款		
成品			应交税金		
原料			一年内到期的长期负债		
流动资产合计			负债合计		
固定资产：			所有者权益：		
土地和建筑			股东资本		
机器与设备			利润留存		
在建工程			年度净利		
固定资产合计			所有者权益合计		
资产总计			负债和所有者权益总计		

第四年

企业经营流程 请按顺序执行下列各项操作。	每执行完一项操作，CEO 请在相应的方格内打钩。 财务总监（助理）在方格中填写现金收支情况。		
新年度规划会议			
参加订货会/登记销售订单			
制订新年度计划			
支付应付税			
季初现金盘点（请填余额）			
更新短期贷款/还本付息/申请短期贷款（高利贷）			
更新应付款/归还应付款			
原材料入库/更新原料订单			
下原料订单			
更新生产/完工入库			
投资新生产线/变卖生产线/生产线转产			
向其他企业购买原材料/出售原材料			
开始下一批生产			
更新应收款/应收款收现			
出售厂房			
向其他企业购买成品/出售成品			
按订单交货			
产品研发投资			
支付行政管理费			
其他现金收支情况登记			
支付利息/更新长期贷款/申请长期贷款			
支付设备维护费			
支付租金/购买厂房			
计提折旧			（ ）
新市场开拓/ISO 资格认证投资			
结账			
现金收入合计			
现金支出合计			
期末现金对账（请填余额）			

第四年现金预算表

	第 一 季 度	第 二 季 度	第 三 季 度	第 四 季 度
期初库存现金				
支付上年应交税				
市场广告投入				
贴现费用				
利息（短期贷款）				
支付到期短期贷款				
原料采购支付现金				
转产费用				
生产线投资				
工人工资				
产品研发投资				
收到现金前的所有支出				
应收款到期				
支付管理费用				
利息（长期贷款）				
支付到期长期贷款				
设备维护费用				
租金				
购买新建筑				
市场开拓投资				
ISO 认证投资				
其他				
库存现金余额				

要点记录

第一季度：_____

第二季度：_____

第三季度：_____

第四季度：_____

年底小结：_____

_____

第四年订单登记表

订单号							合计
市场							
产品							
数量							
账期							
销售额							
成本							
毛利							
未售							

第四年产品核算统计表

产品	P1	P2	P3	P4	合计
数量					
销售额					
成本					
毛利					

第四年综合管理费用明细表　　　　　　　　　　　　　　　　百万元

项　　目	金　额	备　　注
管理费		
广告费		
保养费		
租金		
转产费		
市场准入开拓		□区域　　□国内　　□亚洲　　□国际
ISO资格认证		□ISO9000　　　□ISO14000
产品研发		P2（　）　　P3（　）　　P4（　）
其他		
合计		

第四年利润表

项　　目	上　年　数	本　年　数
销售收入		
直接成本		
毛利		
综合费用		
折旧前利润		
折旧		
支付利息前利润		
财务收入/支出		
其他收入/支出		
税前利润		
所得税		
净利润		

第四年资产负债表

资　　产	期　初　数	期　末　数	负债和所有者权益	期　初　数	期　末　数
流动资产：			负债：		
现金			长期负债		
应收账款			短期负债		
在制品			应付账款		
成品			应交税金		
原料			一年内到期的长期负债		
流动资产合计			负债合计		
固定资产：			所有者权益：		
土地和建筑			股东资本		
机器与设备			利润留存		
在建工程			年度净利		
固定资产合计			所有者权益合计		
资产总计			负债和所有者权益总计		

第五年

企业经营流程 请按顺序执行下列各项操作。	每执行完一项操作，CEO 请在相应的方格内打钩。 财务总监（助理）在方格中填写现金收支情况。			
新年度规划会议				
参加订货会/登记销售订单				
制订新年度计划				
支付应付税				
季初现金盘点（请填余额）				
更新短期贷款/还本付息/申请短期贷款				
更新应付款/归还应付款				
原材料入库/更新原料订单				
下原料订单				
更新生产/完工入库				
投资新生产线/变卖生产线/生产线转产				
向其他企业购买原材料/出售原材料				
开始下一批生产				
更新应收款/应收款收现				
出售厂房				
向其他企业购买成品/出售成品				
按订单交货				
产品研发投资				
支付行政管理费				
其他现金收支情况登记				
支付利息/更新长期贷款/申请长期贷款				
支付设备维护费				
支付租金/购买厂房				
计提折旧				（ ）
新市场开拓/ISO 资格认证投资				
结账				
现金收入合计				
现金支出合计				
期末现金对账（请填余额）				

第五年现金预算表

	第 一 季 度	第 二 季 度	第 三 季 度	第 四 季 度
期初库存现金				
支付上年应交税				
市场广告投入				
贴现费用				
利息（短期贷款）				
支付到期短期贷款				
原料采购支付现金				
转产费用				
生产线投资				
工人工资				
产品研发投资				
收到现金前的所有支出				
应收款到期				
支付管理费用				
利息（长期贷款）				
支付到期长期贷款				
设备维护费用				
租金				
购买新建筑				
市场开拓投资				
ISO 认证投资				
其他				
库存现金余额				

要点记录

第一季度：＿＿＿＿＿＿＿＿＿＿＿＿＿＿

第二季度：＿＿＿＿＿＿＿＿＿＿＿＿＿＿

第三季度：＿＿＿＿＿＿＿＿＿＿＿＿＿＿

第四季度：＿＿＿＿＿＿＿＿＿＿＿＿＿＿

年底小结：＿＿＿＿＿＿＿＿＿＿＿＿＿＿

＿＿＿＿＿＿＿＿＿＿＿＿＿＿

第五年订单登记表

订单号								合计
市场								
产品								
数量								
账期								
销售额								
成本								
毛利								
未售								

第五年产品核算统计表

产品	P1	P2	P3	P4	合计
数量					
销售额					
成本					
毛利					

第五年综合管理费用明细表　　　　　　　　　　　　　　　　百万元

项　目	金　额	备　注
管理费		
广告费		
保养费		
租金		
转产费		
市场准入开拓		□区域　　□国内　　□亚洲　　□国际
ISO 资格认证		□ISO9000　　□ISO14000
产品研发		P2（　）　P3（　）　P4（　）
其他		
合计		

第五年利润表

项　目	上　年　数	本　年　数
销售收入		
直接成本		
毛利		
综合费用		
折旧前利润		
折旧		
支付利息前利润		
财务收入/支出		
其他收入/支出		
税前利润		
所得税		
净利润		

第五年资产负债表

资　产	期　初　数	期　末　数	负债和所有者权益	期　初　数	期　末　数
流动资产：			负债：		
现金			长期负债		
应收账款			短期负债		
在制品			应付账款		
成品			应交税金		
原料			一年内到期的长期负债		
流动资产合计			负债合计		
固定资产：			所有者权益：		
土地和建筑			股东资本		
机器与设备			利润留存		
在建工程			年度净利		
固定资产合计			所有者权益合计		
资产总计			负债和所有者权益总计		

第六年

企业经营流程 请按顺序执行下列各项操作。	每执行完一项操作，CEO 请在相应的方格内打钩。 财务总监（助理）在方格中填写现金收支情况。			
新年度规划会议				
参加订货会/登记销售订单				
制订新年度计划				
支付应付税				
季初现金盘点（请填余额）				
更新短期贷款/还本付息/申请短期贷款				
更新应付款/归还应付款				
原材料入库/更新原料订单				
下原料订单				
更新生产/完工入库				
投资新生产线/变卖生产线/生产线转产				
向其他企业购买原材料/出售原材料				
开始下一批生产				
更新应收款/应收款收现				
出售厂房				
向其他企业购买成品/出售成品				
按订单交货				
产品研发投资				
支付行政管理费				
其他现金收支情况登记				
支付利息/更新长期贷款/申请长期贷款				
支付设备维护费				
支付租金/购买厂房				
计提折旧				（　）
新市场开拓/ISO 资格认证投资				
结账				
现金收入合计				
现金支出合计				
期末现金对账（请填余额）				

第六年现金预算表

	第 一 季 度	第 二 季 度	第 三 季 度	第 四 季 度
期初库存现金				
支付上年应交税				
市场广告投入				
贴现费用				
利息（短期贷款）				
支付到期短期贷款				
原料采购支付现金				
转产费用				
生产线投资				
工人工资				
产品研发投资				
收到现金前的所有支出				
应收款到期				
支付管理费用				
利息（长期贷款）				
支付到期长期贷款				
设备维护费用				
租金				
购买新建筑				
市场开拓投资				
ISO 认证投资				
其他				
库存现金余额				

要点记录

第一季度：_____

第二季度：_____

第三季度：_____

第四季度：_____

年底小结：_____

_____

第六年订单登记表

订单号									合计
市场									
产品									
数量									
账期									
销售额									
成本									
毛利									
未售									

第六年产品核算统计表

产品	P1	P2	P3	P4	合计
数量					
销售额					
成本					
毛利					

第六年综合管理费用明细表　　　　百万元

项　目	金　额	备　注
管理费		
广告费		
保养费		
租金		
转产费		
市场准入开拓		□区域　□国内　□亚洲　□国际
ISO 资格认证		□ISO9000　□ISO14000
产品研发		P2（ ）　P3（ ）　P4（ ）
其他		
合计		

第六年利润表

项　　目	上　年　数	本　年　数
销售收入		
直接成本		
毛利		
综合费用		
折旧前利润		
折旧		
支付利息前利润		
财务收入/支出		
其他收入/支出		
税前利润		
所得税		
净利润		

第六年资产负债表

资　　产	期　初　数	期　末　数	负债和所有者权益	期　初　数	期　末　数
流动资产：			负债：		
现金			长期负债		
应收账款			短期负债		
在制品			应付账款		
成品			应交税金		
原料			一年内到期的长期负债		
流动资产合计			负债合计		
固定资产：			所有者权益：		
土地和建筑			股东资本		
机器与设备			利润留存		
在建工程			年度净利		
固定资产合计			所有者权益合计		
资产总计			负债和所有者权益总计		

参 考 文 献

1．黄熙华．企业战略规划的体验式训练．http://www.chinavalue.net/huangxihua/File.aspx（2010.1.7）

2．伯纳国际咨询．中国企业战略规划的实质性意义．http://www.chinapgc.com/business/business62361.htm（2008.8.5）

3．刘俊勇，马建强．战略地图：平衡计分卡的新发展．http://finance.sina.com.cn/leadership/jygl/20060424/12182525078.shtml（2006.4.24）

4．吴斌，陈小寅，王华．基于 ERP 环境下的财务管理模式的研究．现代管理科学，2004（4）：40~42

5．路晓辉．ERP 制胜——有效驾驭管理中的数字．北京：清华大学出版社，2005

6．王新玲，柯明，耿锡润等．ERP 沙盘模拟指导书．北京：电子工业出版社，2005

7．陈冰．ERP 沙盘实战．北京：经济科学出版社，2006

8．夏远强，叶剑明．企业管理 ERP 沙盘模拟教程．北京：电子工业出版社，2007

9．高市，王晓霜，宣胜瑾．ERP 沙盘实战教程．大连：东北财经大学出版社，2008

10．刘伯莹，周玉清，刘伯钧等．MRPII/ERP 原理与实施．第 2 版．天津：天津大学出版社，2001

11．施锦华．竞争合作企业间的协同资源计划研究．哈尔滨工业大学博士学位论文，2007（6）：23~24

12．杨海东．不确定因素下项目投资决策行为分析．武汉理工大学硕士学位论文，2004（10）：9~10

13．陈越．ERP 沙盘模拟中的筹资决策．湖北财经高等专科学校学报，2009，21（3）：40~42

14．韩宁，苗群，瞿皎娇，王薇．ERP 沙盘模拟的融资分析，商业文化，2007（7）：46

附录 A　主生产计划及物料需求计划表

附录 A1　主生产计划及采购计划编制举例

生产线		第1年				第2年				第3年			
		一季度	二季度	三季度	四季度	一季度	二季度	三季度	四季度	一季度	二季度	三季度	四季度
1 手工	产品			P1			P1					P1	P2
	材料		R1										
2 手工	产品				R1	P1							
	材料	R1											
3 手工	产品	P1			P1								
	材料												
4 半自动	产品		P1		P1								
	材料	R1	R1										
5	产品												
	材料												
……	产品												
	材料												
合计	产品	1P1	2P1	1P1	2P1								
	材料	2R1	1R1		1R1								

附录 A2　主生产计划及物料需求计划编制（1～3年）

生产线		第1年				第2年				第3年			
		一季度	二季度	三季度	四季度	一季度	二季度	三季度	四季度	一季度	二季度	三季度	四季度
1	产品												
	材料												
2	产品												
	材料												
3	产品												
	材料												
4	产品												
	材料												
5	产品												
	材料												
6	产品												
	材料												
7	产品												
	材料												
8	产品												
	材料												
合计	产品												
	材料												

附录 A3　主生产计划及物料需求计划编制（4～6年）

生产线		第 4 年				第 5 年				第 6 年			
		一季度	二季度	三季度	四季度	一季度	二季度	三季度	四季度	一季度	二季度	三季度	四季度
1	产品												
	材料												
2	产品												
	材料												
3	产品												
	材料												
4	产品												
	材料												
5	产品												
	材料												
6	产品												
	材料												
7	产品												
	材料												
8	产品												
	材料												
合计	产品												
	材料												

附录 B 开工计划

产　品	第 1 年			
	一季度	二季度	三季度	四季度
P1				
P2				
P3				
P4				
加工费				
付款				

产　品	第 2 年			
	一季度	二季度	三季度	四季度
P1				
P2				
P3				
P4				
加工费				
付款				

产　品	第 3 年			
	一季度	二季度	三季度	四季度
P1				
P2				
P3				
P4				
加工费				
付款				

产　品	第 4 年			
	一季度	二季度	三季度	四季度
P1				
P2				
P3				
P4				
加工费				
付款				

产　品	第 5 年			
	一季度	二季度	三季度	四季度
P1				
P2				
P3				
P4				
加工费				
付款				

产　品	第 6 年			
	一季度	二季度	三季度	四季度
P1				
P2				
P3				
P4				
加工费				
付款				

附录 C 采购及材料付款计划

原材料	第1年			
	一季度	二季度	三季度	四季度
R1				
R2				
R3				
R4				
材料				
付款				

原材料	第2年			
	一季度	二季度	三季度	四季度
R1				
R2				
R3				
R4				
材料				
付款				

原材料	第3年			
	一季度	二季度	三季度	四季度
R1				
R2				
R3				
R4				
材料				
付款				

原材料	第4年			
	一季度	二季度	三季度	四季度
R1				
R2				
R3				
R4				
材料				
付款				

原材料	第5年			
	一季度	二季度	三季度	四季度
R1				
R2				
R3				
R4				
材料				
付款				

原材料	第6年			
	一季度	二季度	三季度	四季度
R1				
R2				
R3				
R4				
材料				
付款				

附录 D ___组___公司贷款申请表

贷款类		第1年				贷款类		第2年			
		一季度	二季度	三季度	四季度			一季度	二季度	三季度	四季度
短贷	借					短贷	借				
	还						还				
	余额						余额				
高利贷	借					高利贷	借				
	还						还				
	余额						余额				
长贷	借					长贷	借				
	还						还				
	余额						余额				
上年权益						上年权益					
指导教师签字						指导教师签字					

贷款类		第3年				贷款类		第4年			
		一季度	二季度	三季度	四季度			一季度	二季度	三季度	四季度
短贷	借					短贷	借				
	还						还				
	余额						余额				
高利贷	借					高利贷	借				
	还						还				
	余额						余额				
长贷	借					长贷	借				
	还						还				
	余额						余额				
上年权益						上年权益					
指导教师签字						指导教师签字					

贷款类		第 5 年				贷款类		第 6 年			
		一季度	二季度	三季度	四季度			一季度	二季度	三季度	四季度
短贷	借					短贷	借				
	还						还				
	余额						余额				
高利贷	借					高利贷	借				
	还						还				
	余额						余额				
长贷	借					长贷	借				
	还						还				
	余额						余额				
上年权益						上年权益					
指导教师签字						指导教师签字					

附录 E ___组___公司原材料采购订单登记表

第1年	一季度				二季度				三季度				四季度			
原材料	R1	R2	R3	R4	R1	R2	R3	R4	R1	R2	R3	R4	R1	R2	R3	R4
订购数量																
采购入库																

第2年	一季度				二季度				三季度				四季度			
原材料	R1	R2	R3	R4	R1	R2	R3	R4	R1	R2	R3	R4	R1	R2	R3	R4
订购数量																
采购入库																

第3年	一季度				二季度				三季度				四季度			
原材料	R1	R2	R3	R4	R1	R2	R3	R4	R1	R2	R3	R4	R1	R2	R3	R4
订购数量																
采购入库																

第4年	一季度				二季度				三季度				四季度			
原材料	R1	R2	R3	R4	R1	R2	R3	R4	R1	R2	R3	R4	R1	R2	R3	R4
订购数量																
采购入库																

第5年	一季度				二季度				三季度				四季度			
原材料	R1	R2	R3	R4	R1	R2	R3	R4	R1	R2	R3	R4	R1	R2	R3	R4
订购数量																
采购入库																

第6年	一季度				二季度				三季度				四季度			
原材料	R1	R2	R3	R4	R1	R2	R3	R4	R1	R2	R3	R4	R1	R2	R3	R4
订购数量																
采购入库																

附录 F ___组___公司生产线买卖记录表

第 1 年	手工生产线		半自动生产线		全自动生产线		柔性生产线	
	买	卖	买	卖	买	卖	买	卖
一季度								
二季度								
三季度								
四季度								

第 2 年	手工生产线		半自动生产线		全自动生产线		柔性生产线	
	买	卖	买	卖	买	卖	买	卖
一季度								
二季度								
三季度								
四季度								

第 3 年	手工生产线		半自动生产线		全自动生产线		柔性生产线	
	买	卖	买	卖	买	卖	买	卖
一季度								
二季度								
三季度								
四季度								

第 4 年	手工生产线		半自动生产线		全自动生产线		柔性生产线	
	买	卖	买	卖	买	卖	买	卖
一季度								
二季度								
三季度								
四季度								

第5年	手工生产线		半自动生产线		全自动生产线		柔性生产线	
	买	卖	买	卖	买	卖	买	卖
一季度								
二季度								
三季度								
四季度								

第6年	手工生产线		半自动生产线		全自动生产线		柔性生产线	
	买	卖	买	卖	买	卖	买	卖
一季度								
二季度								
三季度								
四季度								

附录 G 公司间原材料（产品）交易订单

买方公司	购买时间		年			季	
卖方公司	完工时间		年			季	
	原料				产品		
产品/原料	R1	R2	R3	R4	P1	P2	P3	P4
成交数量								
成交金额								
付款方式								
购买人								
售货人								
审核人								

买方公司	购买时间		年			季	
卖方公司	完工时间		年			季	
	原料				产品		
产品/原料	R1	R2	R3	R4	P1	P2	P3	P4
成交数量								
成交金额								
付款方式								
购买人								
售货人								
审核人								

买方公司	购买时间		年			季	
卖方公司	完工时间		年			季	
	原料				产品		
产品/原料	R1	R2	R3	R4	P1	P2	P3	P4
成交数量								
成交金额								
付款方式								
购买人								
售货人								
审核人								

买方公司	购买时间		年			季	
卖方公司	完工时间		年			季	
	原料				产品		
产品/原料	R1	R2	R3	R4	P1	P2	P3	P4
成交数量								
成交金额								
付款方式								
购买人								
售货人								
审核人								

买方公司	购买时间		年			季	
卖方公司	完工时间		年			季	
	原料				产品		
产品/原料	R1	R2	R3	R4	P1	P2	P3	P4
成交数量								
成交金额								
付款方式								
购买人								
售货人								
审核人								

买方公司	购买时间		年			季	
卖方公司	完工时间		年			季	
	原料				产品		
产品/原料	R1	R2	R3	R4	P1	P2	P3	P4
成交数量								
成交金额								
付款方式								
购买人								
售货人								
审核人								

附录 H ＿＿组＿＿＿公司应收账款登记表

第1年	款类	一季度	二季度	三季度	四季度
应收账期	1Q				
	2Q				
	3Q				
	4Q				
到款					
贴现					
贴现费					

第2年	款类	一季度	二季度	三季度	四季度
应收账期	1Q				
	2Q				
	3Q				
	4Q				
到款					
贴现					
贴现费					

第3年	款类	一季度	二季度	三季度	四季度
应收账期	1Q				
	2Q				
	3Q				
	4Q				
到款					
贴现					
贴现费					

第4年	款类	一季度	二季度	三季度	四季度
应收账期	1Q				
	2Q				
	3Q				
	4Q				
到款					
贴现					
贴现费					

第5年	款类	一季度	二季度	三季度	四季度
应收账期	1Q				
	2Q				
	3Q				
	4Q				
到款					
贴现					
贴现费					

第6年	款类	一季度	二季度	三季度	四季度
应收账期	1Q				
	2Q				
	3Q				
	4Q				
到款					
贴现					
贴现费					

附录 I 产品、市场开发及 ISO 认证登记表

____组_____公司产品开发登记表

年　度	P2	P3	P4	总　　计	完　成	指导教师签字
第 1 年						
第 2 年						
第 3 年						
第 4 年						
第 5 年						
第 6 年						
总计						

____组_____公司市场开发投入登记表

年　度	区域市场（1y）	国内市场（2y）	亚洲市场（3y）	国际市场（4y）	完　成	指导教师签字
第 1 年						
第 2 年						
第 3 年						
第 4 年						
第 5 年						
第 6 年						
总计						

____组_____公司 ISO 资格认证投资表

年度	第 1 年	第 2 年	第 3 年	第 4 年	第 5 年	第 6 年
ISO9000						
ISO14000						
总计						
指导教师签字						

附录 J 违约订单登记表

序号	违约公司	年份	市场	产品	数量	收入	账期	条件	编号	交单收入
1										
2										
3										
4										
5										
6										
7										
8										
9										
10										

附录 K　扣分登记表

公司	年度	关账超时 （-1 分/分钟）	报表错误 （-5 分/次）	高利贷 （-5 分/桶）	流程不规范 （-5 分/次）	严重违规 （20 分/次）	其他
A	第 1 年						
	第 2 年						
	第 3 年						
	第 4 年						
	第 5 年						
	第 6 年						
	总计						
B	第 1 年						
	第 2 年						
	第 3 年						
	第 4 年						
	第 5 年						
	第 6 年						
	总计						
C	第 1 年						
	第 2 年						
	第 3 年						
	第 4 年						
	第 5 年						
	第 6 年						
	总计						
D	第 1 年						
	第 2 年						
	第 3 年						
	第 4 年						
	第 5 年						
	第 6 年						
	总计						

续表

公司	年度	关账超时 （-1分/分钟）	报表错误 （-5分/次）	高利贷 （-5分/桶）	流程不规范 （-5分/次）	严重违规 （20分/次）	其他
E	第1年						
	第2年						
	第3年						
	第4年						
	第5年						
	第6年						
	总计						
F	第1年						
	第2年						
	第3年						
	第4年						
	第5年						
	第6年						
	总计						

附录 L 企业经营模拟综合实力指标统计

项　　目	A公司	B公司	C公司	D公司	E公司	F公司
大厂房						
小厂房						
手工生产线						
半自动生产线						
全自动/柔性生产线						
区域市场开发						
国内市场开发						
亚洲市场开发						
国际市场开发						
ISO9000						
ISO14000						
P2 产品开发						
P3 产品开发						
P4 产品开发						
本地市场地位						
区域市场地位						
国内市场地位						
亚洲市场地位						
国际市场地位						
高利贷扣分						
其他扣分						